HACIA LA IGUALDAD REAL:
EL ROL DE LA MUJER EN LA TRANSFORMACIÓN PROFESIONAL

Universidad Isabel I
Observatorio de Igualdad
Pacto de Estado contra la violencia de género
Nos impulsa
Servicios Sociales de Castilla y León
Junta de Castilla y León

HACIA LA IGUALDAD REAL:
EL ROL DE LA MUJER EN LA TRANSFORMACIÓN PROFESIONAL

EDICIÓN 2024

Directores:
José Manuel López Jiménez
María Hernández Moreno

Coordinadores:
Anabel Paramá Díaz
Reinaldo Batista Córdova
Virginia Saldaña Ortega
Marta Sánchez Viejo

COLEX 2024

© Editorial Colex, S.L.
Calle Costa Rica, número 5, 3.º B (local comercial)
A Coruña, C.P. 15004
info@colex.es
www.colex.es

I.S.B.N.: 978-84-1194-780-0
Depósito legal: C 1913-2024

SUMARIO

CAPÍTULO 2

RETOS Y OPORTUNIDADES DE LA MUJER EN EL MERCADO LABORAL: UNA PERSPECTIVA DESDE EL DERECHO DEL TRABAJO Y LOS RECURSOS HUMANOS

ERICA FLORINA CARMONA BAYONA, ISABEL MARÍA SALCES CUBERO Y MIREIA LLUCH SINTES

CAPÍTULO 3

LA PERSPECTIVA DE GÉNERO EN LA PREVENCIÓN DE RIESGOS LABORALES

ANABEL PARAMÁ DÍAZ Y GUSTAVO ADOLFO ROSAL LÓPEZ

CAPÍTULO 4

ANÁLISIS DE LA IGUALDAD EN EL MERCADO LABORAL ESPAÑOL: LA BRECHA SALARIAL

MARTA BROSED LÁZARO

CAPÍTULO 5

LA PLENA INTEGRACIÓN DE LA MUJER EN LAS FUERZAS ARMADAS COMO IMPULSO PARA FORTALECER LA DEFENSA NACIONAL

TANIA VIDAL LÓPEZ

PÁG. 97

CAPÍTULO 6

PARTICIPACIÓN DE LAS MUJERES DE LAS FUERZAS ARMADAS EN MISIONES INTERNACIONALES

MARÍA DEL CARMEN ARÍÑEZ Y FRANCISCO JAVIER GARCÍA RODRÍGUEZ

PÁG.111

CAPÍTULO 7

LA INTEGRACIÓN DE LAS MUJERES EN LAS FUERZAS ARMADAS ESPAÑOLAS SEGÚN LOS ÍNDICES DE SEGREGACIÓN OCUPACIONAL

CARLOS GARCÍA DE PAREDES UCERO

PÁG. 129

CAPÍTULO 8

LOS POSIBLES ENFOQUES PARA LA CONSECUCIÓN DE LA IGUALDAD EN LAS POLÍTICAS EUROPEAS

NURIA PUENTES RUIZ

PÁG.147

CAPÍTULO 9

UNA APROXIMACIÓN A LA DISCRIMINACIÓN INTERSECCIONAL EN LA UNIÓN EUROPEA

VIRGINIA SALDAÑA ORTEGA

PÁG. 163

CAPÍTULO 10

FEMINISMO Y TEORÍA CRÍTICA EN DISPUTA. UNA REVISIÓN DEL MODELO TEÓRICO DE LA «ESCISIÓN-VALOR» DE ROSWITHA SCHOLZ EN SU CONTEXTO

MARIO CASTILLO ÁVILA

PÁG. 179

CAPÍTULO 11

¡ES LA ABSTRACCIÓN REAL, BRO! UNA APROXIMACIÓN A LA MANOSFERA DESDE LA CRÍTICA DEL VALOR

GONZALO LUQUE GONZÁLEZ

PÁG. 197

AUTORAS Y AUTORES

José Manuel López Jiménez

Pablo Carrizo Aguado

Erica Florina Carmona Bayona

Isabel María Salces Cubero

Mireia Lluch Sintes

Anabel Paramá Díaz

Gustavo Adolfo Rosal López

Marta Brosed Lázaro

Tania Vidal López

María del Carmen Aríñez

Francisco Javier García Rodríguez

Carlos García de Paredes Ucero

Nuria Puentes Ruiz

Virginia Saldaña Ortega

Mario Castillo Ávila

Gonzalo Luque González

CARTA AL LECTOR

La obra que tiene en sus manos responde a las conclusiones obtenidas del I Seminario de Igualdad organizado por el Observatorio de Igualdad de la Universidad Isabel I bajo el título «*Hacia la igualdad real en el ámbito profesional: el rol de la mujer en las relaciones laborales desde un ámbito multidisciplinar*» en colaboración con la Junta de Castilla y León y el programa «Nos impulsa» en el año 2024.

El citado seminario, al igual que la obra, se dividió en cuatro sesiones con ponentes de distintas ramas de conocimiento cuyo objeto ha sido y es el de analizar el largo y tedioso camino hacia la igualdad real en el ámbito de las relaciones laborales.

En el primer bloque se analiza el papel de la mujer en el mercado laboral, haciendo un recorrido histórico por las primeras legislaciones en materia de protección de la mujer y cómo se ha evolucionado desde el paternalismo jurídico a la búsqueda de la igualdad de oportunidades. A su vez, se analizan los retos y oportunidades de la plena integración de la mujer en el mercado laboral, así como la brecha salarial y la necesidad de mejora del enfoque de la prevención de riesgos laborales.

En el segundo bloque, dedicado al papel de la mujer en las fuerzas armadas, se constata a través de las investigaciones de docentes y profesionales en ejercicio la excepcional dificultad de las mujeres en su integración, no sólo en el ámbito laboral, sino también en un sector especialmente marcado por la preponderancia del hombre sobre la mujer por motivos socioculturales. En su desarrollo, podrá observarse el importante papel que juegan las mujeres en las situaciones de conflicto y en el marco de la seguridad a todos los niveles, así como la dificultad para desempeñar estas funciones de forma plena en conjunción con su desarrollo personal y familiar.

El tercer bloque analiza las políticas en materia de igualdad desde el punto de vista comunitario, incluyendo las acciones y retos principales que afronta la Unión Europea, claves desde un punto de vista de las realidades de nuestro entorno y de las acciones coordinadas de futuro, con especial referencia a la discriminación interseccional.

Finalmente, en el cuarto bloque se examinará la figura de Roswitha SCHOLZ y la Teoría de la escisión-valor. En el primer capítulo se hará una revisión de su participación en el ámbito de la Teoría Crítica y el Feminismo, al mismo tiempo que su capacidad de enriquecer la discusión por medio de una doble crítica: la falta reconocimiento de la dimensión patriarcal en la primera y, en el segundo, la problematización de algunas propuestas al no tener en consideración la importancia del valor abstracto. En el segundo capítulo, se examinará el fenómeno de la manosfera y de las nuevas formas de masculinidades reactivas no solo como una respuesta antifeminista, sino también en su vinculación con el capitalismo y sus modos de producción. Este bloque, que finaliza el monográfico, tiene como fin hacer una revisión crítica sobre el entrelazamiento entre género y capital en la contemporaneidad y las formas en las que nos aproximamos a estas cuestiones para crear un nexo necesario entre ambas.

En definitiva, desde el Observatorio de Igualdad y la organización y coordinación de este I Seminario, confiamos en que el lector pueda encontrar un marco científico, pero también social sobre el que sustentar el camino hacia la igualdad real, un camino que difícilmente encontrará su fin, pero que no permite dejar de caminar.

José Manuel López Jiménez
Observatorio de Igualdad
Universidad Isabel I

BLOQUE I:

LA MUJER EN EL ÁMBITO LABORAL DESDE LA PREVENCIÓN DE RIESGOS LABORALES Y LA GESTIÓN DE RECURSOS HUMANOS

CAPÍTULO 1

LA EVOLUCIÓN DE LA LEGISLACIÓN LABORAL EN MATERIA DE IGUALDAD EN LOS ALBORES DEL DERECHO LABORAL EN ESPAÑA

José Manuel López Jiménez*
Área de Derecho del Trabajo y de la Seguridad Social. Universidad Isabel I

Pablo Carrizo Aguado**
Área de Derecho del Trabajo y de la Seguridad Social. Universidad Isabel I

---

* Este autor ha desarrollado los epígrafes III a VI. Pertenece al Grupo de Investigación Reconocido de la Ui1 «Tecnologías digitales aplicadas a las Ciencias Jurídicas y Económicas» en la línea «Nuevas Tecnologías aplicadas a las relaciones laborales».

** Estudio realizado en el marco de las actividades del Grupo de Investigación Consolidado ULE «Derecho Europeo, Historia Jurídica y Organizaciones sociales» —EUROHIST.org— del que el autor es miembro colaborador. Los epígrafes I y II son a cargo de este autor. También pertenece al Grupo de Investigación Reconocido de la Ui1 «Tecnologías digitales aplicadas a las Ciencias Jurídicas y Económicas» en la línea «Nuevas Tecnologías aplicadas a las relaciones laborales».

DE 25 DE ENERO DE 1908, CLASIFICANDO LAS INDUSTRIAS O TRABAJOS QUE SE PROHÍBEN TOTAL O PARCIALMENTE A LOS MENORES DE DIECISÉIS AÑOS Y A LAS MUJERES MENORES DE EDAD. IV. LEY DE 27 DE FEBRERO DE 1912. V. LEY DE 11 DE JULIO DE 1912 PROHIBIENDO EL TRABAJO NOCTURNO DE LAS MUJERES. VI. REAL DECRETO DE 21 DE AGOSTO DE 1923, REFORMANDO EL ART. 9 DE LA LEY DE 1900, FIJANDO LAS SEIS SEMANAS EL PERIODO DE SUSPENSIÓN DESPUÉS DE DAR A LUZ LA MUJER. VII. APÉNDICE BIBLIOGRÁFICO.

I. A modo de introducción

1. Contextualización historiográfica

Con la llegada y desarrollo de la Revolución Industrial, cuyo nacimiento se produjo en Inglaterra y que posteriormente se extendió por el resto de Europa, se originaron una serie de consecuencias y transformaciones, ya no solo económicas, sino también de carácter social. Los trabajadores mutaron la forma de prestar sus servicios, abandonando el campo para deparar en el sector de las fábricas, ubicadas estas en las ciudades[1]. Un aspecto donde se hace latente tal ítem se sitúa en que el taller, donde el artesano desarrollaba todo el proceso productivo, derivará en un sistema cuyo eje vertebral gira en torno a la fábrica, donde el obrero traza sus labores en un proceso supeditado a las órdenes de un mando superior habida cuenta de una clarividente división y jerarquización del trabajo.

Así las cosas, los centros de trabajo comenzaron a asentarse en las ciudades, provocando un aumento significativo del número de habitantes. En este contexto, la nueva ciudad industrial empieza a sufrir una serie de negativas consecuencias, entre otras, hacinamiento, pobreza e insalubridad.

Durante toda la fase de industrialización, en la que cada vez se requería menos fuerza humana debido a los avances tecnológicos, los empresarios comenzaron a contratar determinado capital humano a saber, niños y mujeres —dos de los colectivos más vulnerables y con menor cualificación— dado que le suponía un menor coste.

En los últimos compases del siglo XIX, con el *sorpasso* del sistema feudal al sistema capitalista y, a consecuencia de todos los cambios sociales comentados previamente, se comienza a desarrollar una legislación protectora con una

1 En aquella época, la mitad de la población estaba conformada por dos grandes grupos: los campesinos y los obreros, a los cuales se les denomina clases populares. Son la única clase que acaba convirtiéndose en 1930 la llave de la esfera política. Magna aportación de Alfonso García Gallo, *El origen y la evolución del Derecho. Manual de Historia del Derecho español*, Vol. I, Artes Gráficas y Ediciones, Madrid, 1959, págs. 892-983.

clara intervención del Estado en la cuestión social. Se centra principalmente en la protección de las mujeres y niños yendo en consonancia con el resto de los países europeos. El Estado español toma una postura paternalista asumiendo que su función se sitúa en proteger la salud de las clases trabajadoras, a saber, cuestiones en torno a medidas de seguridad en trabajos peligrosos, a la jornada laboral, al trabajo nocturno, a la protección de la maternidad, entre otras[2].

2. Elenco normativo reseñable

A mediados del siglo XIX hubo varios intentos de regular las condiciones laborales tan deplorables en las que estaba inmersa la clase obrera[3].

Conviene destacar que, la primera norma laboral promulgada en España fue la Ley de 24 de julio de 1873[4] conocida como Ley Benot. Este apellido se debe al impulsor de la misma, D. Eduardo Benot (1822-1907)[5] quien ocupaba la posición de ministro de Fomento en el momento de su aprobación. Dicha norma insta a prohibir la admisión al trabajo de niños y niñas en fábricas, talleres, fundiciones y minas. El articulado fija sus pretensiones sobre tres aspectos fundamentales: la salud de los menores obreros, la educación, y la seguridad e higiene en las fábricas. Llamativamente su aplicación fue mínima e inexistente tomando de referencia los sendos informes de la Comisión de Reformas Sociales[6]. En su breve cuerpo normativo se recogen interesantes e innovadoras implementaciones jurídico-sociales que hasta la época

2 Luis Enrique de la Villa Gil, *La formación histórica del derecho español del trabajo*, Comares, Granada, 2003, pág. 78.

3 Es el caso del proyecto de Ley sobre *«ejercicio, policía, sociedades y jurisdicción de la industria manufacturera»* en 1855 o en 1872 una proposición de Ley ante las Cortes con el fin de mejorar las condiciones de las clases trabajadoras.

4 *Diario de Sesiones de las Cortes Constituyentes de la República Española*, núm. 48, 24 de julio de 1873.

5 Entre 1848 y 1867 se dedicó intensamente a impartir docencia en las ramas de filosofía, filología y física. En lo que concierne a su etapa política, se declara republicano, donde entabla amistad con Pi y Margall. En 1869 fue diputado en las Cortes Constituyentes por Jerez de la Frontera. En 1873, durante únicamente diecisiete días, desempeñó las funciones de ministro de Fomento. Durante sus últimos años de vida, su actividad gira en torno a su labor científica y literaria. Información extraída de https://dbe.rah.es/biografias/8462/eduardo-benot-y-rodriguez, 24 de octubre de 2024.

6 Creada por Real Decreto de 5 de diciembre de 1883, bajo el mandato de Posada Herrera y cuya creación se la debemos al que fue en su día ministro de Gobernación, Segismundo Moret. Aparece en la «Gaceta» el 10 de diciembre de 1883 con título de Comisión para el estudio de las cuestiones que interesan a la mejora o bienestar de las clases obreras, tanto agrícolas como industriales, y que afectan a las relaciones entre capital y trabajo. En 1890 su denominación pasó a ser la de Comisión de Reformas Sociales. Apunte aclaratorio de María Dolores de la Calle Velasco, «La Comisión de Reformas Sociales: de la represión al análisis de la conflictividad social», en *Studia historica. Historia contemporánea*, núm. 2, 1984, pág. 13.

eran tierra yerma. La faceta de la edad mínima para trabajar, en ambos sexos, se fijó en diez. En lo que respecta a la jornada laboral no podía superar las cinco horas para los niños con una edad comprendida entre los diez a trece años y, respecto de las niñas, la edad a tener en consideración era la horquilla entre diez y catorce años, de ocho horas de duración. Aunque se centra principalmente en las condiciones del trabajo de los niños, contiene un elemento clave que afectaba a la totalidad de trabajadores y patronos, Tal aspecto era la creación de los jurados mixtos como figura inspectora, a pesar de que el movimiento obrero reclamaba que tuviera un papel negociador[7].

En definitiva, se vislumbra que el poder político abogó por imponer al poder empresarial el deber de garantizar la salud de los obreros, especialmente de aquellos que se consideraban más débiles, actuando el Estado español como actor principal para lograr tal cometido.

II. El encaje jurídico de la mujer en los comienzos del ordenamiento laboral a principios del siglo XX

1. Aclaraciones preliminares

El intervencionismo del Estado[8] tenía por objeto salvaguardar el abuso de poder en la contratación de los colectivos de mujeres y niños. Durante los primeros años del siglo XX y de manera progresiva, las primeras normas con tintes sociales fueron impulsadas, en un primer lugar, por la Comisión de Reformas Sociales y, posteriormente por el Instituto de Reformas Sociales[9], cuya pretensión fue la salvaguarda de la paz social entre los patronos y el colectivo obrero[10].

---

7 Leandro Martínez Peñas, «Los inicios de la legislación laboral española: La ley Benot», en *Revista Aequitas: Estudios sobre historia, derecho e instituciones*, núm. 1, 2011, pág. 40.

8 El inicio de la intervención del Estado como consecuencia de la gran presión social encuentra su fundamento en los movimientos ideológicos y políticos: *vid*. José Juan González Sánchez, *Seguridad e Higiene en el Trabajo. Formación histórica y fundamentos*, Consejo Económico y Social, Madrid, 1997, pág. 57 y ss.

9 Por Real Decreto de 23 de abril de 1903, el gobierno de Francisco Silvela crea el Instituto de Reformas Sociales. A la cabeza se pone Gumersindo de Azcárate, personaje relevante de la Institución Libre de Enseñanza. La labor del Instituto ya no solo se centra en acciones legislativas, sino también en cuestiones científicas e intelectuales. De esta manera queda apuntado por Ángel Luis Sánchez Marín, «El Instituto de Reformas Sociales: origen, evolución y funcionamiento», en *Revista Crítica de las Relaciones Laborales y de la Política Social*, núm. 8, 2014, pág. 9.

10 María Jesús Espuny Tomás, «Eduardo Dato y la Legislación Obrera», en *Historia Social*, núm. 43, 2002, pág. 14.

En 1873, con la entrada en vigor de la primera normativa obrera y hasta 1923, el Derecho del Trabajo español se nutre de un cuerpo normativo con un contenido puramente laboral. En el transcurso de estos cincuenta años, el Estado comienza a proteger a los trabajadores con normas que articulan las reglas a seguir en los habituales conflictos entre el trabajador asalariado y su subordinación en el marco de la consecución de una estabilidad del sistema económico[11].

En referencia al trabajo femenino y acorde al camino marcado por otros países de Europa, estas problemáticas básicas se centraron, principalmente, en varios motivos. El primero de ellos y que marca un punto de inflexión es la protección de la maternidad. A través del cuidado de sus fuerzas podían desempeñar el papel como madre y, por ende, tareas que van asociadas a ella, como son el cuidado moral, físico y educativo de sus hijos. A su vez, la domesticidad como elemento fundamental, conlleva a que la mujer debía atender el cuidado de la casa, de los hijos y de su esposo[12]. En segundo término, la limitación de la jornada laboral, tratando de evitar la nocturnidad del trabajo con consecuencias nefastas para la salud de la mujer. Con esta medida se quería prevenir el deterioro de su organismo y, a su vez, el de sus futuros hijos. Un tercer elemento que se incluía en el articulado de las primeras normativas era preservar el daño moral de la mujer. *Exempli gratia*, con relación al alojamiento, se imponía como obligación a los patronos, siempre y cuando dependiera de ellos, efectuar una separación por sexos entre los obreros a menos que pertenecieran a la misma familia; también, dotar de competencia a las autoridades para desarrollar reglamentos respecto de aquellas profesiones que pudieran herir la moralidad de la mujer[13].

No cabe duda de que, la realidad en el contexto productivo de principios del siglo XX hacía difícil que la mujer conciliase su puesto de trabajo en las fábricas y talleres con las tareas del hogar, comenzando a perfilarse con claridad una jerarquización del trabajo entre hombres y mujeres[14].

---

11 Manuel Carlos Palomeque López, *Derecho del Trabajo e ideología. Medio siglo de formación ideológica del Derecho del Trabajo en España (1873-1923)*, Tecnos, Madrid, 6.ª edición, 2002, págs. 16-17.

12 Guillermo García González, «Los Trabajos prohibidos a la mujer en el Real Decreto de 25 de enero de 1908: la exclusión como instrumento de protección», en *Iuslabor*, núm. 2, 2014, págs. 3-4.

13 Sonsoles Cabeza Sánchez-Albornoz, «Legislación protectora de la maternidad en la época de la Restauración española», en *Cuadernos de historia moderna y contemporánea*, núm. 6, págs. 148-149.

14 Pilar Pérez-Fuentes Hernández, «El trabajo de las mujeres: una mirada desde la historia», en *Lan harremanak: Revista de relaciones laborales*, núm. 2, 2000, pág. 193.

2. La Ley 13 de marzo de 1900 y el Reglamento para su aplicación de 13 de noviembre de 1900

2.1. Precedentes en su elaboración

El desarrollo y promulgación de la Ley de 13 de marzo de 1900[15] se la debemos a la figura de D. EDUARDO DATO (1856-1921)[16] quien ostentaba al momento de su promulgación la cartera de Gobernación.

Hasta su aprobación, dicha norma tuvo un claro precedente a la luz de varios proyectos de ley. El primero de ellos, dicho sea de paso, marcó una estela fundamental en normas posteriores, fue capitaneado por VICENTE DE SANTAMARÍA DE PAREDES el 9 de marzo de 1891, a petición de la Comisión de Reformas Sociales. Conviene poner de manifiesto la alusión que, a continuación, se detalla: «*las paridas no podrán ser admitidas en los establecimientos industriales o mercantiles, sino después de las cuatro semanas siguientes al parto*». El 25 de mayo de ese mismo año, CÁNOVAS DEL CASTILLO presenta otro proyecto de ley donde se deja latente que, «*se prohíbe emplear a las mujeres, durante los días inmediatos al parto, en trabajos notoriamente perjudiciales para la salud*». Otros dos proyectos, fueron los presentados en el Congreso capitaneado por los liberales D. ALBERTO AGUILERA (1894) y D. TRINITARIO RUIZ DE CAPDEPÓN (1899) en los que no se trataban aspectos referentes a la maternidad[17]. Por último, y el más decisivo, a cargo del conservador D. EDUARDO DATO (1899), constituyó el caldo de cultivo de la norma objeto del presente epígrafe. Su vigencia e importancia en el tiempo duró hasta 1944 mediante cláusula derogatoria de la Ley de Contrato de Trabajo[18].

Referente al Reglamento de 13 de noviembre de 1900[19], norma de desarrollo de la Ley de 13 de marzo de 1900, está compuesto de un total de treinta y

---

15 Gaceta de Madrid, 14 de marzo de 1900, núm. 73, págs. 875-876.

16 Adicionalmente de la Ley que regulaba el trabajo de mujeres y niños de 1900, le debemos la Ley de Accidentes de Trabajo de ese mismo año. Aparte de ser ministro de la Gobernación (1899-1900), desempeñó el cargo de ministro de Gracia y Justicia (1902-1904), alcalde de Madrid (1907-1909), Presidente del Gobierno en tres ocasiones (1913-1915, 1917 y 1920). Fue presidente de la Real Academia de Jurisprudencia y Legislación en tres ocasiones. Además de todos los cargos desempeñados, otro hito histórico que se le atribuye es la creación del Ministerio de Trabajo en 1920. Información extraída de Eduardo DATO IRADIER, https://dbe.rah.es/biografias/5782/eduardo-dato-iradier, 23 de octubre de 2024.

17 Beatriz ESCARPENTER SUÁREZ, «Estudio del permiso de maternidad en la historia», en *Revista Crítica de la Historia de las Relaciones Laborales y de la Política Social*, núm. 15, 2023, pág. 43.

18 Boletín Oficial del Estado, 24 de febrero de 1944, núm. 55, págs. 1627-1634.

19 Gaceta de Madrid, 16 de noviembre de 1900, núm. 320, págs. 574-575.

siete artículos siendo el capítulo segundo íntegramente dedicado al trabajo de las mujeres (artículos 17 a 19) y que profundizaremos en el siguiente apartado.

2.2. Desarrollo y salvaguarda de la mujer

Como punto de partida conviene poner de manifiesto que la ley regula «*el trabajo manual fuera del domicilio, por cuenta ajena, con remuneración o sin ella*», como así refleja el artículo 1 del Reglamento *supra* indicado. Se incluyen a los aprendices y dependientes de comercio dejando fuera al trabajo agrícola y los talleres de familia. En vista de ello, debido a que España quedó rezagada en el desarrollo industrial en comparación al resto de países europeos por cuanto prima el trabajo en el campo[20], se puede afirmar que, la norma desarrollada no desplegó, desgraciadamente, su impronta protectora a un gran sector importante de la población activa.

Si nos adentramos en cuestiones que atañen exclusivamente a la mujer, tenemos que prestar especial atención a su artículo 9. Por primera vez, «*no se permitirá el trabajo a las mujeres durante un plazo de cuatro a seis semanas posteriores al alumbramiento*», es decir, tienen derecho a un descanso después del parto. Por añadidura, «*será de cinco o de seis si de una certificación facultativa resultase que la mujer no puede, sin perjuicio de su salud, reanudar el trabajo*». Durante estas semanas, «*el patrono reservará a la obrera su puesto en el mismo*».

Otro aspecto destacable que recoge el mencionado artículo es que «*la mujer que haya entrado en el octavo mes de embarazo podrá solicitar el cese en el trabajo, que se le concederá si el informe facultativo fuese favorable*». Sobre esta cuestión, el artículo 18 del reglamento añade que «*si de una certificación facultativa resultase que a las tres semanas la mujer no podía dedicarse, sin perjuicio de su salud, al trabajo que realizaba anteriormente, se le reservará su puesto una semana más*».

En referencia al permiso de lactancia, el artículo 9 de la ley señala que las madres obreras «*tendrán una hora al día, dentro de las del trabajo, para dar el pecho a sus hijos. Esta hora se dividirá en dos periodos de treinta minutos, aprovechables, uno, en el trabajo de la mañana, y otro, en el de la tarde. Estas medias horas serán aprovechadas por las madres cuando lo juzguen conveniente, sin más trámite que participar al director de los trabajos, al entrar en ellos, la hora que hubieren escogido*». Si bien, el Reglamento todavía va más allá indicando en su artículo 19 que «*si la madre lo prefiere, y siempre que al niño se lo lleven al taller o establecimiento donde aquella presta sus servicios, podrá dividir la hora en cuatro períodos de quince minutos, utilizables dos por la mañana y dos por la tarde*». En cuanto a la retribución, «*el tiempo destinado a la lactancia, siempre*

20 El trabajo de las mujeres durante siglos solamente comprendía faenas domésticas, si bien, se concibe como excepción el trabajo agrícola. Acerca de las condiciones contractuales de la mujer, *vid*. Fernando SUÁREZ GONZÁLEZ, *Menores y mujeres ante el contrato de trabajo*, Instituto de Estudios Políticos, Madrid, 1967, pág. 137 y ss.

que no exceda de una hora diaria, no será descontable para los efectos de cobro de jornales», no obstante, se da la opción de si la madre lo decide *«dedicar a la lactancia de su hijo más tiempo de una hora diaria sometiéndose al descuento correspondiente»*.

Si trasladamos estas pretensiones legislativas al momento actual podemos destacar que, el espíritu de salvaguarda sigue latente en pleno siglo XXI. De este modo, el artículo. 37.4 del Estatuto de los Trabajadores señala que *«las personas trabajadoras tendrán derecho a una hora de ausencia del trabajo, que podrán dividir en dos fracciones, para el cuidado del lactante hasta que este cumpla nueve meses»*. Lógicamente, existen dos claras diferencias; por un lado, se establece un límite de nueve meses de edad del hijo para el disfrute de este permiso y, por otro, no se hace una diferenciación entre hombres y mujeres, ya que ambos lo pueden disfrutar.

Si nos retrotraemos, nuevamente, a 1900, el principal objetivo de la norma fue facilitar el desarrollo de la lactancia. A principios del siglo XX, el sistema industrial estaba altamente segregado por sexos, conllevando que las factorías estuvieran ocupadas exclusivamente por mujeres. Debido a que era algo necesario para la supervivencia del recién nacido, la lactancia fue admitida sin mayores consecuencias. Las empresas tuvieron que organizarse de una forma más flexible en el sin duda alguna influyó la solidaridad y la colaboración entre las propias trabajadoras[21].

Como se ha destacado en el epígrafe anterior, los inicios del ordenamiento jurídico-laboral en España se centraron en regular las condiciones laborales de dos de los colectivos más vulnerables, las mujeres y los niños. Debido a que el presente estudio se centra en el análisis jurídico de la mujer trabajadora, se ha puesto el punto de enfoque en el examen de las primeras normas en las que se esbozó como criterios de garantía tener en cuenta determinadas razones de carácter fisiológico relacionadas con el embarazo, el parto y la relación con los primeros meses de la vida del hijo[22].

3. Ley de 8 de enero de 1907. Puntualización a la reforma del artículo 9 de la Ley de 1900

3.1. Antecedentes a la aprobación

Durante los días 16 y 19 de mayo de 1905, se acordó por unanimidad, en la celebración del VIII Congreso de la Unión General de Trabajadores, peticionar

21 María Amparo Ballester Pastor, «La prevención laboral efectiva frente al riesgo durante la lactancia: historia, estado de la cuestión y expectativas», en *Revista del Ministerio de Trabajo, Migraciones y Seguridad Social*, núm. 138, 2018, pág. 193.

22 María Jesús Espuny Tomás, «Los antecedentes históricos al permiso de lactancia», *Iuslabor*, núm. 2, 2006, pág. 1.

a los Vocales obreros del Instituto de Reformas Sociales la reforma del artículo referente a la prohibición del trabajo de la mujer en el tiempo anterior y posterior al alumbramiento[23].

Así pues, el 18 de enero de 1906 se presenta una moción al Instituto de Reformas Sociales, bajo la actuación de D. F. Wora, D. Francisco L. Caballero y D. Ramón Serrano, en calidad de representantes de los trabajadores. La reivindicación está asentada principalmente en tres demandas. De un lado, aumentar el periodo de descanso para la mujer entre cuatro a seis semanas a continuación de haber dado a luz. De otro, sustituir el enunciado del segundo párrafo del artículo 9 de la Ley por el primer párrafo del artículo 18 del Reglamento de aplicación porque en éste se fijaba el momento en que la mujer podía dejar el trabajo antes del alumbramiento, mientras que la Ley no especificaba nada. Y, finalmente, a través de la creación de las Cajas de Maternidad, alcanzar una protección económica para la madre obrera que tenía que ausentarse de su puesto de trabajo a causa del nacimiento de su hijo, quedando sin una retribución cuando más lo necesitaba[24].

En lo que respecta a las dos primeras cuestiones, la moción es aceptada por la Sección primera técnico-administrativa del Instituto de Reformas Sociales encargada de su valoración, alegando que era totalmente necesaria esta doble acción protectora de la futura madre trabajadora; esto es, preservar el descanso de la mujer, tanto en el momento del alumbramiento incrementándose en una semana más fijando un reposo en las semanas anteriores al mismo y, además, obligar al patrono a reservar el puesto de trabajo durante el tiempo de ausencia.

Por lo que se refiere a la última negociación, la Sección indicada se compromete a llevar a cabo una investigación con el fin de conocer y valorar desde un punto de vista económico, qué puede suponer la implementación de las Cajas de Maternidad. Tal y como se detalla en la moción, «*será preciso saber lo que en todo caso representaría el esfuerzo económico total necesario para realizar prácticamente dicho auxilio; no importa que tal esfuerzo tengan que realizarlo las mismas interesadas por medio de un régimen de mutualidad obligatoria, o los patronos en virtud del pago de determinadas cuotas impuestas mediante un seguro, o las Corporaciones populares, o el Estado, o todos*»[25]. Si bien, conviene denotar que subyace un primer acercamiento para

---

23 Instituto de Reformas Sociales, Reforma del artículo 9.° de la Ley de 13 de marzo de 1900 sobre el trabajo de las mujeres y de los niños, Imprenta de la sucesora de M. Minuesa de los Ríos, 1906.

24 Sonsoles Cabeza Sánchez-Albornoz, «Legislación protectora de la maternidad en la época de la Restauración española», en *Cuadernos de historia moderna y contemporánea*, núm. 6, págs. 152-153.

25 Instituto de Reformas Sociales, Reforma del artículo 9.° de la Ley de 13 de marzo de 1900 sobre el trabajo de las mujeres y de los niños, Imprenta de la sucesora de M. Minuesa de los Ríos, 1906, págs. 17-18.

proteger económicamente a la mujer durante el periodo que se prolongue su descanso.

En este *iter* de elaboración normativa, en el momento en el que es aprobada por la Sección primera técnico-administrativa del Instituto de Reformas Sociales, se procede a su valoración en la Sección jurídica, siendo admitida por su pleno el 11 de mayo de 1906. Seguidamente, recae en el ministro de Gobernación, D. Álvaro Figueroa y Torres (1863-1950)[26], quien posee la competencia de su defensa en el Senado y en el Congreso de los Diputados. Así las cosas, el 8 de enero de 1907, sin discusión alguna, es aprobada con fuerza de Ley[27].

3.2. Alcance y contenido de la norma

Conviene en un primer momento señalar que este nuevo reglamento recoge un único epígrafe cuyo fundamento radica en la modificación del artículo 9 de la Ley de 13 de marzo de 1900. Desgranando la nueva redacción del precepto, el primer punto queda ceñido a que «*permitirá el trabajo a las mujeres durante un plazo de cuatro a seis semanas posteriores al alumbramiento. En ningún caso será dicho plazo inferior a cuatro semanas; será de cinco o seis si de una certificación facultativa resultase que la mujer, no puede, sin perjuicio de su salud, reanudar el trabajo*». Esta reforma supone una evolución, sin duda, positiva respecto a la anterior en tanto que del mínimo de tres semanas se pasa a cuatro pudiendo alcanzar las seis semanas si un certificado médico avala que la mujer no puede desempeñar su trabajo sin perjuicio de su salud. Esto conlleva a poder afirmar que, hay un clarividente aumento de hasta dos semanas respecto a la primera redacción de 1900.

En otro orden de ideas, se sustituye el párrafo segundo del artículo 9 por el párrafo primero del artículo 18 del reglamento. Con ello, «*la mujer que haya entrado en el octavo mes de embarazo podrá solicitar el cese en el trabajo, que se le concederá si el informe facultativo fuese favorable, en cuyo caso tendrá derecho a que se le reserve el puesto que ocupa*». Con esta variación se establece un punto de encuentro ya que se equiparán de igual modo la Ley como su Reglamento de desarrollo.

Pese a este progreso, la clase obrera manifestaba cierto descontento pues, demandaba una indemnización compensatoria durante los meses que la

26 Fue Conde de Romanones, alcalde de Madrid en 1894 y 1898, ministro de Instrucción Pública en 1901, ministro de Fomento en 1905, ministro de Gracia y Justicia en 1906, jefe de gobierno en 1912, 1913, 1915-1917 y 1918-1919, presidente del Congreso y Senado en las legislaturas de 1910-1911, 1911-1913 y 1922-1923. Información extraída de la página web del Senado: https://www.senado.es/web/conocersenado/arteypatrimonio/obrapictorica/galeriaPresidentes/presidentesentre18341923/detalle/index.html?id=SENPRE_70 el 29 de octubre de 2024.

27 Gaceta de Madrid, 10 de enero de 1907, núm. 10, tomo L, pág. 114.

mujer se encontraba de baja habida cuenta de la disminución de ingresos en la familia. Si bien, el Instituto de Reformas Sociales, únicamente, se comprometió a llevar un estudio sobre la repercusión económica que ello suponía. A pesar de ello, esta norma ha de ser considerada extraordinariamente avanzada para la época dado que países de nuestro entorno se hicieron eco de ella[28].

III. Real Decreto de 25 de enero de 1908, clasificando las industrias o trabajos que se prohíben total o parcialmente a los menores de dieciséis años y a las mujeres menores de edad

Si bien es cierto que la Ley de 13 de marzo de 1900 supuso un antes y un después, no sólo en el ámbito de la prevención de riesgos laborales, sino en general en la disciplina entonces incipiente del Derecho del Trabajo[29], no lo es menos que la misma requirió de no pocos ajustes y desarrollos posteriores.

Mediante las regulaciones que se sucedieron en esta primera etapa del Siglo XX, la joven rama del Derecho acentuó su posteriormente tradicional carácter tuitivo en una era industrial en que el trabajo penoso y precario estaba a la orden del día[30], especialmente dada la tardanza de la Revolución Industrial en asentarse en España[31].

En este sentido, fueron necesarios 8 años desde la promulgación de la ley de 1900 para llevar a cabo el desarrollo establecido en su artículo doce, en el

---

28 Guillermo García González, «La protección a la maternidad: cien años de la Ley de 8 de enero de 1907», en *Iuslabor*, núm. 2, 2007, págs. 2-3.

29 A principios del Siglo XX el concepto preventivo observaba un arraigo menor pero la concienciación crecía progresivamente bajo la denominación de «Seguridad e higiene en el trabajo» como diferenciación específica del también joven Derecho del Trabajo. Así, José Franco González, «Seguridad y salud en el trabajo y prevención de riesgos laborales: marco histórico-conceptual y análisis técnico-jurídico», en *Manual de Derecho de la Prevención de Riesgos Laborales*, ed. Tirant lo Blanch, Valencia, 2015, p. 7.

30 En contraste con el «derecho liberal o individualista del trabajo» que había caracterizado la etapa codificadora inmediatamente anterior. Jesús García Ortega y Jose María Goerlich Peset «El Derecho del Trabajo», en *Derecho del Trabajo*, ed. Tirant lo Blanch. 11.ª edición, Valencia, 2023, p. 46

31 Pero el Derecho del Trabajo no nace «sin más» como consecuencia de la Revolución Industrial, sino como resultado de los problemas derivados de la misma, casi un siglo después de sus inicios. Así, José Luis Monereo Pérez, «EFRÉN BORRAJO DACRUZ (1928-2022): la construcción del Derecho Social del Trabajo y de la Seguridad Social desde el personalismo jurídico, el normativismo realista y el Derecho vivo del Trabajo», en *Revista de Derecho de la Seguridad Social. Laborum*, núm°33, 2022, p. 278.

que se especificaba que el Gobierno, tras escuchar a las Juntas Provinciales y al Consejo de Sanidad, realizaría una clasificación de las industrias y trabajos.

Este hecho en primer lugar supuso que, hasta la aprobación de esta normativa, no pudo producirse una verdadera aplicación de la Ley de 1900 al no existir una determinación de las actividades peligrosas, dejando sin efecto algunos de sus más relevantes preceptos.

La razón para esta dilación puede estar sin duda en la gran conflictividad social y política española. Si bien ambas leyes fueron aprobadas por gobiernos conservadores (Silvela y Sagasta), no puede obviarse que en esta etapa del reinado de Alfonso XIII, la presidencia del Consejo de ministros cambió hasta en catorce ocasiones entre ambas leyes.

Al igual que la Ley que viene a desarrollar, el Real Decreto de 25 de enero de 1908 estaba destinado a proteger especialmente a los colectivos considerados especialmente vulnerables en la época, esto es, los niños y las mujeres.

Resulta llamativo en este sentido, y sobre todo si se observa desde una perspectiva actual, el ámbito subjetivo del Real Decreto por cuanto estima como «débiles» a los niños, pero no a los jóvenes, y a las mujeres por el mero hecho de serlo.

Sin embargo, debe tenerse en cuenta que, más allá de los posibles sesgos sociales de la época que en caso alguno pueden desdeñados, el artículo 1 de la Ley de 1900 establece la limitación completa al trabajo únicamente a los menores de diez años, lo que explica la protección del menor en su condición de niñez. En concreto, las limitaciones de edad de la época eran las siguientes:

- En todo caso a menores de diez años.
- Nunca más de 6 horas diarias en establecimientos industriales o de 8 horas en los de comercio a los niños de entre diez y catorce años; y con limitaciones a determinados trabajos hasta los dieciséis años.

Por lo que respecta a las mujeres, y asentado el concepto de debilidad frente al varón, más allá del ámbito físico o de situaciones como la maternidad que obviamente debían ser protegidas, lo cierto es que, si en la actualidad se valora la dificultad de la doble laboralidad a la que se ve expuesta la mujer respecto al hombre, cuánto menos podrá este hecho ser tenido en cuenta más de un siglo atrás[32]. Las tareas de cuidado sean o no remuneradas, mantienen en la actualidad un sesgo claramente reservado a las mujeres, a cuya falta de retribución económica acompaña la falta de retribución social.

Sin embargo, la norma no puede sino concebirse como un paso adelante en determinadas cuestiones. En primer lugar, la proliferación de órganos

32 Henar Álvarez Cuesta, «Precariedad del trabajo retribuido de cuidados: origen y mecanismos de control» en *Lex Social: Revista de Derechos Sociales*, 11 (2), 2021, pp. 570-593 (572).

competentes en materia de salud laboral preceptivos a la hora de realizar las disposiciones normativas por parte del ejecutivo, lo que supone no sólo una preocupación técnica por la situación, sino además el progreso de los propios organismos.

En segundo lugar, la norma dispuso a parte de la edad de los obreros, los dos principales criterios que prácticamente un siglo después vino a utilizar el Instituto Nacional de Seguridad e Higiene en el Trabajo (hoy Instituto Nacional de Seguridad y Salud en el Trabajo) a la hora de determinar la gravedad de un riesgo que no es otro que la gravedad del daño (en este caso del tipo de trabajo) y su tiempo de exposición (grado de posibilidad).

La propia norma establece, más allá del listado de actividades, que la simple división entre comercio e industria no permite una diferenciación definitiva, pues la «resistencia fisiológica» es distinta en cuanto a la resistencia de los obreros según el tipo de empleo, incluso dentro de estas dos grandes agrupaciones.

Se asumen además las carencias en cuanto al requisito de edad teniendo en cuenta que se sumarán a mujeres o niños «*los obreros jóvenes que en realidad no pueden considerarse como niños*». Así, finalmente se establecieron dos grupos diferenciados de industria según el requisito de edad:

- *Industrias en las que debe prohibirse en absoluto el trabajo de los niños menores de dieciséis años y mujeres menores de edad.*
- *Industrias en las que debe prohibirse el trabajo a los niños menores de dieciséis años de edad y a las mujeres menores de edad, en los trabajos y circunstancias que se señalan especialmente.*

En definitiva, se establece un listado de actividades tan delimitado que, al igual que ocurre en la actualidad con el Real Decreto 1299/2006 en el que se regula el catálogo de enfermedades profesionales, el hecho de no establecer cláusulas de cierre o un grado mínimo de flexibilidad, hizo que pronto debiera ser actualizada o enmendada, sin que por ello quepa negar su importancia y pertinencia.

IV. Ley de 27 de febrero de 1912

Resulta curioso cómo en ocasiones una ley de escasa longitud articular como fue la Ley de 27 de febrero de 2012 puede ser tan ilustrativa a la hora de determinar cuál era el papel de la mujer en la sociedad desde un punto de vista conceptual.

Sirva como enfoque más que como justificación el hecho de que la mayoría de los países industrializados disponían de una ley similar y la labor legislativa adquiría la visión que nos ofrece esta normativa.

Cabe en primer lugar indicar que esta disposición, aprobada durante el mandato de José Canalejas recibió el apelativo de «Ley de la Silla» por cuanto su propósito único era el establecer la obligación de disposición por parte de las empresas de una silla específica para mujeres empleadas en el puesto de trabajo, de uso exclusivo de las mismas y excluyente en todo caso de las destinadas a los clientes, pero también a cualquier otro trabajador.

Más allá de las diferencias que puedan existir entre las tendencias legislativas de las diferentes épocas y en la regulación de un aspecto tan específico, lo cierto es que de dicha regulación se desprenden conclusiones de lo más relevante.

En primer lugar, refuerza el concepto paternalista del hombre sobre la mujer, por cuanto entiende que esta necesidad, comprensible desde un punto de vista de aplicación genérica, únicamente se le atribuye a la mujer desde un punto de vista ordinario sin que medien circunstancias que pudieran justificar la discriminación positiva, como pudiera haber sido el caso de las mujeres embarazadas. Tampoco se reconoce este derecho a otros colectivos, como por ejemplo los niños que, como hemos visto con anterioridad podían trabajar a partir de los diez años, lo que incluso permite discernir una gradación en lo que a personas vulnerables se refiere.

No puede en este punto atribuirse una responsabilidad exclusiva al legislador pues la sociedad en su conjunto tenía una percepción similar que partía de la base de que la inclusión en el mercado de trabajo de la mujer venía supeditada a sus quehaceres en el ámbito del hogar. Se entendía de esta manera que en la mujer concurría una debilidad fisiológica, social e incluso moral que justificaba esta regulación.

De esta manera, incluso las mujeres observaban estas medidas como necesarias al asumir estos paradigmas como propios. Así, asociaciones de la época como la «Liga de compradoras» tenía como objeto el beneficio de las «pobres mujeres trabajadoras», siendo parte de estas demandas[33].

Lamentablemente, y pese a que debe observarse el buen ánimo tanto del asociacionismo como del legislador, la redacción de esta ley permite analizar desde un punto de vista más llamativo las implicaciones de la incorporación de la discriminación positiva cuando la base de la misma no está correctamente fundamentada.

Así, disposiciones como la estudiada supusieron más bien una estigmatización de la mujer que una verdadera ayuda, teniendo en cuenta que se obligaba al empresario a disponer de una silla adicional para un colectivo concreto de empleados, lo que suponía en el menos relevante de los casos un gasto adicional, y en el mayor de ellos, la concienciación de todos los estamentos de que ser mujer constituía una limitación al desempeño competitivo del trabajo.

---

33 María Jesús Espuny Tomás y Guillermo García González, «¿Protección o discriminación? A propósito de la Ley de la Silla», en *Revista de Filosofía, Derecho y Política*, núm. 11, enero 2010.

V. Ley de 11 de julio de 1912 prohibiendo el trabajo nocturno de las mujeres

Tan solo unos meses después a la promulgación de la «Ley de la Silla» pero con el mismo ánimo proteccionista de la mujer como colectivo vulnerable se aprobó la prohibición del trabajo nocturno de las mujeres, en concreto en talleres y fábricas, siguiendo la clasificación profesional elaborada por el Real Decreto de 1908.

En primer lugar y respecto al ámbito subjetivo de la norma, la misma está dirigida exclusivamente a mujeres, si bien se observará cómo se realiza una distinción en lo que se refiere a la *vacatio legis*, por otra parte, bastante extensa en el tiempo por cuanto llega a alcanzar un período superior a los seis años desde su aprobación.

A través de dicha distinción se diferencia entre:

- Mujeres casadas y viudas con hijos.
- Mujeres solteras y viudas sin hijos.

Esta diferenciación no hace sino confirmar la valoración del legislador sobre la exclusiva responsabilidad de la madre respecto a las tareas del hogar y en concreto, la crianza de los hijos.

En cuanto al ámbito objetivo, en segundo lugar, efectivamente la norma prohíbe el trabajo nocturno que encuadra entre las nueve de la noche y las cinco de la mañana[34].

El lapso de tiempo considerado como nocturno es cuantitativamente igual al actual (ocho horas) pero el descanso consecutivo es ligeramente inferior, once horas por las doce actuales.

Asimismo, se establecen excepciones a la regla general del trabajo nocturno similares a las existentes hoy en día para otros supuestos asimilables referidas principalmente a los supuestos de fuerza mayor.

En este caso, se reitera, la dificultad no opera únicamente por el hecho de poder considerar a la mujer un sujeto *per se* más vulnerable, sino por la asunción de su responsabilidad en las tareas familiares. No obstante, en los albores del inicio del laboralismo español debe considerarse una primera limitación a la doble jornada de la mujer trabajadora, pues incluso en la actualidad, aunque en diferente medida, «la realización de trabajo remunerado o extradoméstico entre las mujeres no disminuye su carga de trabajo doméstico»[35].

34 En la actualidad, el artículo 36.1. del Estatuto de los Trabajadores define el horario nocturno como el realizado entre las diez de la noche y las seis de la mañana.

35 Andrea BAUTISTA LEÓN y Gabriela SÁNCHEZ SOTO, «¿Es la doble jornada igual para todas? Distribución y factores determinantes del trabajo doméstico y extradoméstico entre madres jefas de hogar y madres esposas». en *Carta Económica Regional*, núm. 118, 2016, p.44.

VI. Real Decreto de 21 de agosto de 1923, reformando el art. 9 de la ley de 1900, fijando las seis semanas el periodo de suspensión después de dar a luz la mujer

En una situación de absoluta conflictividad social y sobre todo política, y a menos de un mes del golpe de Estado del General Miguel Primo de Rivera, el último Gobierno constitucionalista de Alfonso XIII presidido por Manuel García Prieto, de corte liberal, aprobó el Real Decreto de 21 de agosto de 1923[36].

Esta disposición, amén de suponer la modificación del artículo 9 de la Ley de 1900 con la que comienza este capítulo y constituir la finalización del período observado en este estudio, destaca no sólo por su articulado sino también por la profunda exposición de motivos, más amplia y fundamentada que en la mayoría de las normas citadas anteriormente.

Así, destaca el progresivo acercamiento del legislador español a las disposiciones internacionales en materia laboral. Un año antes de la aprobación del Real Decreto, la Ley de 13 de julio de 1922 autorizó al Gobierno a la ratificación del Convenio acerca de la protección de la obrera antes y después del parto por parte de la Conferencia Internacional del Trabajo en 1919, incluyendo la creación de la Caja de Seguro obligatorio de maternidad, y precursor del que en 1929 fue el Seguro Obligatorio de Maternidad, que no comenzaría a aplicarse hasta 1931.

Debe destacarse además que es esta época y con la creación del Ministerio de Trabajo (1920), cuando comienza a fructificar la legislación social a través de la intervención estatal[37].

Se añade pues a lo dispuesto al artículo 9 de la Ley de 1900 la introducción del «seguro obligatorio con subvención del Estado» incluido en la Ley de Presupuestos de 1922.

Pero volviendo al contenido dispositivo de la Ley, sin duda el principal hito que aún hoy pervive es la prohibición de las mujeres de trabajar en las seis semanas posteriores al parto[38]. Deben destacarse de este artículo diversos

36 Es en esta época también (1910-1920) cuando mayor proliferación de asociaciones femeninas se produce, debido a cambios profundos en el ámbito educativo o la incorporación progresiva de la mujer al espectro político, si bien España acumulaba cierto retraso en estos aspectos. Olga Paz Torres, «Escenarios y ausencias acerca del trabajo femenino: Sociedad de Naciones y OIT (1931-1939)», en *Ivs Fvgit*, núm. 24, 2021, p. 303

37 Inmaculada Blasco Herranz, «Género y reforma social en España: en torno a la elaboración del Seguro Obligatorio de Maternidad (1915-1929)», en *Discursos de entidades de género en las culturas políticas de la derecha española (1875-1977)*, 2016, p. 30.

38 Si bien la duración del permiso por maternidad y paternidad es superior al descrito, la única parte del permiso no transmisible son las seis semanas posteriores al parto.

aspectos, vigentes algunos de ellos hoy en día, pero que quedan asociados indisolublemente al artículo 9 de la Ley de 1900 y que a continuación se describen.

En primer lugar, y además de la suspensión del contrato de trabajo en las seis semanas posteriores al parto, se incluye la posibilidad de que la mujer en su octavo mes de embarazo pueda solicitar el abandono del puesto de trabajo (más bien la suspensión) siempre y cuando presente certificación médica.

A su vez, el artículo 9 describe que, durante el período de suspensión descrito, el patrono tendrá la obligación de reserva del puesto de trabajo y hasta 20 semanas.

Se establece además una protección transitoria hasta la creación del Seguro Obligatorio de Maternidad (llegaría en 1929 y se aplicaría a partir de 1931) a través del subsidio por maternidad para el que se establecen los siguientes requisitos:

- Afiliación al régimen obligatorio de retiro obrero.
- No abandonar al recién nacido.
- Prohibición de trabajo durante dos semanas.

Resulta hoy en día tan indubitado como sorprendente la referencia al abandono del recién nacido, si bien el contexto socioeconómico justificaba esta necesidad regulatoria dadas las distintas dificultades que podían producirse.

En esta ley, y por tanto también en su modificación, sí se observa una verdadera protección de la mujer fuera de sesgo discriminatorio, tendente precisamente a mejorar las condiciones laborales de la mujer trabajadora, mejorando sus posibilidades de incorporación al mercado de trabajo y también de mejora de las condiciones de la natalidad.

Es por ello que, sin duda, las leyes que acompañaron al objetivo de igualdad, impensable en aquel momento, del primer tercio del siglo XX, fueron en todo caso precursoras de leyes posteriores e incluso actuales, sin las cuales no podría haberse llegado a la situación legislativa actual y en la cual la Ley de 1900 jugó sin duda un papel fundamental.

VII. Apéndice bibliográfico

Alfonso **García Gallo**, *El origen y la evolución del Derecho. Manual de Historia del Derecho español*, Vol. I, Artes Gráficas y Ediciones, Madrid, 1959, págs. 892-983.

Andrea **Bautista León** y Gabriela **Sánchez Soto**, «¿Es la doble jornada igual para todas? Distribución y factores determinantes del trabajo doméstico y extradoméstico entre madres jefas de hogar y madres esposas», en *Carta Económica Regional*, núm. 118, 2016, pág. 44.

Ángel Luis **SÁNCHEZ MARÍN**, «El Instituto de Reformas Sociales: origen, evolución y funcionamiento», en *Revista Crítica de las Relaciones Laborales y de la Política Social*, núm. 8, 2014, págs. 7-28.

Beatriz **ESCARPENTER SUÁREZ**, «Estudio del permiso de maternidad en la historia», en *Revista Crítica de la Historia de las Relaciones Laborales y de la Política Social*, núm. 15, 2023, págs. 40-69.

Fernando **SUÁREZ GONZÁLEZ**, *Menores y mujeres ante el contrato de trabajo*, Instituto de Estudios Políticos, Madrid, 1967.

Guillermo **GARCÍA GONZÁLEZ**:

- «La protección a la maternidad: cien años de la Ley de 8 de enero de 1907», en *Iuslabor*, núm. 2, 2007, pág. 3.

- «Los Trabajos prohibidos a la mujer en el Real Decreto de 25 de enero de 1908: la exclusión como instrumento de protección», en *Iuslabor*, núm. 2, 2014, pág. 11.

Henar ÁLVAREZ CUESTA, «Precariedad del trabajo retribuido de cuidados: origen y mecanismos de control», en *Lex Social: Revista de Derechos Sociales*, 11 (2). 2021, págs. 570-593.

Inmaculada **BLASCO HERRANZ**, «Género y reforma social en España: en torno a la elaboración del Seguro Obligatorio de Maternidad (1915-1929)», en *Discursos de entidades de género en las culturas políticas de la derecha española (1875-1977)*, 2016.

José **FRANCO GONZÁLEZ**, «Seguridad y salud en el trabajo y prevención de riesgos laborales: marco histórico-conceptual y análisis técnico-jurídico», en *Manual de Derecho de la Prevención de Riesgos Laborales*, ed. Tirant lo Blanch, Valencia, 2015.

José Juan **GONZÁLEZ SÁNCHEZ**, *Seguridad e Higiene en el Trabajo. Formación histórica y fundamentos*, Consejo Económico y Social, Madrid, 1997

José Luis **MONEREO PÉREZ**: «EFRÉN BORRAJO DACRUZ (1928-2022): la construcción del Derecho Social del Trabajo y de la Seguridad Social desde el "personalismo jurídico", el normativismo realista y el "Derecho vivo del Trabajo"», en *Revista de Derecho de la Seguridad Social. Laborum*, núm. 33, 2022.

José María **GOERLICH PESET** (Dir.) y **Jesús GARCÍA ORTEGA** (Coord.), *Derecho del Trabajo*, ed. Tirant lo Blanch, 11.ª edición, Valencia, 2023.

Leandro **MARTÍNEZ PEÑAS**, «Los inicios de la legislación laboral española: La ley Benot», en *Revista Aequitas: Estudios sobre historia, derecho e instituciones*, núm. 1, 2011, págs. 25-70.

Luis Enrique **de la Villa Gil**, *La formación histórica del derecho español del trabajo*, Comares, Granada, 2003.

Manuel Carlos **Palomeque López**, *Derecho del Trabajo e ideología. Medio siglo de formación ideológica del Derecho del Trabajo en España (1873-1923)*, Tecnos, Madrid, 6.ª edición, 2002.

María Amparo **Ballester Pastor**, «La prevención laboral efectiva frente al riesgo durante la lactancia: historia, estado de la cuestión y expectativas», en *Revista del Ministerio de Trabajo, Migraciones y Seguridad Social*, núm. 138, 2018, págs. 187-218.

María Dolores **de la Calle Velasco**, «La Comisión de Reformas Sociales: de la represión al análisis de la conflictividad social», en *Studia historica. Historia contemporánea*, núm. 2, 1984, págs. 13-40.

María Jesús **Espuny Tomás** y Guillermo **García González**: «¿Protección o discriminación? A propósito de la Ley de la Silla», en *Revista de Filosofía, Derecho y Política*, núm. 11, enero 2010.

María Jesús **Espuny Tomás**:

- «Eduardo Dato y la Legislación Obrera», en *Historia Social*, núm. 43, 2002, págs. 3-14.

- «Los antecedentes históricos al permiso de lactancia», *Iuslabor*, núm. 2, 2006, 4 págs.

Olga **Paz Torres**: «Escenarios y ausencias acerca del trabajo femenino: Sociedad de Naciones y OIT (1931-1939)», en *Ivs Fvgit*, núm. 24, 2021.

Pilar **Pérez-Fuentes Hernández**, «El trabajo de las mujeres: una mirada desde la historia», en *Lan harremanak: Revista de relaciones laborales*, núm. 2, 2000. págs. 185-210.

Sonsoles **Cabeza Sánchez-Albornoz**, «Legislación protectora de la maternidad en la época de la Restauración española», en *Cuadernos de historia moderna y contemporánea*, núm. 6, págs. 147-162.

CAPÍTULO 2

RETOS Y OPORTUNIDADES DE LA MUJER EN EL MERCADO LABORAL: UNA PERSPECTIVA DESDE EL DERECHO DEL TRABAJO Y LOS RECURSOS HUMANOS

Erica Florina Carmona Bayona
Universidad Isabel I

Isabel María Salces Cubero
Universidad Isabel I

Mireia Lluch Sintes
Universidad Isabel I

I. Introducción

La participación de la mujer en el mercado de trabajo supone varios retos, y a la vez genera oportunidades. Los retos consisten en superar la discriminación que ha padecido este sector de la población solo por el hecho de ser mujer, discriminación que está basada en los roles de género arraigados en la sociedad patriarcal[1], que motivan tratos desiguales por razón de sexo. En efecto, la superación de esta situación requiere de acciones integrales en las que se ha venido avanzando como la regulación del derecho a la igualdad de oportunidades entre hombres y mujeres prevista en normas internacionales, de derecho comunitario y nacional; la prohibición de discriminación en el ámbito laboral, la conciliación entre la vida laboral y familiar con un enfoque de corresponsabilidad, entre otras.

Adicionalmente, es necesario seguir avanzando en la mejora de algunas normas y en su aplicación práctica. Algunos ejemplos al respecto son las dificultades para adoptar los planes de igualdad en las empresas obligadas que no cuentan con representación legal de las personas trabajadoras y la falta de regulación del permiso parental retribuido. Sin embargo, los avances legislativos se deben acompañar de políticas de igualdad y de no discriminación en el ámbito de las organizaciones que estimulen la vinculación de las mujeres al empleo y el desarrollo de carreras profesionales deseadas.

Se ha demostrado que las organizaciones que cuentan en su plantilla con mujeres mejoran su rendimiento organizacional[2], lo que se traduce en una oportunidad. En efecto, cuando las empresas identifican dicha oportunidad pueden avanzar hacia la integración de valores corporativos que asuman una cultura de igualdad, diversidad y no discriminación que no solo favorecerá el empleo femenino, si no que se proyectará sobre otros colectivos históricamente discriminados. Asimismo, para avanzar en la igualdad efectiva entre mujeres y hombres en el mercado laboral, la sociedad en su conjunto debe avanzar en valorar los trabajos de cuidado como una labor socialmente importante, así como en deconstruir el concepto imperante de masculinidad.

Sobre todas estas cuestiones se reflexiona en este capítulo desde una perspectiva multidisciplinar. En el primer apartado se abordan algunos desafíos legales que se deben superar para garantizar la participación de la mujer en el mercado de trabajo sin discriminación. Al respecto, se analizan aspectos relativos a la aplicación de la igualdad y la prohibición de discriminación en el entorno laboral previstas en la Ley Orgánica 3/2007 de 22 de marzo para la igualdad efectiva de mujeres y hombres. Así como las medidas de conciliación entre la vida familiar y profesional con enfoque de corresponsabilidad reguladas en la Directiva (UE) 2019/1158 del Parlamento Europeo y del Consejo, de 20 de junio de 2019.

En el segundo apartado se reflexiona sobre las barreras psicológicas y conflictos para la inserción laboral de las mujeres, destacando como barreras

1 *Cf.* Rafael Moll Noguera, «La perspectiva de género y el Derecho del Trabajo: ¿una hermenéutica en construcción o algo más?», en *Labos*, Vol. 2, núm. 2, 2021, p.85.

2 *Cf.* Muhammad Ali, Carol T. Kulik & Isabel Metz, «The Gender Diversity–Performance Relationship in Services and Manufacturing Organizations», *The International Journal of Human Resource Management*, Vol. 22, núm. 7, 2011, pp. 1464-1485.

la baja autoestima, la falta de autoconfianza, el miedo al fracaso, así como la doble carga de trabajo. Para lo cual se proponen estrategias de afrontamiento y se destaca el papel de las organizaciones para su superación. En el tercer apartado se estudia la atracción y retención del talento femenino en las organizaciones, destacando la oportunidad que supone la contratación de mujeres, así como la necesidad de adoptar estrategias que fomenten la inclusión y la equidad en el entorno laboral, como por ejemplo las políticas de conciliación entre la vida laboral y familiar. Por último, en el cuarto apartado se analiza el tecnoestrés y su impacto en las mujeres trabajadoras. Esta cuestión es crucial en un mercado laboral cada vez más digitalizado, en el que es necesario adoptar estrategias con perspectiva de género para lograr que las mujeres no asuman una doble carga de trabajo y, por tanto, se garantice su salud y puedan desarrollar carreras profesionales satisfactorias.

II. La participación de la mujer en el mercado laboral: desafíos legales

El sistema económico de producción industrial y el Derecho del Trabajo que surgió en su seno para regular la forma de utilización de la mano de obra, se originó por y para el trabajo masculino. Si bien la participación de la mujer en el empleo se llevó a cabo durante el proceso de industrialización español de finales del siglo XIX[3], su tratamiento ha sido discriminatorio, al considerarlas como «media fuerza», junto a los menores[4], recibiendo remuneraciones inferiores a los trabajadores adultos masculinos. Sin embargo, cuando se expidieron las primeras normas para la protección del trabajo de la mujer, se adoptó un sistema paternalista[5] que cuidó de ella atendiendo a su «debilidad natural» y a su función reproductiva[6]. Un ejemplo de ello es la Ley de 13 de marzo de 1900 sobre condiciones de trabajo de las mujeres y de los niños. Esta ley introdujo, entre otros temas, restricciones a las mujeres para emplearse en determinados trabajos, con el fin de proteger su moralidad.

3 *Cf.* Mercedes Arbaiza Villalonga, «La construcción social del empleo femenino en España (1850-1935)», en *Arenal*, Vol. 9, núm. 2, 2002, p. 216.

4 *Cf.* M. Carlos Palomeque López, *Derecho del Trabajo e ideología. Medio siglo de formación ideológica del Derecho del Trabajo en España (1873-1923)*, Tecnos, Madrid, 1995, pp. 69-70.

5 *Cf.* María Emilia Casas Baamonde, «Transformaciones del trabajo, trabajo de las mujeres y futuro del Derecho del Trabajo», en *Relaciones Laborales*, núm. 11, Sección Editorial, Quincena del 1 al 15 de junio, 1998, tomo I, p. 92.

6 *Cf.* Jaime Cabeza Pereiro, José Fernando Lousada Arochena y Pilar Núñez-Cortés Contreras, *Igualdad y diversidad en las relaciones laborales*, Tirant lo Blanch, Valencia, 2024, pp. 26-30.

Con este tratamiento se evidencia que se reconocía a la mujer como «una persona necesitada de un constante y estructural auxilio y protección»[7].

El enfoque del legislador respecto a la regulación del trabajo femenino ha evolucionado, abandonando el tratamiento paternalista y asumiendo una perspectiva de género[8] que permite abordar la cuestión desde la integralidad y transversalidad[9], tal como lo plasma la Ley Orgánica 3/2007 de 22 de marzo para la igualdad efectiva de mujeres y hombres (en adelante LOIEMH). Un tratamiento integral y transversal contribuye a superar la causa estructural de las dificultades que encuentra la mujer para acceder y permanecer en el mercado laboral: los roles de género arraigados en la sociedad patriarcal[10], que motivan tratos desiguales por razón de sexo. Esta concepción promueve el estereotipo de cuidado femenino como el modelo ideal que se adapta a los trabajos remunerados de cuidado. Ello explica que la segunda rama de actividad en la que se ocupan las mujeres sean las actividades sanitarias y de servicios sociales (15,4 %), por detrás del sector «comercio al por mayor y al por menor, reparación de vehículos y motocicletas» que da empleo al 15;9 %[11].

Las responsabilidades de cuidados de hijos y familiares constituyen la principal causa de que las mujeres laboren en empleos a tiempo parcial y temporales. Del total del empleo femenino el trabajo a tiempo parcial alcanza un 21,1 % en 2023[12]. Al analizar esta tasa por sexo, el empleo a tiempo parcial femenino constituye un 17,3 % frente a un 3,5 % del masculino[13]. En cuanto a la temporalidad, las mujeres representan un 19,4 % del empleo temporal frente al 11,1 % de los hombres[14]. Esta situación podría explicar parcialmente

7 *Cf.* Fernando Valdés Dal-Ré, «La legislación obrera industrial sobre las mujeres (1900-1931), entre la protección y la restricción», en *Relaciones Laborales*, núm. 1, Sección Doctrina, 2009, tomo I, p. 275.

8 *Cf.* Francisco Marhuenda y Tiffany Sánchez-Cabezudo, *Derechos fundamentales y la igualdad de género. Un enfoque integral de la perspectiva de género en la legislación*, Tirant lo Blanch, Valencia, 2024, pp.75-130. *Cf.* Rafael Moll Noguera, «La perspectiva de género y el Derecho del Trabajo: ¿una hermenéutica en construcción o algo más?», en *Labos*, Vol. 2, núm. 2, 2021.

9 *Cf.* Ídem.

10 *Cf.* Ídem., p. 38. Cf. Rafael Moll Noguera, «La perspectiva de género y el Derecho del Trabajo: ¿una hermenéutica en construcción o algo más?», en *Labos*, Vol. 2, núm. 2, 2021, p.85.

11 *Cf.* INE. «Ocupados por rama de actividad, por tipo de ocupación, por situación profesional y por tipo de puesto laboral», en *Mujeres y Hombres en España 2023*, pp. 3-4.

12 El porcentaje de hombres con empleo a tiempo parcial es de 6,6 % respecto al empleo total masculino. *Cf.* INE. «Participación de los trabajadores a tiempo parcial y de los trabajadores con contrato temporal», en *Mujeres y Hombres en España 2023*, pp. 2-3.

13 *Cf.* INE. «Razones del trabajo a tiempo parcial según grupos de edad. Trabajo a tiempo parcial según tipo de hogar», en *Mujeres y Hombres en España 2023*, pp. 4-5.

14 *Cf.* Ídem.

la problemática de la brecha salarial de género porque los empleos precarios suelen tener una remuneración más baja. Sin embargo, el problema de la brecha salarial es complejo, pues en todas las actividades económicas la remuneración anual femenina es menor a la de los hombres, sin consideración a la posición laboral y el tipo de contrato[15]. La problemática persiste, a pesar de la incorporación del principio de transparencia en materia de retribuciones mediante el registro salarial[16] que deben llevar los empresarios.

El desafío sobre el ejercicio pleno del derecho al trabajo de las mujeres, sin discriminación, está vigente y el ordenamiento jurídico sigue contribuyendo a su superación. En el ámbito comunitario, el derecho primario regula la igualdad entre hombres y mujeres, así como la prohibición de discriminación por razón de sexo, tal como se plasma en el artículo 2 del Tratado de la Unión y en los artículos 20 y 21 de la Carta de Derechos Fundamentales de la Unión Europea.

En el ámbito nacional, el artículo 14 de la Constitución española de forma expresa prohíbe las discriminaciones por razón de sexo, con efectos en el ámbito laboral. Por su parte, la LOIEMH en el artículo 5 regula la aplicación del principio de igualdad y la prohibición de discriminación en el ámbito del empleo público, privado y autónomo, destacando su aplicación en el acceso al empleo, la formación y promoción profesional y en las condiciones de trabajo. Si bien, esta norma se enfoca en aspectos concretos del empleo es válida su aplicación durante el ciclo de vida de la persona trabajadora dentro de una organización esto es, desde la vinculación hasta la terminación. Adicionalmente, la prohibición de discriminación comprende la ausencia de discriminación directa o indirecta por razón de sexo, tal como lo regula el art. 3 de la LOIEMH. A su vez, el Estatuto de los Trabajadores también regula dichos derechos en su artículo 4.c).

Al hilo de los desafíos pendientes, consideramos pertinente analizar dos cuestiones relevantes para seguir avanzando en la senda de la igualdad efectiva entre mujeres y hombre en el ámbito laboral, las cuales son: i) la importancia de las medidas y planes de igualdad y las dificultades en su adopción y ii) la situación especial de las mujeres con responsabilidades familiares

15 *Cf.* INE. «Salario anual por actividad económica, grupos de ocupación y tipo de contrato. Deciles de salarios del empleo principal y nivel de formación alcanzado. Deciles de salarios y naturaleza del empleador (sector público, sector privado)», en *Mujeres y Hombres en España 2023*, pp. 5-6.

16 Este registro se adoptó en el artículo 28 del ET, tras la modificación llevada a cabo por el Real Decreto-ley 6/2019, de 1 de marzo, de medidas urgentes para garantía de la igualdad de trato y de oportunidades entre mujeres y hombre en el empleo y la ocupación. Esta modificación, a su vez, tuvo como fundamento la Recomendación de la Comisión de 7 de marzo de 2014, sobre el refuerzo del principio de igualdad de retribución entre hombres y mujeres a través de la transparencia.

y cómo esto puede obstaculizar la continuación de una carrera profesional deseada.

La LOIEMH canalizó las acciones en materia de igualdad en las empresas por la vía de la negociación colectiva. Efectivamente, la implicación de los interlocutores sociales en la adopción de las acciones para avanzar hacia la igualdad efectiva en las empresas contribuye a mejores resultados. Para ello, previó la obligación genérica de las empresas de negociar medidas para evitar la discriminación por razón de sexo, la obligación específica de las empresas de 50[17] o más trabajadores de concretar esas medidas en los planes de igualdad y dejó a la libertad de las empresas de menos de 50 trabajadores decidir de forma voluntaria la adopción de los planes.

Nos vamos a centrar en las dificultades en la adopción de los planes de igualdad que se consideraron en su momento como una «novedosa figura»[18] y que constituyen «herramientas sumamente útiles para corregir la desigualdad entre mujeres y hombres»[19]. La efectividad de los planes de igualdad se está trastocando por las dificultades en materia de constitución de la comisión negociadora en las empresas obligadas (50 o más trabajadores) en que no existe representación legal de las personas trabajadoras[20]. Dicha dificultad se presenta cuando los sindicatos más representativos y representativos del sector no acuden al llamamiento de la empresa para constituir la comisión negociadora, regulado en el artículo 5.3 del Real Decreto 901/2020, por el que se regulan los planes de igualdad[21].

Al respecto, el Real Decreto 901/2020 no prevé la alternativa en caso de inasistencia de los sindicatos al llamamiento, por lo que autoras como Patricia Nieto han propuesto una solución que compartimos: regular una comisión que «quedase integrada por un máximo de tres personas trabajadoras de la propia empresa, elegidas democráticamente entre ella, replicando así la fórmula prevista en el art. 23 RD Ley 8/2020». De esta manera se garantiza que los planes sean producto de la negociación y se implica a la plantilla en su adopción. Esta solución se debe prever también para la adopción de los

---

17 La versión original de la LOIEMH preveía esta obligación para las empresas de más de 250 trabajadores, lo que cambió con la reforma introducida por el Real Decreto-ley 6/2019, de 1 de marzo, de medidas urgentes para garantía de la igualdad de trato y de oportunidades entre mujeres y hombres en el empleo y la ocupación.

18 *Cf.* Ricardo Escudero Rodríguez, «Planes de igualdad en la Ley Orgánica 3/2007, de igualdad efectiva entre mujeres y hombres», en *Relaciones Laborales*, núm. 9, Sección Negociación Colectiva y Conflictividad, 2007, tomo 1, p. 1011.

19 *Cf.* Cristina Aragón Gómez y Patricia Nieto Rojas, *Planes de igualdad en las empresas. Procedimiento de elaboración e implantación*, Wolters Kluwer, Madrid, 2021.

20 *Cf.* Patricia Nieto Rojas, «Algunos problemas en la implementación de los planes de igualdad en las empresas. La falta de interlocución sindical y el trámite registral», en *Trabajo y Derecho*, núm. 117, Sección Jurisprudencia, 2024.

21 Ídem.

planes voluntarios, pues el artículo 2.4 del Real Decreto 901/2020 es ambiguo al regular que para su adopción se requiere «previa consulta o negociación con la representación legal de las personas trabajadoras».

El segundo desafío sobre el que nos interesa reflexionar es la situación especial de las mujeres con responsabilidades familiares y cómo esto puede obstaculizar la continuación de una carrera profesional deseada. Al respecto, los datos demuestran que a medida que la mujer (entre 25 a 49 años) tiene a cargo hijos menores de 12 años la tasa de empleo disminuye (74,3 % en caso de un hijo, 70,4 %, en caso de 2 hijos y 52,2 % con 3 o más hijos). Situación totalmente contraria a lo que sucede con los hombres, a quienes la llegada de los hijos no los expulsa del mercado de trabajo. En efecto, la tasa de empleo de los hombres (entre 25 a 49 años) sin hijos menores de 12 años es de 85,8 % y con hijos de ese rango de edad aumenta a 90,3 %[22].

Las medidas de conciliación que favorezcan la corresponsabilidad en los cuidados son clave para que las mujeres que desean continuar en el mercado laboral no se vean obligadas a salir para asumir las responsabilidades familiares. Pues, se ha constatado que promocionar solo medidas de conciliación que suelen asumir directamente las mujeres las sigue atrayendo al ámbito doméstico, estimulando las dobles jornadas y desmejorando otros derechos laborales. En efecto, las madres suelen tomar más excedencias por cuidado de hijos que los padres. Según los últimos datos disponibles: 31.532 madres en España toman excedencias frente 4.750 padres[23]. Respecto al trabajo a tiempo parcial 352.000 mujeres trabajan a tiempo parcial, teniendo como causa, el «cuidado de niños o de adultos enfermos, incapacitados o mayores», frente a 28.000 hombres[24].

La Directiva (UE) 2019/1158 del Parlamento Europeo y del Consejo, de 20 de junio de 2019, relativa a la conciliación de la vida familiar y la vida profesional de los progenitores y los cuidadores, asume de forma expresa el enfoque de corresponsabilidad. En los considerandos reconoce que las anteriores regulaciones no habían estimulado a los hombres a asumir la misma cantidad de tareas de cuidados realizados por las mujeres, con lo cual la intención del legislador comunitario es avanzar hacia la corresponsabilidad[25]. Esto ha

22 *Cf.* INE. «Incidencia en el empleo por la existencia de hijos. Excedencias para el cuidado de hijos», en *Mujeres y Hombres en España 2023*, p. 3.

23 *Cf.* Instituto de las Mujeres, «Excedencia por cuidados de hijos según comunidad autónoma», en *Mujeres en Cifras-Conciliación*.

24 *Cf.* Instituto de las Mujeres, «Personas ocupadas a tiempo parcial según motivo de la jornada parcial», en *Mujeres en Cifras-Conciliación*.

25 *Cf.* Directiva (UE) 2019/1158 del Parlamento Europeo y del Consejo, de 20 de junio de 2019, consideraciones núm. 11 y 19.

sido considerado como un avance legislativo que marca el inicio del cambio de paradigma de las medidas de conciliación a la corresponsabilidad[26].

Al respecto nos vamos a referir a tres medidas, dada su relevancia para el ejercicio efectivo de la corresponsabilidad, previstas en la Directiva (UE) 2019/1158 y su respectiva transposición al derecho interno: i) las fórmulas de trabajo flexibles previstas en el artículo 9 bajo el modelo de un «derecho a solicitar fórmulas de trabajo flexible para ocuparse de sus obligaciones de cuidado», fijando la obligación de la empresa de justificar su decisión de negativa o aplazamiento; ii) el permiso parental regulado en los artículos 5 y 8 y iii) la prohibición de discriminación por el ejercicio de los derechos de conciliación que se regula en el artículo 11.

En lo que respecta tanto a las fórmulas de trabajo flexible como al permiso parental se han diseñado como derechos individuales, con tiempo de disfrute intransferibles para el último, requisitos que se consideran clave para fomentar la corresponsabilidad[27]. Las fórmulas de trabajo flexible ya hacían parte de la legislación nacional desde la aprobación del Real Decreto-ley 6/2019, de 1 de marzo, de medidas urgentes para garantía de la igualdad de trato y de oportunidades entre mujeres y hombres en el empleo y la ocupación. Al respecto, el Real Decreto-ley 5/2023, de 28 de junio, entre otras materias, realizó la transposición parcial de la Directiva (UE) 2019/1158, en lo que concierte a las fórmulas de trabajo flexible mejoró dicha medida con dos modificaciones: i) ampliando el derecho a quienes tienen responsabilidades de cuidados de hijos mayores de 12 años, familiares y personas dependientes; y ii) reconociendo el derecho a regresar a la situación anterior a la adaptación una vez se supere el tiempo acordado o cuando decaigan las causas que le dieron origen.

La adaptación del tiempo de trabajo con fines de conciliación (art. 34.8 ET) es una medida central para avanzar hacia la corresponsabilidad. Los datos de la Encuesta de Población Activa (EPA) sobre conciliación entre la vida laboral y la familiar dan cuenta que el 10,2 % de las mujeres y el 13,5 % de los hombres manifestaron tener jornadas de trabajo largas que hacen difícil la conciliación[28].

Esta medida de adaptación del tiempo de trabajo no otorga un derecho a la adaptación sino a la solicitud de la adaptación previo seguimiento de un

---

26 *Cf.* Laura Cristina Morell Aldana, «De la conciliación a la corresponsabilidad: el ineludible cambio de paradigma», en *Diario La Ley*, núm. 10506, Sección Tribuna, 16 de mayo de 2024.

27 *Cf.* Susana Rodríguez Escanciano, «Trabajo y corresponsabilidad familiar: análisis a la luz de la Directiva 2019/1158», en *Diario La Ley*, núm. 96000, Sección Tribuna, 24 de marzo de 2020.

28 *Cf.* INE. «Encuesta de Población Activa (EPA). Módulo sobre conciliación entre la vida laboral y familiar», 2018, *Notas de prensa*, 6 de junio de 2019, p. 5.

procedimiento previsto en el convenio colectivo y, en defecto de este, el que establece la norma (negociación de buena fe durante un periodo máximo de 15 días)[29]. Lo relevante de esta medida es que la empresa debe siempre justificar la decisión de negativa o de aplazamiento. Además, la persona trabajadora puede iniciar un procedimiento ante la jurisdicción social en caso de discrepancias, conforme se regula en el artículo 139 de la Ley 36/2011, de 10 de octubre, reguladora de la jurisdicción social. Con ello, se asegura que la negativa de la empresa no sea injustificada. Además, frente al ejercicio de este derecho, como cualquier otro regulado en la Directiva, se prevé una garantía de indemnidad en el artículo 4.c) ET. Esta garantía se basa en prohibir a las empresas dispensar un trato desfavorable a quienes hayan ejercido los derechos de conciliación. Dicha garantía se materializa con la consecuencia de nulidad para los despidos objetivos y disciplinarios que se hayan realizado por el ejercicio del derecho de solicitud de adaptación del tiempo de trabajo como durante el disfrute del permiso parental regulado en el artículo 48 bis ET[30].

Precisamente, respecto al permiso parental se regula en el nuevo artículo 48 bis añadido por el Real Decreto-Ley 5/2023. Dicho permiso se ha configurado de forma flexible, pues se puede hacer efectivo hasta el momento que el menor cumpla 8 años, de forma continua o discontinua a jornada completa o jornada a tiempo parcial. Sin embargo, el legislador de urgencia decidió considerarlo como un permiso no remunerado y una causa de suspensión del contrato de trabajo (art. 45.1.o ET) (no se percibe el salario durante este periodo), sin regular una prestación económica de la seguridad social que lo remunere, lo que es contrario a la Directiva (UE) 2019/1158. El incumplimiento del Estado español de adoptar las medidas necesarias para retribuir el permiso parental supone un desinterés por una medida clave en la corresponsabilidad del cuidado de los hijos, pues un permiso no retribuido para el cuidado «contribuye a reforzar la especialización de los roles de género»[31].

Lograr la conciliación entre la vida laboral y familiar, así como la corresponsabilidad en las tareas de cuidado constituye un objetivo claro al que están contribuyendo las normas que regulan el trabajo. Sin embargo, otros aspectos son decisivos para lograr el cometido: «la oferta de servicios de

29 Antes de la transposición de la Directiva (UE) 2019/1158 el periodo estaba regulado en máximo 30 días.

30 *Cf.* Laura Cristina Morell Aldana, «De la conciliación a la corresponsabilidad: el ineludible cambio de paradigma», en *Diario La Ley*, núm. 10506, Sección Tribuna, 16 de mayo de 2024.

31 *Cf.* Livia García Faroldi, *Haciendo malabares. Conciliación y corresponsabilidad de las parejas trabajadoras españolas*, Tirant Humanidades, Valencia, 2023, p. 227. En ese mismo sentido se expone en la consideración núm. 11 de la Directiva (UE) 2019/1158 del Parlamento Europeo y del Consejo, de 20 de junio de 2019.

guardería y de cuidados de larga duración accesibles y asequibles»[32] y la educación, formal y no formal en el marco de todas las instituciones sociales, con perspectiva de género. Esta última cuestión es de tal relevancia porque podrá contribuir a que la sociedad valore el trabajo no remunerado de cuidado como una actividad importante para la familia y la sociedad[33], así mismo, apoyará la superación de los prejuicios de género que, como hemos señalado, son la principal causa de discriminación hacia la mujer en el ámbito laboral.

III. Barreras psicológicas y conflictos para la inserción laboral de las mujeres

La inserción laboral de las mujeres es un tema en auge, especialmente en el contexto de la igualdad de género donde cada vez es más reconocida esta inserción como derecho fundamental. No obstante, a pesar de los grandes avances en políticas de igualdad, persisten numerosas barreras que entorpecen su acceso y permanencia en una organización. Por ello, es necesario examinar las barreras psicológicas y los diferentes conflictos que enfrentan las mujeres en el ámbito organizacional, analizando cómo estas dificultan su inserción y desarrollo a nivel profesional.

En este sentido, una de las principales dificultades psicológicas que enfrentan las mujeres es la baja autoestima y la falta de confianza en sí mismas. Estas situaciones pueden derivar de experiencias previas de discriminación o de un contexto social que fomenta los estereotipos negativos sobre las capacidades de esta población en el trabajo. Como resultado, las mujeres, en su conjunto, muestran inseguridades en cuanto a sus propias habilidades y temen no cumplir con las expectativas de los mandos superiores de las organizaciones, lo que puede conllevar la evitación de nuevas oportunidades laborales o percibir incapacidad para determinados puestos por considerarse fuera de su alcance[34].

En la misma línea, el miedo al fracaso es otra barrera por considerar. Esta emoción puede estar provocada por la presión social imperante, la cual establece la responsabilidad laboral y familiar en la mujer, así como por la posibilidad de ser juzgadas severamente ante sus colegas masculinos. En el terreno de la psicología, este fenómeno es comúnmente conocido como «síndrome del impostor», que puede hacer que las profesionales duden de su

32 Directiva (UE) 2019/1158 del Parlamento Europeo y del Consejo, de 20 de junio de 2019, consideración núm. 12.

33 *Cf.* Livia García Faroldi, *Haciendo malabares. Conciliación y corresponsabilidad de las parejas trabajadoras españolas*, Tirant Humanidades, Valencia, 2023, p. 231.

34 *Cf.* Bibiana Medialdea García, «Discriminación laboral y trabajo de cuidados: el derecho de las mujeres jóvenes a no elegir» en *Atlánticas*, Vol, 1, núm. 1, 2016, pp. 90-107.

competencia, limitando su disposición a asumir riesgos o desafíos relacionados con su puesto laboral[35].

Otro papel crucial lo juegan las variables estrés y ansiedad. La sobrecarga de trabajo, el burnout, la escasez de apoyo laboral y social y el acoso en las organizaciones pueden ser factores contribuyentes de un ambiente de trabajo hostil. Estas situaciones, suelen derivar en problemas de salud mental, lo que dificulta aún más la capacidad de integración de las mujeres en las empresas[36]. Asimismo, la «doble carga» referida a la necesidad de equilibrar las responsabilidades laborales y familiares, aumenta los niveles de variables negativas psicológicas. Un alto porcentaje de mujeres se sienten responsables no sólo de su trabajo remunerado, sino también de las labores del hogar y del cuidado de hijos/as. Esta sobrecarga puede dar lugar a un conflicto interno donde las mujeres pueden sentir que deben escoger entre su carrera profesional o su vida familiar, lo que a menudo resulta en la priorización de las responsabilidades familiares, por lo tanto, en la renuncia de sus puestos laborales[37].

La escasez de políticas de apoyo en el terreno laboral adoptadas por las empresas como horarios y opciones de trabajo flexibles, así como las sanciones sociales más la estigmatización agravan este conflicto. En esta línea, las empresas que no adoptan medidas reales de conciliación laboral están obligando a las mujeres a abandonar sus empleos o a aceptar posiciones muy por debajo del nivel de estudios, habilidades o aspiraciones profesionales, con las altas repercusiones negativas que suponen estos hechos[38].

Por otro lado, las mujeres que eligen priorizar su carrera profesional, a menudo, se enfrentan a estigmatizaciones y sanciones de tipo social. Esta presión puede provenir de la familia, amigos/as y de compañeros/as de trabajo, quienes se inmiscuyen en sus decisiones y se creen con el derecho a juzgar tanto las decisiones como el compromiso de la mujer con la familia. Todo ello conlleva un desprecio manifiesto por la mujer que decide continuar con su vida profesional aun priorizando su vida familiar. Comentarios despreciativos relacionados con la baja calidad de relación con los hijos/as o con un posible miedo infundado a una ruptura de pareja, son aspectos

35 *Cf.* María Isabel VERA-MUÑOZ *et al.*, «El estigma de género y el síndrome del impostor en las profesoras en formación de Educación Primaria», en *Revista Estudios*, núm. 43, 2021, pp. 198-224.

36 *Cf.* Abigail FERNÁNDEZ SÁNCHEZ, María ESTRADA SALVARREY y Edith ARIZMENDI JAIME, «Relación de estrés-ansiedad y depresión laboral en profesionales de enfermería», en *Revista de enfermería neurológica*, Vol. 18, núm. 1, 2019, pp. 29-40.

37 *Cf.* Gala DÍAZ LANGOU *et al*, *El género del trabajo. Entre la casa, el sueldo y los derechos,* Fundación CIPPEC, Buenos Aires, 2019.

38 *Cf.* Liliana RENTERÍA y Karla TINOCO, «Mujeres-madres que trabajan. La resignificación de la maternidad en mujeres profesionistas en Guadalajara-México», en *Anthropologica*, Vol. 37, núm. 43, 2019, pp. 133-151.

graves por considerar que conllevan grandes sentimientos de culpa y ansiedad, lo que contribuye a una menor satisfacción laboral y un mayor riesgo de abandono[39]. Resaltar, a su vez, que cuando la mujer abandona el puesto laboral, también abandona la fuente principal de sus ingresos económicos, quedando a merced de la familia para cubrir las necesidades familiares y las suyas particulares.

Las barreras psicológicas y los conflictos en la vida personal y profesional de las mujeres pueden tener consecuencias negativas. Una gran cantidad de mujeres se ven obligadas a aceptar trabajos menos remunerados o de menor prestigio en relación con el género masculino debido a las restricciones culturales impuestas por la sociedad. El llamado «techo de cristal»[40] es un claro ejemplo de la falta de oportunidades para el desarrollo profesional que no hace más que perpetuar la desigualdad laboral y personal.

En cuanto a las estrategias para superar las barreras mencionadas con anterioridad, los investigadores ponen de manifiesto que, para abordar la baja autoestima y la falta de autoconfianza, es esencial implementar diferentes programas de capacitación y desarrollo personal y profesional que ayuden a las mujeres a reconocer y valorar sus habilidades y acrecentar las mismas. Como ejemplo, se enumeran talleres de empoderamiento femenino que, en determinados ámbitos, crean diferentes estrategias con las que disminuir las brechas de género y fomentar las oportunidades laborales a la par que el emprendimiento femenino[41]. Otros aspectos relacionados que deben formar parte de este tipo de programas serían: el liderazgo femenino, la autonomía laboral, la igualdad de género, el desarrollo económico y social, el emprendimiento femenino a gran escala, entre otros[42].

Añadido a lo anterior, las redes de apoyo, las flexibilidades laborales donde prevalezca la conciliación, los programas de licencia parental adecuada, el ambiente de trabajo inclusivo y la educación sobre los estereotipos de género deben ser otro punto para incluir dentro de las prioridades empresariales. Para tal fin, es necesario que se lancen campañas de concienciación y formación en sensibilización de género y se empleen diferentes formaciones para todos los sectores empresariales y poblacionales, sólo así se abrirá la

39 *Cf.* Gabriela Dal Forno Martins *et al.*, «Motherhood and work: experience of women with established carrers», *Trends in Psychology*, Vol, 27, núm. 1, 2018, pp. 69-84.

40 *Cf.* Claudia Hernández-Herrera, «Las mujeres y el acceso al liderazgo», en *RIDE Revista Iberoamericana para la Investigación y el Desarrollo Educativo*, Vol.15, núm. 29, 2024.

41 *Cf.* Daniel Yiwady Ordoñez Abril, Ana María Castillo López e Ivonne Maritza Rodríguez Bravo, «Empoderamiento de la mujer en el emprendimiento y la innovación», en *Población y Desarrollo*, Vol. 27, núm. 52, 2021, pp. 69-91.

42 *Cf.* Fernando Curioso, Omar Saldaña y Álvaro Rodríguez Carballeira, *Taxonomía de estrategias de empoderamiento femenino*, Universidad de Barcelona, Invictus Research Group. Versión revisada, 2024.

posibilidad de explorar la formación en igualdad de género al más alto nivel y favorecer una correcta coeducación en el sistema[43].

En conclusión, la inserción laboral de las mujeres es un tema crucial en la búsqueda de igualdad de oportunidades. A pesar de los avances en políticas de igualdad, persisten barreras que dificultan gravemente el acceso y permanencia en el trabajo. Entre estas barreras, se destaca la baja autoestima, la falta de confianza y el auge de variables negativas como miedo al fracaso, inseguridad, ansiedad y depresión. Estas variables suelen ser generadas por experiencias de discriminación y estereotipos negativos en el ámbito empresarial. Asimismo, la falta de políticas adecuadas y los horarios inflexibles agravan estas dificultades, llevando a las mujeres a aceptar empleos de menor prestigio o a abandonar su puesto de trabajo. Con el fin de superar estas barreras, se sugieren programas de capacitación y empoderamiento a la par que implementar redes de apoyo y políticas de conciliación laboral, así como campañas de sensibilización sobre género. Un abordaje integral que incluya estas estrategias resulta crucial para facilitar la plena participación de las mujeres en el ámbito laboral y avanzar hacia una sociedad más equitativa.

IV. Atracción y retención del talento femenino en las organizaciones

La atracción y retención del talento femenino se ha convertido en un tema crítico para las organizaciones que buscan maximizar su competitividad y rendimiento. La diversidad de género en el lugar de trabajo no solo promueve la equidad, sino que también mejora el desempeño organizacional, como han señalado diversas investigaciones. La atracción y retención del talento no se basa en un simple proceso de contratación de mujeres como aspecto primordial en la organización, sino de garantizar el crecimiento de la mujer como una profesional más dentro de la empresa mediante el empoderamiento y el ascenso a puestos de gerencia superior. A pesar de esto, muchas empresas enfrentan desafíos significativos para atraer y retener a mujeres talentosas, especialmente en sectores tradicionalmente dominados por hombres, como la manufactura, la tecnología, la ingeniería y la construcción[44]. Esto resalta la necesidad de implementar estrategias efectivas que fomenten la inclusión y la equidad en el entorno laboral.

---

43 *Cf.* Ainhoa Recia Ocio, «La formación en igualdad de género en los grados de Educación Primaria», en *Revista electrónica interuniversitaria de formación del profesorado*, Vol. 24, núm. 1, 2021.

44 *Cf.* Laura Martínez Álvaro, «Patriarcado 2.0: Retención del Talento Femenino en las Empresas Tecnológicas», en *Congreso de Jóvenes investigadores con Perspectiva de Género*, obra colectiva, coordinadoras Rosa San Segundo Manuel y Marian Blanco Ruiz, Instituto de Estudios de Género, Universidad Carlos III de Madrid, 2016.

Investigaciones previas han mostrado que la diversidad de género puede tener un impacto positivo en el rendimiento organizacional. En su análisis, ALI *et al.*, examinan cómo la diversidad afecta el rendimiento en los sectores de servicios y manufactura. En el sector de servicios, se observa que la diversidad de género mejora la innovación y la capacidad de la organización para responder a las demandas del cliente. Las empresas que promueven a mujeres a roles de liderazgo y fomentan una cultura inclusiva se vuelven más atractivas para las trabajadoras, aumentando así su capacidad para retener talento femenino. Por otro lado, en las organizaciones de manufactura, aunque la relación entre diversidad y rendimiento es más sutil, se señala que aquellas con mayor diversidad de género presentan mejoras en la toma de decisiones y en la eficiencia operativa. Para retener talento femenino en este sector, es fundamental implementar políticas como la mentoría y el desarrollo profesional, creando un entorno de trabajo favorable para las mujeres[45].

Entre los factores que pueden provocar una inclusión y atracción positiva de las mujeres en el entorno laboral, destaca el empoderamiento, las remuneraciones, la planeación de recursos humanos donde se valore la conciliación laboral y el clima organizacional, entre otros, siempre y cuando se desarrollen medidas óptimas para que sean implantados[46].

En un mundo donde la mujer sigue siendo una intrusa en diversos sectores empresariales considerados masculinos, el empoderamiento femenino promocionado por la empresa podría aumentar el nivel de decisión y de seguridad en la toma de decisiones[47].

Por su parte, diversos estudios demuestran las grandes desigualdades referidas al sistema de retribución, afirmando que cuando en una empresa este nivel se equipara entre sexos se podría aumentar la motivación y el sentimiento de pertenencia en las trabajadoras[48].

La conciliación laboral se muestra como la gran aliada de la población femenina para no abandonar su carrera profesional. Sin embargo, una gran cantidad de empresas apuestan por el teletrabajo como medida de conci-

---

45 *Cf.* Muhammad ALI, Carol T. KULIK & Isabel METZ, «The Gender Diversity–Performance Relationship in Services and Manufacturing Organizations», *The International Journal of Human Resource Management*, Vol. 22, núm. 7, 2011, pp. 1464-1485.

46 *Cf.* Enrique HERNÁNDEZ HERNÁNDEZ, María Mayela TERÁN CAZAREZ y Mónica BLANCO JIMÉNEZ, «Factores Organizacionales que Mejoran la Retención del Talento Femenino de Estudiantes Universitarias en Empresas de Nuevo León», en *Repositorio de la Red Internacional de Investigadores en Competitividad*, Vol. 16, núm. 16, 2023, pp. 396-412.

47 *Cf.* Natalia Lucía ANDRADES MARULANDA, Ana Karina PALACIO FLÓREZ y Ana Beatriz BLANCO-ARIZA, «Empoderamiento Femenino e Igualdad de Género en las Organizaciones», en *Liderazgo Estratégico*, Vol. 9, núm. 1, 2019, pp. 140-148.

48 *Cf.* Pedro Jesús VEGA CATENA *et al*, «Participación Femenina en Puestos diversos y Desigualdad Salarial. Un Análisis en el Mercado Laboral Español», en *Estudios de Economía Aplicada*, vol. 34, n.° 1, 2016, pp. 155-177.

liación laboral, siendo este trabajo totalmente contrario a lo que se plantea de manera inicial si no se establecen unos horarios de desconexión digital. En este sentido, Mozo encontró que las mujeres que tenían teletrabajo como medio laboral, acusaban de un incremento en las jornadas de trabajo que excluía la posibilidad de poseer una vida familiar al margen de la laboral, resaltando que esta tipología laboral excluye todo lo relacionado con la esfera familiar y de cuidado[49].

En cuanto al clima organizacional, Araya *et al.*, encontraron que los sesgos de tipo cultural (p. ej., incapacidad de la mujer para desarrollar determinadas tareas, exceso de emocionalidad) son capaces de impactar en el modo en el que las empresas efectúan políticas con las que facilitar la integración de la mujer en las empresas. Asimismo, altos niveles de formación académica y profesional de las mujeres pueden conllevar decrementos significativos de satisfacción y clima laboral entre sus compañeros masculinos[50].

Por otro lado, existen factores denominados negativos, como el «Techo de Cristal», que pueden hacer que la inclusión de la mujer en los entornos laborales se vea disminuida. Aunque es cierto que un número amplio de mujeres no llegan a puestos altos en una organización debido a las numerosas trabas y discriminaciones a las que se enfrentan, otro grueso importante opta, por decisión personal, no seguir escalando en sus carreras para poder dedicarse al cuidado de su familia[51]. En estos casos, no se trata sólo de impedimentos externos y relacionados con la organización, sino de una elección consciente que prioriza el equilibrio entre la vida familiar y profesional. Así, además de los desafíos sociales y culturales, se debe reconocer el papel decisorio de la mujer sobre sus prioridades en función de la valoración realizada entre su vida profesional y personal, lo que abriría un debate sobre la libertad de elección y cómo estas decisiones se perciben dentro del ámbito empresarial[52] y en la sociedad.

Sobre la base de lo expuesto, para atraer y retener a la mujer en el sector laboral, las organizaciones deben concentrarse en varios aspectos clave. Una estrategia primordial es la creación de un entorno de trabajo flexible. Desde la pandemia, se ha vuelto esencial que las organizaciones ofrezcan la posibilidad de ajustar los horarios laborales, ya que muchas mujeres prio-

---

49 *Cf.* Ana Gálvez Mozo, «Mujeres y Teletrabajo: Más Allá de la Conciliación de la Vida Laboral y Personal», en *Oikonomics: Revista de Economía, Empresa y Sociedad*, vol. 13, n.° 6, 2020.

50 *Cf.* Paulina Noll Araya, Rosita Romero Alonso y Daniela Ortiz Bacigalupo, «Satisfacción Laboral y Género: Cómo Impactan Estas Diferencias en el Clima Organizacional. Una Reseña Sistematizada», en *Journal of Management & Business Studies*,Vol. 5, n. ° 1, 2023, pp. 1-23.

51 *Cf.* Carols Amira Meza Martínez, «Discriminación Laboral por Género: Una Mirada desde el Efecto Techo de Cristal», en *Equidad y Desarrollo*, Vol. 1, n.° 32, 2018, pp. 11-31.

52 *Cf.* Anne-Marie Slaughter, «Why Women Still Can't Have It All», *The Atlantic*, 2012.

rizan el equilibrio entre sus responsabilidades personales y profesionales[53]. Esta flexibilidad se ha convertido en un factor decisivo a la hora de elegir un empleo y es fundamental para la satisfacción y retención del talento femenino. Asimismo, la inversión en el desarrollo de habilidades y oportunidades de crecimiento es esencial. Programas de mentoría, talleres de liderazgo y oportunidades de *networking* ayudan a esta población a superar las barreras que enfrentan en sectores tradicionalmente dominados por hombres, como la tecnología, la ingeniería y la construcción[54].

En la misma línea, las organizaciones deben implementar sistemas de reclutamiento que reflejen su compromiso con la diversidad y la inclusión, amplificando las voces femeninas dentro de la estructura empresarial. Aunque, no menos importante es la recopilación y análisis de datos para medir el éxito de estas iniciativas; ya que evaluar el progreso en la atracción y retención del talento femenino permite ajustar estrategias y asegurar que se logren los objetivos deseados.

Es relevante mencionar el Servicio de Asesoramiento para Planes y Medidas de Igualdad en las empresas ofrecido por el Ministerio de Igualdad. Esta es una herramienta valiosa para las empresas que deben adoptar los planes de igualdad, en los términos previstos en la Ley Orgánica 3/2007, de 22 de marzo, para la igualdad efectiva de mujeres y hombres. En este servicio de asesoramiento se facilita una guía de orientaciones teóricas, instrumentos y modelos que las organizaciones pueden descargar y adaptar a sus propias necesidades, sirviendo como píldora formativa que permite comprender de manera didáctica y educativa cada una de las fases del proceso.

En conclusión, al fomentar un entorno inclusivo, flexible y de desarrollo continúo implantando un programa de igualdad, las organizaciones no solo atraerán más talento femenino, sino que también mejorarán su rendimiento, asegurando así su competitividad en un mercado laboral cada vez más diverso. Este enfoque proactivo no solo beneficia a las mujeres, sino que también contribuye a crear organizaciones más innovadoras y eficientes, capaces de enfrentar los desafíos del futuro.

V. Tecnoestrés y su impacto en las mujeres trabajadoras

El tecnoestrés se ha convertido en un fenómeno crítico en el ámbito laboral, especialmente con la creciente integración de las tecnologías de la infor-

53 *Cf.* Keisha Bell, «What Women Want: Three Strategies to Attract and Retain Female Talent», *DTCC*, May 4, 2022. *Cf.* Kate Birch, «What women want at work and why employers must deliver», *Business Chief,* May 8, 2023.

54 *Cf.* Talent Tech Labs, *Strategies to Retain Women in the Workforce*, 2023.

mación y comunicación (TIC) en las organizaciones. Este tipo de estrés se refiere a la presión y ansiedad que experimentan las personas trabajadoras debido al uso intensivo de herramientas digitales. El síndrome se manifiesta de diversas formas, como la sobrecarga de información, la sensación de estar constantemente conectados y la dificultad para equilibrar las demandas laborales con la vida personal. Estas manifestaciones pueden dar lugar a frustración, agotamiento y ansiedad, impactando negativamente la salud mental del equipo, su satisfacción laboral y, en consecuencia, la eficiencia organizacional[55].

Por otro lado, el tecnoestrés afecta tanto el bienestar emocional como el rendimiento, destacando que las mujeres enfrentan desafíos particulares. Factores como la gestión de múltiples responsabilidades, las expectativas laborales y la presión por estar siempre disponibles son especialmente marcados para ellas, lo que hace necesario desarrollar enfoques específicos para abordar sus experiencias en un entorno digitalizado[56]. A este respecto, las organizaciones deben implementar políticas y recursos que mitiguen los efectos adversos del tecnoestrés, como la promoción de la desconexión digital, la oferta de formación tecnológica y la creación de una cultura organizacional que priorice el bienestar del equipo.

La atención al tecnoestrés se torna especialmente relevante en el contexto actual, donde el teletrabajo y la digitalización son predominantes. Las empresas deben ser proactivas en la adopción de medidas que fomenten un ambiente laboral saludable, garantizando no solo el bienestar de su equipo, sino también la sostenibilidad y competitividad de la organización en un mercado laboral cada vez más dependiente de la tecnología. Por lo tanto, el reconocimiento y abordaje del tecnoestrés son esenciales para construir un entorno de trabajo más equilibrado y eficiente, que beneficie tanto a la fuerza laboral como a los objetivos organizacionales a largo plazo.

De igual manera, el tecnoestrés afecta de manera diferenciada a las mujeres trabajadoras, generando desafíos únicos que impactan su bienestar y rendimiento. Se ha demostrado que las mujeres tienden a experimentar un mayor nivel de estrés relacionado con la tecnología en comparación con sus colegas masculinos, en parte debido a la presión de cumplir con múltiples responsabilidades laborales y familiares. Este fenómeno se intensifica en entornos laborales digitalizados, donde la falta de apoyo social y la sensación de estar siempre conectadas contribuyen a la sensación de agobio[57].

---

55 *Cf.* Marisa SALANOVA, Susana LLORENS y Mercedes VENTURA, «Technostress: The Dark Side of Technologies», en *The Impact of ICT on Quality of Working Life*, obra colectiva, editores Christian KORUNKA y Peter HOONAKKER, Springer, Dordrecht, 2014, pp. 87-103.

56 *Cf.* Monideepa TARAFDAR, Ashish GUPTA y Ofir TUREL, «The Dark Side of Information Technology Use», *Information Systems Journal*, Vol. 23, núm. 3, 2013, pp. 269-275.

57 *Cf.* Gurnam SINGH, «Stress among Working Women: A Literature Review», *The International Journal of Indian Psychology*, Vol. 11, núm. 1, 2023, pp. 176-182.

La incapacidad de desconectar del trabajo puede llevar a problemas de salud mental como la ansiedad y el agotamiento. Además, el tecnoestrés puede perjudicar la satisfacción laboral y aumentar la tasa de rotación entre trabajadoras, lo que subraya la necesidad de implementar políticas específicas que aborden estas desigualdades.

Aunque es cierto que tanto hombres como mujeres experimentan tecnoestrés, la forma en que se manifiesta y las estrategias de afrontamiento pueden variar considerablemente, lo que hace necesario un enfoque de género en las intervenciones organizacionales. Las organizaciones deben adoptar medidas proactivas, como ofrecer formación tecnológica, promover un equilibrio entre la vida laboral y personal y crear una cultura laboral que valore el bienestar. De este modo, no solo se contribuirá a mejorar la salud mental de las mujeres trabajadoras, sino que también se favorecerá la efectividad y la retención del talento femenino en un contexto laboral cada vez más dependiente de la tecnología.

En este contexto, las mujeres desempeñan un papel fundamental en el desarrollo económico y social de las naciones, enfrentando un conjunto único de desafíos que abarcan tanto su vida familiar como profesional. A menudo, deben cumplir con responsabilidades como esposas, madres y trabajadoras, lo que resulta en una superposición de roles que genera estrés significativo. La doble carga de las trabajadoras se traduce en una mayor presión sobre su tiempo y energía, con consecuencias negativas para su satisfacción laboral y salud mental. Por esta razón, varios investigadores indican que la participación equilibrada en la gestión del hogar y las tareas de cuidado resulta clave para el bienestar familiar y que la falta de este puede incrementar los niveles de estrés[58].

Además, los factores estresantes en el entorno laboral, como la sobrecarga de trabajo, la falta de progreso en la carrera y la discriminación, afectan desproporcionadamente a las mujeres. Aquellas en posiciones profesionales a menudo experimentan un conflicto entre el trabajo y la familia, contribuyendo a su estrés. En particular, se ha evidenciado que las mujeres casadas enfrentan mayores niveles de estrés en comparación con las solteras, debido a expectativas sociales y a la carga de múltiples responsabilidades.

Finalmente, para evitar la aparición del estrés en las mujeres trabajadoras, el cual se manifiesta a través de problemas físicos y psicológicos, impactando negativamente su rendimiento y calidad de vida, se resalta la necesidad de intervenciones en el lugar de trabajo para mejorar el bienestar en el ámbito laboral, sugiriendo estrategias como programas de gestión del estrés y un rediseño de las funciones laborales[59]. Este rediseño de funciones podría enfocarse en una distribución más equilibrada de las responsabilidades, asig-

---

58 *Cf.* Kristina Gyllensten y Stephen Palmer, «The Role of Gender in Workplace Stress: A Critical Literature Review», *Health Education Journal*, Vol. 64, núm. 3, 2005, pp. 271-288.

59 *Cf.* Ananda Rajasekhar y Anuradha Sasikala, «An Impact of Stress Management on Employed Women», *Language in India*, Vol. 13, núm. 4, 2013, pp. 1930-2940.

nando tareas de acuerdo con las capacidades y fortalezas individuales. Este rediseño también implicaría una revisión de la carga de trabajo, eliminando tareas redundantes y promoviendo el trabajo colaborativo para evitar la sobrecarga. Asimismo, se podría implementar una mayor flexibilidad en los horarios como los horarios escalonados, permitiendo a cada persona ajustar sus responsabilidades laborales a sus necesidades personales y familiares, facilitando así un mejor equilibrio entre vida laboral y personal.

En conclusión, para abordar el tecnoestrés de manera efectiva, es fundamental fomentar la concienciación y proporcionar formación específica tanto a empleadores como a las personas trabajadoras. Las organizaciones deben implementar programas de capacitación que incluyan la identificación de síntomas de tecnoestrés, la enseñanza de técnicas de gestión del tiempo y el establecimiento de límites claros entre el trabajo y la vida personal. Igualmente, la creación de espacios de diálogo y apoyo entre trabajadoras puede ser un recurso valioso para compartir experiencias y estrategias de afrontamiento, lo que contribuirá a un entorno laboral más saludable y resiliente.

VI. Conclusiones

Las medidas de conciliación entre la vida laboral y familiar con un enfoque de corresponsabilidad son clave para que las mujeres con responsabilidades familiares puedan ingresar y permanecer en el empleo. Está demostrado que las responsabilidades de cuidado de hijos expulsan a las mujeres del mercado laboral, a diferencia de sus colegas masculinos. Por ello, el derecho a solicitar la adaptación del tiempo de trabajo y de la forma de prestación del trabajo (art. 34.8 ET) es fundamental. Pues, la inflexibilidad del tiempo de trabajo para atender los intereses de la persona trabajadora con responsabilidades familiares es un gran obstáculo. Sin embargo, para su efectividad las empresas deben, además de aplicar la ley, adoptar verdaderas políticas de conciliación para cumplir con sus obligaciones relativas a contribuir a la igualdad entre hombres y mujeres y evitar la discriminación.

Poner en valor el trabajo no remunerado de cuidados es una asignatura pendiente. En la medida que la sociedad otorga reconocimiento a estas tareas se podrán ir superando los prejuicios por los roles de género que son el origen de la discriminación por razón de sexo y, por tanto, logrando la corresponsabilidad. No obstante, para que el trabajo de cuidados no remunerado sea objeto de valoración, debe también ser objeto de reconocimiento jurídico. Dicho reconocimiento implica avanzar hacia la regulación del trabajo de cuidado no remunerado como trabajo que aporta experiencia y habilidades a las personas que lo realizan, por lo tanto, pueden ser apreciadas, valoradas y ejercidas en trabajos remunerados.

En el escenario actual, las organizaciones enfrentan el reto esencial de atraer y retener talento femenino, particularmente en sectores tradicionalmente dominados por hombres, como el tecnológico o el de ingeniería. La incorporación de la diversidad de género no solo favorece la equidad, sino que también potencia el rendimiento organizacional. Para fomentar un entorno inclusivo, resulta fundamental implementar políticas de empoderamiento, de igualdad y promover el desarrollo profesional de las mujeres.

Por otro lado, la inserción laboral de las mujeres enfrenta una serie de barreras psicológicas y conflictos que requieren una atención primordial y significativa de todas las poblaciones. A medida que la sociedad avanza hacia la igualdad de oportunidades, es fundamental abordar desafíos que vayan desde el fortalecimiento de la autoestima de las mujeres, implementando políticas de apoyo y coeducación en el terrero laboral y promoviendo una cultura laboral inclusiva, hasta los programas de empoderamiento femenino. Es con este enfoque integral que se podrá facilitar la plena participación de la mujer en el terreno laboral y contribuir a la construcción de una sociedad igualitaria y equitativa.

Además, el tecnoestrés se presenta como un desafío que afecta de manera desproporcionada a las mujeres, quienes deben equilibrar sus responsabilidades laborales y familiares en un entorno digitalizado que exige un alto nivel de rendimiento. Las organizaciones deben adoptar medidas que aborden esta situación, tales como la desconexión digital y la capacitación en herramientas tecnológicas, las cuales no solo alivian el tecnoestrés, sino que también contribuyen a la retención de talento femenino.

Finalmente, la promoción de un clima organizacional de apoyo, la flexibilidad laboral para promocionar la conciliación entre la vida personal y familiar en el entorno empresarial con un enfoque de corresponsabilidad, así como la disponibilidad de sistemas de cuidados pertinentes son estrategias fundamentales para lograr la igualdad efectiva de mujeres y hombres en el ámbito laboral. Así mismo, estas medidas contribuyen a asegurar la competitividad en un mercado laboral cada vez más diverso y tecnológicamente avanzado.

VII. Apéndice bibliográfico

Abigail **Fernández Sánchez**, María **Estrada Salvarrey** y Edith **Arizmendi Jaime**, «Relación de estrés-ansiedad y depresión laboral en profesionales de enfermería», en *Revista de enfermería neurológica*, Vol. 18, núm. 1, 2019, pp. 29-40. https://doi.org/10.51422/ren.v18i1.277

Ainhoa **Recia Ocio**, «La formación en igualdad de género en los grados de Educación Primaria», en *Revista electrónica interuniversitaria de formación del profesorado*, Vol. 24, núm. 1, 2021, pp. 13-27. https://doi.org/10.6018/reifop.390951

Ana **Gálvez Mozo**, «Mujeres y Teletrabajo: Más Allá de la Conciliación de la Vida Laboral y Personal», *Oikonomics: Revista de Economía, Empresa y*

Sociedad, núm. 13, 2020, pp. 1-9. https://oikonomics.uoc.edu/divulgacio/oikonomics/es/numero13/dossier/agalvez.html

Ananda **Rajasekhar** y Anuradha **Sasikala**, «An Impact of Stress Management on Employed Women», *Language in India*, Vol. 13, núm. 4, 2013, pp. 1930-2940.

Anne-Marie **Slaughter**, «Why Women Still Can't Have It All», *The Atlantic*, 2012. https://www.theatlantic.com/magazine/archive/2012/07/why-women-still-cant-have-it-all/309020/

Bibiana **Medialdea García**, «Discriminación laboral y trabajo de cuidados: el derecho de las mujeres jóvenes a no elegir» en *Atlánticas*, Vol. 1, núm. 1, 2016, pp. 90-107. https://doi.org/10.17979/arief.2016.1.1.1792

Carols Amira **Meza Martínez**, «Discriminación Laboral por Género: Una Mirada desde el Efecto Techo de Cristal», en *Equidad y Desarrollo*, Vol. 1, n.º 32, 2018, pp. 11-31. https://doi.org/10.19052/ed.5243

Claudia **Hernández-Herrera**, «Las mujeres y el acceso al liderazgo», en *RIDE Revista Iberoamericana para la Investigación y el Desarrollo Educativo*, Vol.15, núm. 29, 2024. https://doi.org/10.23913/ride.v15i29.2120

Cristina **Aragón Gómez** y Patricia **Nieto Rojas**, *Planes de igualdad en las empresas. Procedimiento de elaboración e implantación*, Wolters Kluwer, Madrid, 2021.

Daniel Yiwady **Ordoñez Abril**, Ana María **Castillo López** e Ivonne Maritza **Rodríguez Bravo**, «Empoderamiento de la mujer en el emprendimiento y la innovación», en *Población y Desarrollo*, Vol. 27, núm. 52, 2021, pp. 69-91. https://doi.org/10.18004/pdfce/2076-054x/2021.027.52.069

Enrique **Hernández Hernández**, María Mayela **Terán Cazarez** y Mónica **Blanco Jiménez**, «Factores Organizacionales que Mejoran la Retención del Talento Femenino de Estudiantes Universitarias en Empresas de Nuevo Leon», en *Repositorio de la Red Internacional de Investigadores en Competitividad*, Vol. 16, núm. 16, 2023, pp. 396-412. https://www.riico.net/index.php/riico/article/view/2152

Fernando **Curioso**, Omar **Saldaña** y Álvaro **Rodríguez Carballeira**. *Taxonomía de estrategias de empoderamiento femenino*, Universidad de Barcelona, Invictus Research Group, Versión revisada, 2024. http://hdl.handle.net/2445/214832

Fernando **Valdés Dal-Ré**, «La legislación obrera industrial sobre las mujeres (1900-1931), entre la protección y la restricción», en *Relaciones Laborales*, núm. 1, Sección Doctrina, 2009, pp. 275-310.

Francisco **Marhuenda** y Tiffany **Sánchez-Cabezudo**, *Derechos fundamentales y la igualdad de género. Un enfoque integral de la perspectiva de género en la legislación*, Tirant lo Blanch, Valencia, 2024.

Gabriela **Dal Forno Martins**, Claudia **Luiz Leal**, Beatriz **Schmidt** y Cesar Augusto **Piccinini**, «Motherhood and work: experience of women with established carrers», *Trends in Psychology*, Vol, 27, núm. 1, 2018, pp. 69-84. https://doi.org/10.9788/TP2019.1-06

Gala **Díaz Langou**, Gimena **León**, José **Florito**, Florencia **Caro Sachetti**, Alejandro **Biondi Rodríguez** y Matilde **Karczmarczyk**, *El género del trabajo. Entre la casa, el sueldo y los derechos*, Fundación CIPPEC, Buenos Aires, 2019. https://www.cippec.org/wp-content/uploads/2019/11/el_genero_del_trabajo.pdf

Gurnam **Singh**, «Stress among Working Women: A Literature Review», *The International Journal of Indian Psychology*, Vol. 11, núm. 1, 2023, pp. 176-182. https://ijip.in/wp-content/uploads/2023/01/18.01.019.20231101.pdf

INE. «Encuesta de Población Activa (EPA). Módulo sobre conciliación entre la vida laboral y familiar. Año 2018», *Notas de prensa*, 6 de junio de 2019. Disponible en: https://www.ine.es/prensa/epa_2018_m.pdf

INE. *Mujeres y Hombres en España 2023*. Disponible en: https://www.ine.es/ss/Satellite?L=es_ES&c=INEPublicacion_C&cid=1259924822888&p=%5C&pagename=ProductosYServicios%2FPYSLayout&param1=PYSDetalleGratuitas&param2=1259925472420&param4=Mostrar

Instituto de las Mujeres, Estadísticas, *Mujeres en Cifras-Conciliación*. Disponible en: https://www.inmujeres.gob.es/MujerCifras/Conciliacion/ExcedPermisos.htm

Jaime **Cabeza Pereiro**, José Fernando **Lousada Arochena** y Pilar **Núñez-Cortés Contreras**, *Igualdad y diversidad en las relaciones laborales*, Tirant lo Blanch, Valencia, 2024.

Kate **Birch**, «What women want at work and why employers must deliver», *Business Chief,* May 8, 202. https://businesschief.com/human-capital/what-women-want-how-to-attract-and-retain-top-female-talent

Keisha **Bell**, «What Women Want: Three Strategies to Attract and Retain Female Talent», *DTCC*, May 4, 2022. https://www.dtcc.com/dtcc-connection/articles/2022/may/04/what-women-want-three-strategies-to-attract-and-retain-female-talent

Kristina **Gyllensten** y Stephen **Palmer**, «The Role of Gender in Workplace Stress: A Critical Literature Review», *Health Education Journal*, Vol. 64, núm. 3, 2005, pp. 271-288. https://doi.org/10.1177/001789690506400307

Laura Cristina **Morell Aldana**, «De la conciliación a la corresponsabilidad: el ineludible cambio de paradigma», en *Diario La Ley*, núm. 10506, Sección Tribuna, 16 de mayo de 2024.

Laura **Martínez** Álvaro, «Patriarcado 2.0: Retención del Talento Femenino en las Empresas Tecnológicas», en *Congreso de Jóvenes investigadores con Perspectiva de Género*, obra colectiva, coordinadoras Rosa San Segundo Manuel y Marian Blanco Ruiz, Instituto de Estudios de Género, Universidad Carlos III de Madrid, 2016.

Liliana **Rentería** y Karla **Tinoco**, «Mujeres-madres que trabajan. La resignificación de la maternidad en mujeres profesionistas en Guadalajara-México», en *Anthropologica*, Vol. 37, núm. 43, 2019, pp. 133-151. https://doi.org/10.18800/anthropologica.201902.006

Livia **García Faroldi**, *Haciendo malabares. Conciliación y corresponsabilidad de las parejas trabajadoras españolas*, Tirant Humanidades, Valencia, 2023.

Manuel Carlos **Palomeque López**, *Derecho del Trabajo e Ideología*, Tecnos, Madrid, 1995.

María Emilia **Casas Baamonde**, «Transformaciones del trabajo, trabajo de las mujeres y futuro del Derecho del Trabajo», en *Relaciones Laborales*, núm. 11, Sección Editorial, Quincena del 1 al 15 de junio, 1998, tomo I, pp. 90-95.

María Isabel **Vera-Muñoz**, Juan **Moreno-Vera**, Bárbara **Cruz**, Francisco **Seva-Cañizares** y Carmen **Soriano-López**, «El estigma de género y el síndrome del impostor en las profesoras en formación de Educación Primaria», en *Revista Estudios*, núm. 43, 2021, pp. 198-224. https://doi.org/10.15517/re.v0i43.49325

Marisa **Salanova**, Susana **Llorens** y Mercedes **Ventura**, «Technostress: The Dark Side of Technologies», en *The Impact of ICT on Quality of Working Life*, obra colectiva, editores Christian Korunka y Peter Hoonakker, Springer, Dordrecht, 2014, pp. 87-103.

Mercedes **Arbaiza Villalonga**, «La construcción social del empleo femenino en España (1850-1935)», en *Arenal*, Vol. 9, núm. 2, 2002, pp. 215-239. https://doi.org/10.30827/arenal.v9i2.16427

Monideepa **Tarafdar**, Ashish **Gupta** y Ofir **Turel**, «The Dark Side of Information Technology Use», *Information Systems Journal*, Vol. 23, núm. 3, 2013, pp. 269-275.

Muhammad **Ali**, Carol T. **Kulik** & Isabel **Metz**, «The Gender Diversity–Performance Relationship in Services and Manufacturing Organizations», *The International Journal of Human Resource Management*, Vol. 22, núm. 7, 2011, pp. 1464-1485. https://doi.org/10.1080/09585192.2011.561961

Natalia Lucía **Andrades Marulanda**, Ana Karina **Palacio Flórez** y **Ana Beatriz Blanco-Ariza**, «Empoderamiento Femenino e Igualdad de Género en las Organizaciones», *Liderazgo Estratégico*, Vol. 9, núm. 1, 2019, pp. 140-148. https://revistas.unisimon.edu.co/index.php/liderazgo/article/view/3809

Patricia **Nieto Rojas**, «Algunos problemas en la implementación de los planes de igualdad en las empresas. La falta de interlocución sindical y el trámite registral», en *Trabajo y Derecho*, núm. 117, Sección Jurisprudencia, 2024.

Paulina **Noll Araya**, Rosita **Romero Alonso** y Daniela **Ortiz Bacigalupo**, «Satisfacción Laboral y Género: Cómo Impactan Estas Diferencias en el Clima Organizacional. Una Reseña Sistematizada», en *Journal of Management & Business Studies*, vol. 5, núm. 1, 2023, pp. 1-23. https://doi.org/10.32457/jmabs.v5i1.1971

Pedro Jesús **Vega Catena**, Rosa **Santero Sánchez**, Belén **Castro Núñez** y Nuria Elena **Gómez Gómez**, «Participación Femenina en Puestos Directivos y Desigualdad Salarial. Un Análisis en el Mercado Laboral Español», en *Estudios de Economía Aplicada*, vol. 34, n.º 1, 2016, pp. 155-177. https://www.redalyc.org/pdf/301/30143731008.pdf

Rafael **Moll Noguera**, «La perspectiva de género y el Derecho del Trabajo: ¿una hermenéutica en construcción o algo más?», en *Labos*, Vol. 2, núm. 2, 2021, pp. 83-98. DOI: https://doi.org/10.20318/labos.2021.6218

Ricardo **Escudero Rodríguez**, «Planes de igualdad en la Ley Orgánica 3/2007, de igualdad efectiva entre mujeres y hombres», en *Relaciones Laborales*, núm. 9, Sección Negociación Colectiva y Conflictividad, 2007, tomo 1.

Susana **Rodríguez Escanciano**, «Trabajo y corresponsabilidad familiar: análisis a la luz de la Directiva 2019/1158», en *Diario La Ley*, núm. 96000, Sección Tribuna, 24 de marzo de 2020.

Talent Tech Labs, *Strategies to Retain Women in the Workforce*, 2023. https://talenttechlabs.com/

CAPÍTULO 3

LA PERSPECTIVA DE GÉNERO EN LA PREVENCIÓN DE RIESGOS LABORALES

Anabel Paramá Díaz
Universidad Isabel I

Gustavo Adolfo Rosal López
*Universidad Isabel I**

Sumario: I. LA MUJER A NIVEL LABORAL A LO LARGO DE LA HISTORIA. II. DOS CONCEPTOS DIFERENTES. III. LA BIOLOGÍA EN LA PREVENCIÓN DE RIESGOS LABORALES. IV. MUJER Y PREVENCIÓN DE RIESGOS LABORALES. V. CONCLUSIONES. VI. APÉNDICE BIBLIOGRÁFICO

I. La mujer a nivel laboral a lo largo de la historia

Los estudios de género en su vertiente laboral, y especialmente en lo relativo a la prevención de riesgos laborales, son cruciales en la actualidad. Para poder profundizar en los riesgos que sufre la mujer, como consecuencia de la realización de una actividad laboral debido a la falta de inclusión de perspectiva de género en la prevención, es necesario que retrocedamos un poco para poder entender la base del problema y cómo ha llegado a convertirse en un verdadero problema actual para la mujer.

---

* Ambos autores pertenecen al Grupo de Investigación Reconocido de la Ui1 «Tecnologías digitales aplicadas a las Ciencias Jurídicas y Económicas» en la línea «Nuevas Tecnologías aplicadas a las relaciones laborales»

Desde tiempos antiguos, se ha vinculado a la mujer a actividades de carácter doméstico, como la elaboración de alimentos y de ropa o cuidado del fuego, entre otras[1 / 2]. Esta concepción, de un modo u otro, también se mantuvo vigente durante el Medioevo. En la Industrialización se produjo un notable cambio que abrió las puertas a la concepción actual del trabajo y a las investigaciones relacionadas en él.

De hecho, en el siglo XVIII, el varón era el que ocupaba puestos de trabajo públicos (que eran los trabajos remunerados). Se consideraba además que era el sabio, el poderoso y el racional, una serie de características que lo capacitaban para ocupar dichos puestos laborales e incluso para ocupar cargos directivos y de responsabilidad en la toma de decisiones colectivas. La mujer, al contrario, era considerada como un ser inferior al hombre y débil, guiada por las emociones, por lo que quedaba relegada a la realización de labores domésticas y trabajo en el campo[3]. Estos aspectos se mantienen en la actualidad. Tanto es así que resultan interesantes y esclarecedores los debates parlamentarios sobre la aceptación del voto de la mujer. En dichos debates se muestran claramente estos elementos imaginarios de los que estamos hablando.

Como dijimos antes, la llegada de la Revolución industrial, iniciada en Inglaterra y expandida después por Europa Occidental trajo consigo una gran cantidad de cambios tanto tecnológicos, como sociales, económicos y culturales. Se pasó de una economía basada, fundamentalmente, en la agricultura y en el comercio a una economía mucho más industrializada y, por tanto, altamente mecanizada[4]. Estos cambios dieron un giro radical al trabajo de la época, lo que fomentó una mayor contratación de mano de obra. En este momento la mujer inicia una progresiva incorporación a la actividad laboral. Pero, lo hace, sobre todo, en sectores poco mecanizados y en los que se requería mano de obra poco cualificada y con retribuciones salariales muy bajas[5]. No obstante, la mujer trabajadora alcanzó un importante protagonismo, resultando un colectivo altamente visible. Esto fue considerado como un gran problema social. Se planteó la duda sobre si la mujer debía trabajar fuera de casa y recibir remuneración por ello o debería dedicarse a las acti-

1 José María Duarte y José Baltazar García-Horta, «Igualdad, Equidad de Género y Feminismo, una mirada histórica a la conquista de los derechos de las mujeres», *Revista CS*, núm. 18, 2016, pp.107-158

2 Margarita Sánchez Romero, «Arqueología feminista: desnaturalizando la subordinación. Entrevista con Margarita Sánchez Romero», *ArkeoGazte*, núm. 8, 2018, pp.183-189

3 Yamile Delgado de Smith, «El sujeto: los espacios públicos y privados desde el género», *Revista Estudios Culturales*, vol. 2, 2008, pp.113-126

4 Julián Chaves Palacios, «Desarrollo tecnológico en la primera revolución industrial», *Norba: Revista de Historia*, núm. 17, 2004, pp. 93-109

5 Pilar Pérez-Puentes Hernández, «El trabajo de las mujeres una mirada desde la Historia», *Revista de Relaciones Laborales*, núm. 2, 2000, pp. 185-210

vidades laborales dentro del hogar[6]. Por ello, los perfiles más demandados eran mujeres jóvenes y solteras.

En España, situándonos ya en el siglo XX, la incorporación de la mujer al mercado laboral comenzó a tener mayor importancia. Especialmente en la década de los 60, momento de fuerte crecimiento industrial y gran movilización social[7]. Ahora bien, este hecho llegó a ser considerado como una amenaza que hacía tambalear la estructura familiar[8]. A partir de entonces, y de modo paulatino, se ha producido un incremento de la participación de la mujer en el ámbito laboral. Ahora bien, fue a finales del siglo XX, en la década de los noventa, cuando se produjo un aumento de dicha incorporación. Fenómeno que estuvo relacionado con la implementación de la Ley 31/1995 donde se comienzan a dar pasos claros en la institucionalización normativa de la igualdad de oportunidades a nivel laboral. El desarrollo de esta norma o de cualquier otra, tal y como indicó EISENSTADT, implicó la asunción de determinados valores y perspectivas semejantes en la sociedad[9]. Por lo que es plausible afirmar la existencia de visiones próximas a dicha norma en la sociedad de entonces.

II. Dos conceptos diferentes

Antes de profundizar en el tema que nos ocupa es necesario aclarar dos conceptos. Por un lado, el término «género» puede llegar a resultar un tanto controvertido. ÁLVAREZ-DÍAZ, lo define como un constructo de la sociedad en el que interviene, no tanto la biología, sino la cultura y los roles que se le atribuyen a las mujeres y a los hombres en distintos ámbitos como el de la familia o el laboral. Este concepto lo diferenciaremos del término «sexo» definido como todos aquellos caracteres a nivel biológico y fisiológico que permiten clasificar a los individuos basándose en una categoría anatómica. Por tanto, incluye características determinadas por el genotipo heredado de los organismos parentales[10].

---

6 María MEDINA-VICENT, «El papel de las trabajadoras durante la industrialización del siglo XIX», *Fòrum de Recerca*, núm.19, 2014, pp. 149-163

7 Jesús COLLADO AGUDO, Ignacio A. RODRÍGUEZ DEL BOSQUE y Ángel HERRERO CRESPO. «Incidencia sobre los hábitos de compra de la incorporación de la mujer al mercado laboral». *Esic Market. Economics and Business Journal*, núm.122, 2005, pp. 51-78

8 Deborah SIMONTON, *A History of European Women's Work 1700 to the present*, Routledge, London, 1998

9 Shmuel EISENSTADT, *Las grandes revoluciones y las civilizaciones de la modernidad*, Centro de Estudios Políticos y Constitucionales, Madrid, 2007.

10 Jorge A. ÁLVAREZ-DÍAZ, «La necesaria perspectiva de género para el análisis de problemas de salud», *Cirugía y cirujanos*, vol. 88, núm. 3, 2019, pp. 383-388. 2021

El concepto de género, en oposición al de sexo, ha traído consigo la diferenciación entre los aspectos biológicos de una persona (sexo) y los sociales (género). Así mismo, también ha permitido la determinación de los elementos que asentaron los estereotipos de género: la pasividad, la dependencia, la obediencia, etc.[11]. Todos estos elementos incrementaron la brecha social y conformaron la subordinación de lo femenino a lo masculino.

La existencia de diferencias biológicas se usa, en ocasiones, para construir desigualdades sociales que colocan a la mujer en una posición de desventaja. Pero, en este capítulo no nos centraremos en el controvertido tema sobre sexo y género, sobre la variabilidad de este último y las implicaciones sociales relacionadas. Nos limitaremos a hablar sobre las diferencias existentes entre mujeres y hombres, las diferencias biológicas. Por lo que partiremos de la idea que el concepto sexo hace referencia, en principio, a las diferencias biológicas congénitas entre mujeres y hombres. Esto nos permitirá entender la necesidad existente en el mundo laboral de tener en cuenta estas diferencias para que mujeres y hombres vean protegida su salud en igualdad de condiciones. Entendamos «igualdad de condiciones» no como aquello que nos permita establecer los mismos mecanismos para toda la población trabajadora, sino como un concepto que permita tener en cuenta las particularidades de las distintas personas a la hora de desarrollar su actividad laboral diaria. Aunque, ello no quiere decir que no existan problemas vinculados al género fruto de las labores, roles, relaciones, etc. que se establecen entre varones y mujeres.

El concepto género es un elemento que forma parte de las relaciones sociales cuya base radica en las diferencias percibidas entre los sexos y una forma primaria de representar las relaciones de poder[12]. Por tanto, no es algo definido por la constitución física de las personas. Los atributos, las expectativas, las oportunidades y las relaciones de poder relacionadas con el género se construyen socialmente, son específicos del contexto y pueden cambiar con el tiempo. Como tal, el género es parte del contexto social, cultural y normativo que enmarca la desigualdad y la discriminación en el trabajo, incluida la mayor proporción de tiempo que las mujeres dedican al cuidado y al trabajo doméstico, la segregación jerárquica de género (sobrerrepresentación de los hombres en la jerarquía formal), la segregación horizontal y la devaluación de los trabajos dominados por mujeres y la brecha salarial de género[13].

---

11 María Teresa Egea Puerta, «Proyecto de intervención: Protégete contra la violencia de género», *IQUAL, Revista de Género e Igualdad*, vol. 2, 2019, pp. 73-92.

12 Joan Wallach Scott, *Gender and the politics of history*, Columbia University Press, 1988.

13 Sylvia Walby, *Patriarchy at work: Patriarchal and capitalist relations in employment, 1800-1984*. John Wiley & Sons, Estados Unidos, 2013.

III. La biología en la prevención de riesgos laborales

Existen diferencias biológicas entre mujeres y hombres, algunas evidentes y otras no tanto. Dichas diferencias pueden terminar generando desigualdades o problemas sociales fruto de la concepción de género y de los supuestos roles que cada género debe llevar a cabo.

Pensemos, por ejemplo, en todo lo relativo al proceso de reproducción de la mujer (ciclo menstrual, embarazo, lactancia, etc.) o aspectos físicos tales como talla y fuerza media. Pensemos también en elementos, no tan evidentes, como la temperatura corporal, el consumo metabólico, la grasa corporal, factores hormonales, procesos clave que intervienen en la defensa del organismo, es decir, cómo el cuerpo combate las enfermedades (sistema inmunológico), cómo procesa el dolor (sistema nervioso) y cómo mantiene la salud cardíaca (sistema cardiovascular). En todo esto, debemos tener presente la existencia de una serie de interacciones sufridas entre los factores biológicos, como factores genéticos, epigenéticos, hormonales e inmunológicos, entre otros, que configuran algunas de las diferencias existentes entre la mujer y el hombre.

Pues bien, todos estos elementos en su conjunto pueden hacer que distintos organismos, ante un mismo riesgo, respondan de manera muy diferente. Pueden provocar diferencias en la vulnerabilidad a diferentes tipos de enfermedades, pueden alterar la respuesta a tratamientos determinados[14], así como, tener respuestas inmunitarias distintas que influyan en la susceptibilidad a enfermedades transmisibles. Situaciones similares se producen si nos fijamos en el metabolismo óseo, en el metabolismo de lípidos, o en la función endocrina, entre otras. Por lo tanto, si entendiésemos que los elementos fueran semejantes, entonces un mismo elemento causal generaría consecuencias similares en mujeres y varones. Las evidencias científicas muestran que no es así.

Pongamos un ejemplo concreto de lo dicho anteriormente. Cuando un varón y una mujer se ven expuestos a una misma sustancia química nociva liposoluble, los posibles efectos no son semejantes. Sabemos que las sustancias liposolubles se acumulan en el tejido graso. Por tanto, este tipo de sustancias se acumularán con mayor facilidad en aquellas personas que tienen mayor cantidad de tejido graso. Pues bien, el sexo femenino tiene casi un 15 % más de tejido graso que los varones, por lo que la mujer tendrá una

14 Alazne Azpiroz, Victoria Álvarez, Susana Carramiñana, Begoña Leuke, Arrate Padilla, Blanca Përez y Maite Robertson, *Pautas para la integración de la perspectiva de género en la prevención de riesgos laborales*. Osalan (Instituto Vasco de Seguridad y Salud Laborales), Gobierno Vasco, 2017.

mayor propensión a la bioacumulación de este tipo de productos químicos[15]. Se incluyen dentro de estos tóxicos compuestos como, por ejemplo, los disolventes orgánicos y algunos fármacos. Algo que tendría que ser tenido en cuenta a la hora de realizar las investigaciones para determinar los valores límite de exposición segura a dichos compuestos. Sin embargo, en la mayor parte de las investigaciones las personas participantes pertenecen al sexo masculino, lo que implica un claro sesgo en la toma de datos, ya que los resultados obtenidos se suelen extrapolar a toda la población trabajadora, independientemente de su sexo.

En esta misma línea de riesgos, podemos poner otro ejemplo muy claro, las diferencias hormonales. El organismo femenino produce mayor cantidad de estrógenos, unas hormonas que facilitan la entrada de productos tóxicos en el sistema nervioso central.

Otro tipo de situaciones, pero a nivel anatómico, las encontramos en el diseño de exoesqueletos. Unas estructuras en estudio que pueden servir de gran ayuda a la hora de realizar determinado tipo de actividades laborales ya que pueden evitar importantes lesiones físicas en la población trabajadora. Sin embargo, investigaciones realizadas indican que todavía es necesario tener en cuenta determinados aspectos, ya que algunas de estas estructuras no están diseñadas para el cuerpo femenino[16 / 17]. Algo que influye negativamente en la eficacia de estos mecanismos[18].

Siguiendo esta línea relacionada con la antropometría, aspectos relacionados con el diseño de los puestos laborales, tales como espacios existentes para colocación de piernas o brazos, dimensiones de la maquinaria empleada o el nivel de altura de realización de acciones que componen la actividad laboral, entre otros, se basan en un modelo de trabajador perteneciente al sexo masculino, sobre todo, en aquellos puestos laborales que, tradicionalmente, han sido desempeñados por varones. Este androcentrismo laboral, ha generado que la mujer haya permanecido sin protección o con

---

15 Carme VALLS-LLOBET, «Contaminación ambiental y salud de las mujeres», *Investigaciones Feministas*, vol. 1, 2010, págs.149-159.

16 Sander DE BOCK, Toon AMPE, Marco ROSSINI, Bruno TASSIGNON, Dirk LEFEBER, Carlos RODRIGUEZ-GUERRERO, Bart ROELANDS, Joost GEEROMS, Romain MEEUSEN y Kevin DE PAUW, «Passive shoulder exoskeleton support partially mitigates fatigue- induced effects in overhead work», *Applied ergonomics*, vol. 106, 103903, 2023.

17 Žiga KOZINC, Jan BABIČ y Nejc ŠARABON, «Human pressure tolerance and effects of different padding materials with implications for development of exoskeletons and similar devices», *Applied Ergonomics,* vol. 93, 103379, 2021.

18 Simona CREA, Philipp BECKERLE, Michiel DE LOOZE, Kevin DE PAUW, Lorenzo GRAZI, Tjaša KERMAVNAR, Jawad MASOOD, Leonard W. O'SULLIVAN, Ilaria PACIFICO, Carlos RODRÍGUEZ-GUERRERO, Nicola VITELLO, Danijela RISTIC-DURRANT y Jan VENEMAN, «Occupational exoskeletons: A roadmap toward large-scale adoption. Methodology and challenges of bringing exoskeletons to workplaces», *Wearable Technologies*, vol. 2, e11, 2021.

una protección insuficiente frente a los riesgos laborales[19/20]. De hecho, existen estudios que muestran como los puestos laborales ajustados para una gran mayoría (90 %) de la población trabajadora perteneciente al sexo masculino, son totalmente inadecuados para el 50 %, aproximadamente, de la población trabajadora femenina[21].

Estas cuestiones, muestran que, ante un mismo riesgo laboral, las diferencias existentes entre ambos sexos son reales[22]. En definitiva, todas estas diferencias de sexo nos llevan a pensar en la necesidad de establecer una protección diferencial[23]. Y para conseguir una prevención de riesgos laborales efectiva, se necesita tener presente el conocimiento biológico que permita poder establecer procesos diferenciales, herramientas de trabajo adecuadas, diseño de puestos de trabajo, organización de espacios y uso de equipos de trabajo que permitan proteger la seguridad y salud de toda la población trabajadora y no solo de una parte[24].

IV. Mujer y prevención de riesgos laborales

La perspectiva de género, desde la prevención de riesgos laborales, se ha centrado, por lo menos en parte, en el fenómeno social del cuidado, teniendo en cuenta únicamente las cuestiones relacionadas con la maternidad y la lactancia. Evidentemente estos aspectos son relevantes, aunque abundan en la feminización de los cuidados, y en vinculación del trabajo doméstico con la mujer.

La Ley de Prevención de Riesgos Laborales (Ley 31/1995, de 8 de noviembre) apuesta por lo que se ha denominado modelo «neutro» en lo relativo al género. Ponemos neutro entre comillas, ya que este calificativo no es del

19 Karen MESSING y Jeanne STELLMAN, «Sex, gender and women's occupational health: the importance of considering mechanisms», *Environmental Research*, vol. 101, núm. 2, 2006, pp. 149–62.

20 Allison MILNER, Anna JOY SCOVELLE, Tania KING, Claudia MARCK, Ashley MCALLISTER, Anne M. KAVANAGH, Marissa SHIELDS, Eszter TÖRÖK, Humaira MAHEEN y Adrianne O'NEIL, «Gendered working environments as a determinant of mental health inequalities: a systematic review of 27 studies», *Occupational & Environmental Medicine*, vol. 78, núm.3, 2021.

21 María Teófila VICENTE-HERRERO, M.ª Victoria RAMÍREZ IÑIGUEZ DE LA TORRE, Luisa CAPDEVILA GARCÍA, *Salud laboral y género: riesgos laborales. Especial referencia a fertilidad*. Grupo de Trabajo Asociación Española de Especialistas en Medicina del Trabajo (AEEMT), 2018.

22 María Encarnación GIL PÉREZ, «Mujer y salud laboral», en AA. VV., *Mujer y trabajo*, Bomarzo, Albacete 2003, pp. 129-156.

23 Karen MESSINGY Piroska ÖSTLIN, *Gender equality, work and health: a review of the evidence*. Geneva: World Health Organization, 2006.

24 MINISTERIO DE SANIDAD, *Salud y Riesgos Laborales con perspectiva de género*. Asesoramiento para la Igualdad. Herramienta de apoyo, núm.10, 2013.

todo acorde con la realidad. De hecho, esta Ley tomó como referencia el trabajo de los varones y solamente incorporó el artículo 26 relativo a la protección de la maternidad. En dicha Ley no se hizo mención del término igualdad, mostrando claramente lo que estamos afirmando.

Posteriormente se incluyeron modificaciones en la Ley 31/1995 fruto de la aprobación de la Ley 39/1999, de 5 de noviembre, para promover la conciliación de la vida familiar y laboral de las personas trabajadoras. En la Ley 39/1999 ya se explicita la igualdad de oportunidades como eje motivador de la Ley, así como la defensa de la promoción de las mujeres en la empresa.

Años más tarde y gracias a la Ley Orgánica 3/2007, de 22 de marzo, para la existencia de una igualdad efectiva de mujeres y hombres se produjo un nuevo impulso a la igualdad de oportunidades. De hecho, el apartado 4 del artículo 5 «Objetivos de la política» de la Ley 31/1995 fue añadido por la disposición adicional 12.1 de la Ley Orgánica 3/2007, de 22 de marzo. A partir de entonces el texto consolidado de la Ley de Prevención de Riesgos Laborales, reza así en su artículo 5, apartado 4: «Las Administraciones públicas promoverán la efectividad del principio de igualdad entre mujeres y hombres, considerando las variables relacionadas con el sexo tanto en los sistemas de recogida y tratamiento de datos como en el estudio e investigación generales en materia de prevención de riesgos laborales, con el objetivo de detectar y prevenir posibles situaciones en las que los daños derivados del trabajo puedan aparecer vinculados con el sexo de los trabajadores». Con ello se pretende tener en cuenta todos los factores que hemos indicado previamente.

Recientemente se ha puesto en marcha la denominada Estrategia Española de Seguridad y Salud en el Trabajo 2023-2027 basada en la Resolución de 20 de abril de 2023, de la Secretaría de Estado de Empleo y Economía Social, por la que se publica el Acuerdo del Consejo de ministros de 14 de marzo de 2023, donde, en línea con la legislación vigente, se atiende a la perspectiva de género en la seguridad y salud en el trabajo. En el objetivo cuarto de este documento se tiene en cuenta, expresamente, el efecto potencialmente perjudicial del doble trabajo femenino (trabajar en casa y fuera de ella), así como las causas de enfermedades laborales vinculadas al género. Por otro lado, se plantea un objetivo específico (el número 5) para introducir la perspectiva de género en el ámbito de la seguridad y salud en el trabajo.

V. Conclusiones

A lo largo de este trabajo hemos mostrado la importancia de la perspectiva de género en la investigación en prevención de riesgos laborales. Esta perspectiva necesita tener en cuenta las diferencias relativas al sexo, sin que ello implique ningún tipo de discriminación social. Al fin y al cabo, las características biológicas no llevan aparejadas ninguna connotación de índole valorativo. Por otro lado, establecer una perspectiva diferencial no implica la desaparición de la igualdad como horizonte en el ámbito laboral.

La investigación en prevención de riesgos laborales necesita tener en cuenta la perspectiva de género para poder atender a los diferentes problemas de salud, a las diferencias en las características antropométricas, biológicas, fisiológicas, etc. Durante muchos años, las normas de seguridad se basaron exclusivamente en datos de muestras provenientes de varones, extrapolándose, posteriormente, a las mujeres. Este proceder es fundamental que se modifique. Por lo que se hace necesaria la inclusión de indicadores que permitan evaluar una salud diferencial entre mujeres y hombres.

VI. Apéndice bibliográfico

Alazne **Azpiroz**, Victoria **Álvarez**, Susana **Carramiñana**, Begoña **Leuke**, Arrate **Padilla**, Blanca **Pérez** y Maite **Robertson**. *Pautas para la integración de la perspectiva de género en la prevención de riesgos laborales*, Osalan (Instituto Vasco de Seguridad y Salud Laborales), Gobierno Vasco, 2017.

Allison **Milner**, Anna **Joy Scovelle**, Tania **King**, Claudia **Marck**, Ashley **Mcallister**, Anne M. **Kavanagh**, Marissa **Shields**, Eszter **Török**, Humaira **Maheen** y Adrianne **O´Neil**, «Gendered working environments as a determinant of mental health inequalities: a systematic review of 27 studies», *Occupational & Environmental Medicine*, vol. 78, núm.3, 2021.

Carme **Valls-Llobet**, «Contaminación ambiental y salud de las mujeres», *Investigaciones Feministas*, vol. 1, 2010, pp.149-159.

Deborah **Simonton**, *A History of European Women's Work 1700 to the present*, Routledge, London, 1998.

Jesús **Collado Agudo**, Ignacio A. **Rodríguez del Bosque** y Ángel **Herrero Crespo**. «Incidencia sobre los hábitos de compra de la incorporación de la mujer al mercado laboral», *Esic Market. Economics and Business Journal*, núm.122, 2005, pp. 51-78.

Joan **Wallach Scott**, *Gender and the politics of history*, Columbia University Press, 1988.

Jorge A. **Álvarez-Díaz**, «La necesaria perspectiva de género para el análisis de problemas de salud», *Cirugía y cirujanos*, vol. 88, núm. 3, 2019, pp. 383-388.

José María **Duarte** y José Baltazar **García-Horta**, «Igualdad, Equidad de Género y Feminismo, una mirada histórica a la conquista de los derechos de las mujeres», *Revista CS*, núm. 18, 2016, pp.107-158.

Julián **Chaves Palacios**, «Desarrollo tecnológico en la primera revolución industrial», *Norba: Revista de Historia*, núm. 17, 2004, pp. 93-109.

Karen **Messing** y Jeanne **Stellman**, «Sex, gender and women's occupational health: the importance of considering mechanisms», *Environmental Research*, vol. 101, núm. 2, 2006, pp. 149–62.

Karen **Messing** y Piroska **Östlin**, «Gender equality, work and health: a review of the evidence», *Geneva: World Health Organization*, 2006.

Margarita **Sánchez Romero**, «Arqueología feminista: desnaturalizando la subordinación. Entrevista con Margarita Sánchez Romero», *ArkeoGazte*, núm. 8, 2018, pp.183-189.

María Encarnación **Gil Pérez**, «Mujer y salud laboral», en AA. VV., *Mujer y trabajo*, Bomarzo, Albacete 2003, pp. 129-156.

María **Medina-Vicent**, «El papel de las trabajadoras durante la industrialización del siglo XIX», *Fòrum de Recerca*, núm.19, 2014, pp. 149-163.

María Teófila **Vicente-Herrero**, M.ª Victoria **Ramírez Iñiguez de la Torre**, Luisa **Capdevila García**, *Salud laboral y género: riesgos laborales. Especial referencia a fertilidad*. Grupo de Trabajo Asociación Española de Especialistas en Medicina del Trabajo (AEEMT), 2018.

María Teresa **Egea Puerta**, «Proyecto de intervención: Protégete contra la violencia de género», *IQUAL, Revista de Género e Igualdad*, vol. 2, 2019, pp. 73-92.

Ministerio de Sanidad «Salud y Riesgos Laborales con perspectiva de género», *Asesoramiento para la Igualdad*. Herramienta de apoyo, núm.10, 2013.

Pilar **Pérez-Puentes Hernández**, «El trabajo de las mujeres una mirada desde la Historia», *Revista de Relaciones Laborales*, núm. 2, 2000, pp. 185-210.

Sander **De Bock**, Toon **Ampe**, Marco **Rossini**, Bruno **Tassignon**, Dirk **Lefeber**, Carlos **Rodriguez-Guerrero**, Bart **Roelands**, Joost **Geeroms**, Romain **Meeusen** y Kevin **De Pauw** «Passive shoulder exoskeleton support partially mitigates fatigue- induced effects in overhead work», *Applied ergonomics*, vol. 106, 103903, 2023.

Shmuel **Eisenstadt**, *Las grandes revoluciones y las civilizaciones de la modernidad*, Centro de Estudios Políticos y Constitucionales, Madrid, 2007.

Simona **Crea**, Philipp **Beckerle**, Michiel **De Looze**, Kevin **De Pauw**, Lorenzo **Grazi**, Tjaša **Kermavnar**, Jawad **Masood**, Leonard W. **O´-Sullivan**, Ilaria **Pacifico**, Carlos **Rodríguez-Guerrero**, Nicola **Vitello**, Danijela **Ristic-Durrant** y Jan **Veneman**, «Occupational exoskeletons: A roadmap toward large-scale adoption. Methodology and challenges of bringing exoskeletons to workplaces», *Wearable Technologies*, vol. 2, e11, 2021.

Sylvia **Walby**, *Patriarchy at work: Patriarchal and capitalist relations in employment, 1800-1984*, John Wiley & Sons, Estados Unidos, 2013.

Yamile **Delgado de Smith**, «El sujeto: los espacios públicos y privados desde el género», *Revista Estudios Culturales*, vol. 2, 2008, pp.113-126.

Žiga **Kozinc**, Jan **Babič** y Nejc **Šarabon**, «Human pressure tolerance and effects of different padding materials with implications for development of exoskeletons and similar devices», *Applied Ergonomics,* vol. 93, 103379, 2021.

CAPÍTULO 4

ANÁLISIS DE LA IGUALDAD EN EL MERCADO LABORAL ESPAÑOL: LA BRECHA SALARIAL

Marta Brosed Lázaro
Universidad Isabel I de Castilla
Facultad de Ciencias Jurídicas y Empresariales

I. Introducción

Si algo comparten la mayoría de las cuestiones que se analizan desde las ciencias sociales, es que no debe obviarse en el estudio que se plantee, la perspectiva económica del mismo. Por ello, si tratamos la igualdad de una forma transversal, resulta fundamental encontrar la manera de cuantificar el fenómeno y respaldar con datos cualquier hipótesis o tesis que se realice al respecto.

Uno de los fenómenos que ocupa el foco del análisis económico de la igualdad es la brecha salarial, esto es, la existencia de una diferencia sistemática en el salario percibido entre hombres y mujeres, así como la aparición de los llamados techos de cristal. No en vano en 2010, la Comisión de Derechos de la Mujer e Igualdad de Género del Parlamento Europeo declaró el 22 de febrero como día Internacional de la Igualdad Salarial, puesto que desde los estamentos europeos se es consciente de la importancia que tiene alcanzar la igualdad salarial para lograr el avance de cualquier sociedad.

Dar respuesta a si estos fenómenos tienen lugar y su posterior cuantificación nos permite concluir si realmente las mujeres, por su naturaleza intrínseca, están destinadas a desarrollarse en el mercado laboral bajo peores condiciones. Para poder afirmar que una sociedad avanza en materia de igualdad las mujeres no sólo no deben sufrir discriminación salarial, sino que deben romper el límite que les impide acceder a los puestos de mayor responsabilidad y, por lo tanto, a mayores retribuciones.

La cuantificación debe acompañarse siempre de un análisis de las causas y consecuencias que generan tanto la brecha como sus posibles cambios. Este análisis debería erigirse en la base para el diseño e implementación de políticas y medidas en materia de igualdad.

En este pequeño estudio empírico se trata de caracterizar cuáles son las condiciones laborales que propician la aparición de brechas salariales y qué impacto real tienen. Habiendo detectado la causalidad, se podrá atajar el problema con mayor eficacia. La principal herramienta metodológica es un modelo econométrico de regresión lineal con variables cualitativas y cuantitativas, siguiendo la metodología marcada por estudios anteriores, especialmente los desarrollados en los informes de Pricewaterhousecoopers (en adelante PwC), presentando como novedad los cálculos con los datos de la última encuesta cuatrienal de la EPA. Estos modelos a su vez están fundamentados en la teoría económica del mercado laboral que analiza la fijación de salarios y las productividades de los trabajadores.

II. Caracterización de la brecha salarial

Comencemos definiendo lo que es la brecha salarial de género: se define como la existencia de diferencias sistemáticas y persistentes entre las remuneraciones percibidas por hombres y mujeres. Existe discriminación cuando el mercado ofrece diferentes oportunidades a personas similares que sólo difieren por su sexo, edad, raza, grupo étnico u otras particularidades personales[1]. La principal herramienta usada en literatura para medir el grado de discriminación del mercado laboral es la comparativa de los salarios medios de los diferentes grupos, siempre y cuando se pueda separar por grados de capital humano poseído y tipología del trabajo desempeñado. De hecho, la única variable que debería ser utilizada de forma objetiva para determinar el salario es la productividad. Sin embargo, la dificultad para evaluar la misma, especialmente en el desempeño de algunos

1 *Cf.* Jorge Paz, *Diferencias de ingresos entre varones y mujeres. Evidencias para Salta (Argentina)*. Salta: AAEP, 1995.

trabajos, hace que se hayan buscado otras alternativas como la cantidad de capital humano que el trabajador ofrece.

Numerosos estudios demuestran que la existencia de esta discriminación tiene graves consecuencias sociales y económicas lo que explica la importancia que su reducción ha alcanzado dentro de todas las agendas políticas y empresariales. Las brechas salariales presentan correlación con los niveles de pobreza de un país, ya que la desigualdad salarial tiene efectos adversos sobre la productividad. Y a su vez atenta contra los principios de igualdad y armonía social. Las economías que ofrecen igualdad de oportunidades en términos de educación y empleo para todos los grupos sociales presentan niveles de crecimiento económico superiores, si bien hay evidencia empírica que demuestra que el efecto no es el mismo en todas las economías[2] (Kabeer y Natali, 2013).

Esto ha motivado la aparición de numerosos estudios, análisis y trabajos empíricos que facilitan la discusión de este tema y que también están ayudando a avanzar de forma positiva en materia de igualdad de género en el mercado laboral. Sin embargo, y a la vista de los resultados obtenidos en esta investigación, todavía queda mucho camino por recorrer.

La utilización del concepto de brecha salarial en ocasiones resulta confusa y errónea al considerar que toda diferencia salarial es causada por discriminación de género, o que tal efecto es directo. En ocasiones el efecto del género es indirecto, siendo la causa directa el hecho de que las mujeres ostenten otro tipo de cargos, tengan menores responsabilidades laborales para compensar sus responsabilidades personales o tengan contratos con jornadas laborales reducidas. Por lo tanto, el hecho de ser mujer no implica directamente un salario menor, pero sí el ser mujer implica tener unas condiciones laborales determinadas que son las que confluyen en un salario menor.

En cualquier caso, el concepto de brecha salarial está cambiando constantemente y los diferentes fenómenos acontecidos en el mercado laboral y en el propio clima social, están modificando la magnitud de la misma.

En primer lugar, es importante detenerse en la incorporación al mercado laboral de la mujer, la cual se ha disparado en los últimos años. Como se observa en el gráfico 1, y siempre exceptuando el periodo de pandemia, se observa una clara estabilidad en la tasa de actividad de los hombres, mientras que la tasa de actividad de las mujeres ha crecido de forma continuada y constante lo que tiene como resultado un aumento en términos absolutos de dicha tasa en 7 puntos porcentuales en la serie analizada. Los motivos que explicarían estos fenómenos son varios y dependen de la

2 *Cf.* Naila Kabeer y Luisa Natali, «Gender Equality and Economic Growth: Is there a Win-Win?». *IDS working papers*, volumen 2013, Issue 417, 2013.

dimensión desde la que se enfoque, pero existe un consenso generalizado que señalan la idea de la corresponsabilidad parental y la independencia económica de la mujer actual como principales motores del cambio. La reestructuración de los roles dentro de la organización familiar ha permitido compatibilizar el desarrollo de las carreras profesionales de las mujeres con sus necesidades personales. Del mismo modo la educación recibida también ha evolucionado hacia un modelo en el que la mujer crece y se desarrolla para formar parte activa del mercado laboral. Finalmente convendría apuntar a las necesidades económicas comunes que afrontan los núcleos familiares y que obligan a la llegada de ingresos por dos vías para poder mantener los niveles de gasto a los que están sometidas las familias en la actualidad.

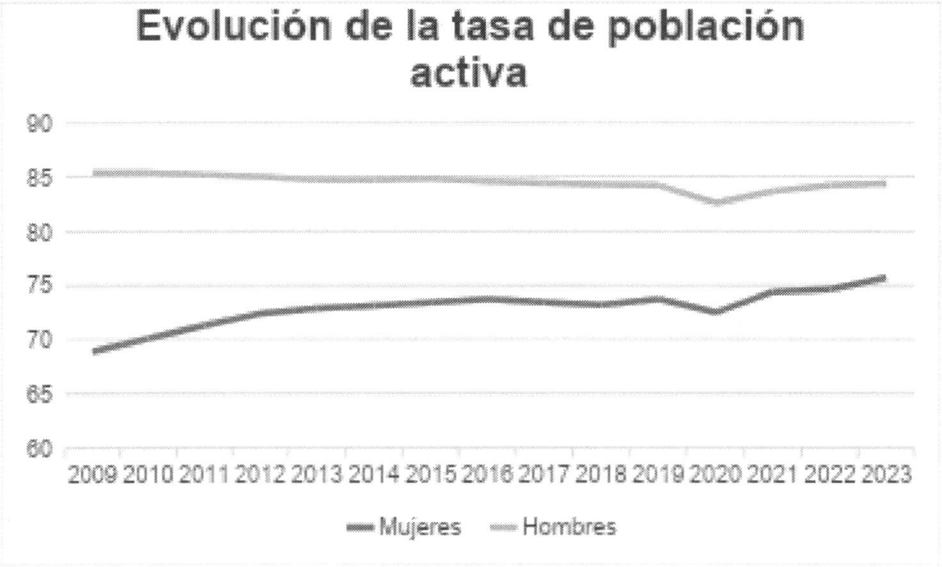

Gráfico 1. Población activa de hombres y mujeres (%). Fuente: Eurostat Data base

Este hecho explicaría la convergencia observada en el gráfico 2. La serie parte desde una diferencia de 14,2 puntos y finaliza en 10,3 puntos porcentuales, lo que muestra una mejoría en términos de igualdad, si bien es cierto que simultáneamente, sigue dejando constancia de la existencia de un gap representativo en la tasa de empleo entre hombres y mujeres. Actualmente la tasa de convergencia es inferior a la experimentada los primeros años de la década del 2000, vemos como a partir de 2012 se frena, pero se sigue convergiendo de forma más ligera. (paso diapositiva)

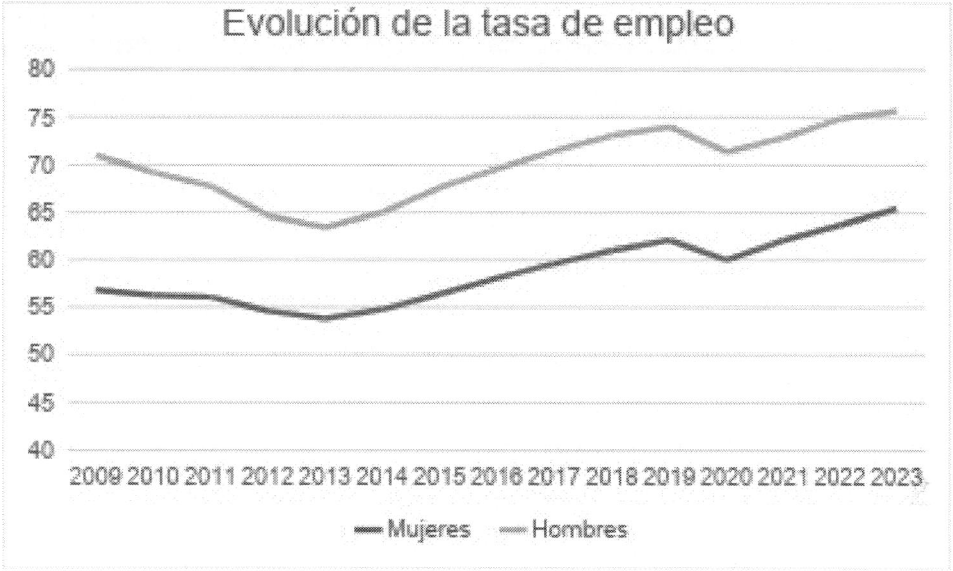

Gráfico 2. Tasa de ocupación de hombres y mujeres (%). Fuente: Eurostat Data base

Si ampliamos el estudio incorporando más elementos que el propio mercado laboral, podemos analizar el índice de igualdad, extensamente utilizado en diversos informes de las instituciones mundiales de referencia. Este índice, como se muestra en el gráfico 3, alcanza el 100 % si la igualdad entre hombres y mujeres es completa. A la vista de este índice y tal y como expone el último informe de PwC[3] se tardará más de medio siglo en cerrar la brecha salarial media entre hombres y mujeres en los 33 países de la OCDE. Hay países como Luxemburgo en los que esta brecha salarial ya tiene un valor negativo. Otro caso reseñable sería el protagonizado por Australia que experimenta el mayor avance en tan sólo un año. En general todos los países muestran mejoras y aumentos en materia de igualdad a excepción de Eslovenia, Nueva Zelanda, Chequia o Méjico. España ocupa el puesto 27 lo que evidencia un margen de mejora que debe interpretarse como una necesidad de mejora puesto que ya se ha señalado previamente que diversos estudios demuestran que la eliminación total o parcial de la brecha salarial de género y las desigualdades sociales originarían impactos positivos sobre el crecimiento económico del país.

3 *Cf.* PwC, *Análisis de la brecha salarial de género en España*, 2019.

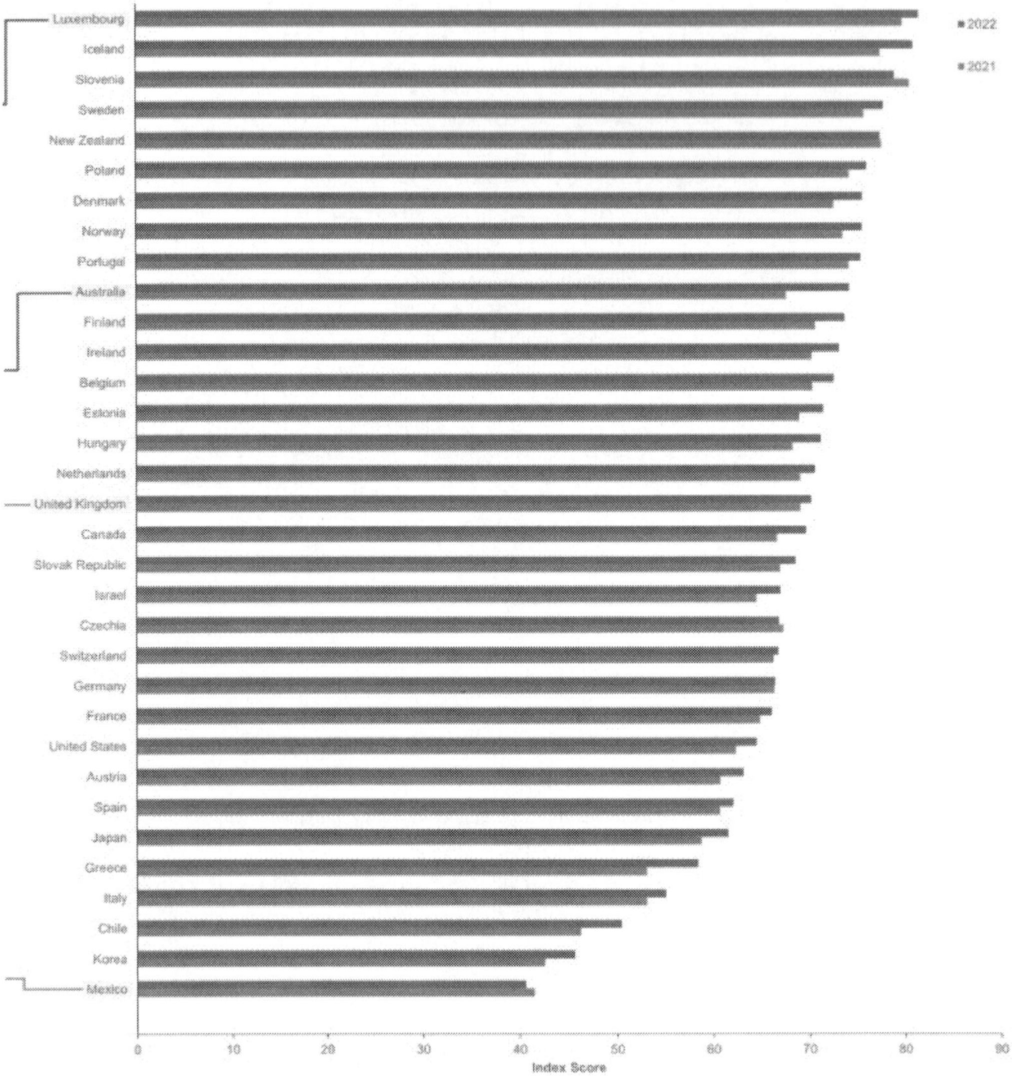

Gráfico 3. Resultados del Women in Work Index en países de la OCDE. Fuente: PwC, Women in Work Index 2024

III. Factores que determinan la aparición de una brecha salarial

Evidenciada la existencia de una brecha salarial cabe preguntarse por los factores que propician la existencia y la magnitud de esta. La literatura no sólo económica sino también sociológica apunta hacia dos causas generales:

- La desigual distribución de las responsabilidades familiares y domésticas entre hombres y mujeres.
- Diferentes rasgos psicológicos y habilidades no cognitivas de hombres y mujeres: aversión al riesgo, propensión a la negociación. Estudios sociológicos señalan hacia una figura masculina menos aversa al riesgo lo que le lleva a una mayor capacidad de negociación. Cabría preguntarse si esto es una cuestión intrínseca al ser humano o más bien está motivada por el histórico papel debilitado y secundario de la mujer en la sociedad, algo que sin duda supondría una interesante ampliación de este estudio.

La literatura económica pone sobre la mesa una batería de variables que potencialmente pueden generar las brechas salariales entre hombres y mujeres, algunas de las cuáles son utilizadas en el modelo econométrico con el que se estima la magnitud de la brecha en España y que se presenta en el siguiente epígrafe. En algunos casos, el lector puede intuir el efecto que muchas de ellas van a tener sobre el salario percibido. Por ejemplo, la tardía incorporación de la mujer al mercado laboral, por las razones anteriormente discutidas, hacen que la edad y la antigüedad, ambas variables que ejercen un hipotético efecto positivo sobre el salario, van a alcanzar valores medios inferiores en las mujeres que en los hombres, lo que penalizaría el salario medio percibido por las mujeres.

Los niveles educativos se utilizan como proxi de la calidad del capital humano por lo que nuevamente mayor nivel formativo permitirá acceder a mejores puestos de trabajo y mayores remuneraciones. Será oportuno por lo tanto analizar en qué situación se encuentran las mujeres en lo que respecta a su nivel educativo.

Varios son los estudios fuera del ámbito español, que han tratado de estimar si el efecto de la maternidad sobre el salario percibido, o siendo más precisos, el efecto sobre la progresión de las carreras laborales de las mujeres. En ellos se determina que este efecto negativo de la maternidad es superior al efecto de la paternidad. Se trata de un impacto que presenta dificultades en su análisis por arrastrar otros cambios a parte de la propia maternidad, como reducciones de jornada, bajas, disminución del rendimiento, etc. Hay estudios que explican la relación entre maternidad y estado civil y salario percibido, encontrando un sesgo negativo hacia la maternidad e incluso hacia las mujeres casadas que no presentan los hombres casado y padres[4]. Se aplican modelos de efectos fijos para hacer lo propio con datos de la Encuesta nacional Longitudinal de Estados Unidos encontrando nuevamente un agravio salarial por maternidad[5]. En España no tenemos datos oficiales

4 *Cf.* Gary y S. Becker., «Human Capital, Effort, and the Sexual Division of Labour», *Journal of Labor Economics*, 2 (1), 33-58, 1985.

5 *Cf*, Michelle Budig y Paula England, «The Wage Penalty for Motherhood», *American Sociological Association*, 66 (2), 204-225, 2001.

que recojan este efecto, sin embargo, se utilizaron datos de Hogares de la Comunidad Europea[6] para hallar una pérdida de salario de la mujer del 9 % en el momento en que tiene un hijo, brecha que se va incrementando conforme aumenta el número de hijos.

IV. Metodología para medir la brecha salarial y resultados previos

Hay varias maneras de medir la brecha salarial, pero cada una es más adecuada que otras dependiendo de los objetivos perseguidos. También dependiendo de la metodología seguida para su medición nos encontramos con un tipo de interpretaciones u otras.

Existen dos tipos de indicadores que engloban todas las posibles medidas sintéticas que hagamos de la brecha salarial: brechas salariales ajustadas y brechas salariales sin ajustar.

Mientras las brechas no ajustadas miden la diferencia bruta en el salario medio entre hombres y mujeres sin considerar otro tipo de factores que los diferencian, las brechas ajustadas miden la diferencia salarial teniendo en cuenta esas características socioeconómicas, obviando las cognitivas porque resulta muy compleja su medición. En ambos casos la magnitud de la que hablamos se interpretará como un menor porcentaje de salario cobrado por las mujeres respecto del salario de los hombres, siendo por lo tanto los hombres el grupo de control.

Como es de esperar las brechas ajustadas son un indicador más fiable y representativo de la realidad, ya que aísla el efecto de las diferencias socioeconómicas y laborales entre ambos grupos, y es este tipo de indicador el que obtenemos en el análisis cuantitativo del presente estudio.

Como se exponía al comienzo del capítulo, la relevancia del tema hace que en la actualidad se cuenten con numerosos estudios que aproximan una medida de la brecha salarial, siendo la brecha salarial ajustada la forma más usada para lograr dicho objetivo. Dentro de los más próximos en el tiempo y desarrollados con estadísticas de España, comenzamos exponiendo los estudios publicados entre 2005 y 2007 con datos del 2002, entre los que se encuentran Amuedo-Dorantes, C. y De la Rica, S. (2006)[7], quienes, tomando datos de asalariados a tiempo completo, estiman una brecha del 14,1 %, si bien destacan que esa brecha ha disminuido desde 1995. Otro estudio de

6 *Cf*, José Alberto Molina, y Víctor Montuenga., «The Motherhood Wage Penalty in a Mediterranean Country: The Case of Spain», *IZA Discussion Papers*, (3574), 2008.

7 *Cf*. Catalina Amuedo-Dorantes y Sara de la Rica, *The Role of Segregation and Pay Structure on the Gender Wage Gap: Evidence from Matched EmployerEmployee Data from Spain*, Contributions to Economic Analysis and Policy, 2006.

referencia que toma datos del mismo periodo es el de DE CABO, G. y GARZÓN, M. J. (2007)[8], con una estimación de la brecha también del 14 %. Con datos del 2006 se destaca a DE LUCIO, J., VALERO, M. y DEL VALLE, M. (2012)[9], cuya brecha estimada ascendía al 21 %. Los estudios de referencia realizados con datos del 2010 presentan la mayor disparidad en cuanto a resultados, lo cual se debe a las diferencias metodológicas que se encuentran en ellos. Mientras que CAMPOS-SORIA, A. y ROPERO-GARCÍA, M. (2015)[10] sitúan la brecha en España en torno al 9 %, GUNER, N., KAYA, E. y SÁNCHEZ-MARCOS, V. (2014)[11] la elevan hasta el 21,4 %. Finalmente se destaca el estudio de ANGHEL, B., CONDE-RUIZ, J.I. y I. MARRA DE ARTÍÑANO (2018)[12] que, con datos del 2014, estiman una brecha del 12,7 %. Por lo tanto, se puede concluir que, tras una revisión de la literatura de referencia y con los datos disponibles antes de la última encuesta cuatrienal, encontramos brechas que se mueven desde el mínimo del 9,1 % hasta un máximo del 22 %.

V. Modelo econométrico

Es importante comenzar este apartado reparando en que, si la brecha salarial mide las diferencias entre las remuneraciones salariales percibidas por hombres y mujeres, estamos refiriéndonos a dos colectivos que de base presentan diferentes características socioeconómicas que hacen que no sea fácil poder comprarlos de forma directa. Por ello antes de interpretar los resultados de cualquier estudio cuantitativo, es necesario conocer qué variables se han considerado para llevar a cabo el cálculo, porque eso es lo que mejorará la correcta interpretación y la propuesta de políticas correctoras. La especificación del modelo es la siguiente:

Donde:

$$Ln(W_i) = \beta_0 + \beta_1 sexo_i + \sum_{j=2}^{M} \beta_j X_{ij} + u_i \quad (4.1)$$

8 *Cf.* Gemma DE CABO y María José GARZÓN, *Diferencia y discriminación salarial por razón de sexo*, Estudios del Instituto de la Mujer. CEET, 2007.

9 *Cf.* DE LUCIO, J., VALERO, M. y DEL VALLE, M., *Determinantes de la Brecha Salarial de Género en España*, Ministerio de sanidad, servicios sociales e igualdad, 2012.

10 *Cf.* CAMPOS-SORIA, J. A. y ROPERO-GARCÍA, M. A., «Occupational Segregation and the Female-Male Wage Differentials: Evidence for Spain», *Gender Issues*, 2015.

11 *Cf.* GUNER, N., KAYA, E. y SÁNCHEZ-MARCOS, V., «Gender Gaps in Spain: Policies and Outcomes over the Last Three Decades», *SERIEs: Journal of the Spanish Economic Association*, 5:61-103, 2014.

12 *Cf.* ANGHEL, B., CONDE-RUIZ, I. y MARRA DE ARTÍÑANO, I., «Brechas Salariales de Género en España», *Studies on the Spanish Economy*, eee2018-06, FEDEA, 2018

W= salario base ò salario base + complementos. Viene medido en términos logarítmicos por dos cuestiones; En primer lugar, para homogeneizar las diferentes magnitudes de las variables y hacerlas comparables y en segundo lugar por facilitar su interpretación. Al presentar el modelo en forma semilogarítmica las variaciones en las variables explicativas se traducen en cambios porcentuales en el salario, lo que permite obtener la brecha salarial en tanto por ciento.

De acuerdo con estudios previos y autores, los complementos salariales son considerados en este estudio ya que pueden estar asociados a barreras estructurales de promoción. Se argumenta que los empleados en posiciones de mayor responsabilidad reciben mayores beneficios salariales adicionales, a los cuales ciertos grupos, como mujeres y minorías, pueden tener menos acceso debido a sesgos y barreras de acceso[13]. Este fenómeno puede contribuir a una brecha salarial que se amplía con los años de antigüedad y experiencia.

Adicionalmente la asignación de complementos está expuesta a una menor transparencia de criterios utilizados lo que puede contribuir a prácticas discriminatorias[14]. Este hecho permitiría la aparición de sesgos inconscientes en menoscabo de mujeres y minorías, lo cual agrava la brecha salarial.

El modelo tiene un término constante y una variable explicativa estrella que es el sexo y que forma parte de esa constante. La variable sexo es una variable cualitativa y ficticia, de carácter dicotómico que se define como:

Sexo=1 si la observación es un hombre; sexo =0 si es una mujer

Identificamos que esta es la variable estrella porque su definición va a permitir capturar el efecto de ser hombre o mujer considerando que el resto de las variables fueran similares, de tal manera que todo lo que engloba el sumatorio tendrá el mismo valor diferenciándose únicamente el término constante, el cuál será β_0 si la observación es una mujer o por el contrario será β_0 + β_1 si la observación es un hombre. Determinar la significatividad del impacto de la variable sexo es crucial para dotar de validez a la magnitud de la brecha salarial que encontremos y que será precisamente el valor de β_1.

La especificación del modelo finaliza con el vector de X, que es un conjunto de variables socioeconómicas y laborales utilizadas en literatura referenciada previamente y vinculada a modelos de estimación salarial

13 *Cf.* Blau, F. D. y Kahn, L. M., «The Gender Wage Gap: Extent, Trends, and Explanations», *Journal of Economic Literature*, 55(3), 789-865, 2017.

14 *Cf.* Castilla, E. J. y Bernard, S., «The Paradox of Meritocracy in Organizations», *Administrative Science Quarterly*, 55(4), 543-576, 2,010

y de valoración de la calidad del capital humano y la productividad. La forma en que se miden estas variables se presenta de acuerdo con la base de datos utilizada y que no es otra que la encuesta de microdatos de estructura salarial, disponible en el INE.

- Edad: se trata de una variable categórica en la que se agrupan las observaciones por rangos de edad.

01	MENOS 19 AÑOS
02	DE 20 A 29
03	DE 30 A 39
04	DE 40 A 49
05	DE 50 A 59
06	MÁS DE 59

- Estudios: variable categórica que agrupa las observaciones según niveles de estudios de los entrevistados. La literatura sobre capital humano indica que un mayor grado de formación permite alcanzar niveles de productividad mayores y, por consiguiente, mejores remuneraciones salariales.

1	Menos que primaria
2	Educación primaria
3	Primera etapa de educación secundaria
4	Segunda etapa de educación secundaria
5	Enseñanzas de formación profesional de grado superior y similares
6	Diplomados universitarios y similares
7	Licenciados y similares, y doctores universitarios

- Antigüedad: años de antigüedad dentro de la empresa, funciona como un proxi de la experiencia del trabajador y de su grado de conocimiento de los procesos que realiza. Se espera que su impacto sea positivo sobre el salario debido a las mejoras en productividad que implica la adquisición de ese conocimiento.

- Tamaño: agrupa las observaciones por rangos de tamaño de la empresa en la que trabajan. Se trata de una variable de control, categórica, que a su vez puede capturar la influencia del tamaño de las empresas en el trato estandarizado de sus trabajadores.

1	DE 1 A 49 TRABAJADORES
2	DE 50 A 199 TRABAJADORES
3	200 Y MÁS TRABAJADORES

- Tipo de contrato: determina el impacto de la tipología del contrato sobre el salario percibido. Esta variable cualitativa y ficticia será igual a 1 si la observación posee un trabajo indefinido y valdrá 0 en caso contrario.
- Tipo de jornada: se trata de una variable dicotómica, ficticia que vale 0 en caso de que la jornada sea parcial y 1 cuando la observación tiene contrato a jornada completa.
- Responsabilidad: esta variable cualitativa trata de recoger el efecto del desarrollo de puestos considerados de responsabilidad sobre la magnitud del salario percibido. Por lo tanto, valdrá 1 si desempeña cargos de dirección y gestión y 0 en caso contrario. Su impacto de estima que debe ser positivo, y lo realmente interesante con respecto a esta variable es comprobar qué % de mujeres acceden a esos puestos de responsabilidad, ya que un sesgo negativo nos indicaría un menor sueldo medio para el colectivo femenino.
- Nacionalidad: en este caso, la variable nacionalidad de carácter cualitativo también actúa como variable de control, valiendo 1 si la nacionalidad es española y 0 en caso contrario. Se podría analizar si el perfil de mujer extranjera está penalizado o premiado con respecto al hombre extranjero, pero se trata de un objetivo que escapa del fin último de este estudio, por ello sólo actuará como variable de control.
- Control: esta variable captura el efecto de la tipología de empresas, si son públicas o privadas de tal manera que valdrá 1 si es una empresa pública y 0 si es privada. La literatura señala que la brecha salarial se reduce sustancialmente cuando se aplica a puestos de carácter público, ya que los contratos están estandarizados y no se pueden establecer diferencias entre hombres y mujeres.

VI. Resultados y discusión

La estimación se ha realizado con las observaciones procedentes de los microdatos generados a partir de la encuesta de estructura salarial que se realiza con carácter cuatrienal y que se encuentra disponible en el INE[15]. En este caso se ha llevado a cabo la regresión con los datos disponibles de la encuesta del 2002, 2014, 2018 y 2022, con el objetivo de establecer una revisión de la evolución de la propia brecha salarial, además de su pertinente estimación a lo largo de las últimas dos décadas. El número de observaciones varía levemente entre unos años y otros, siendo en todos los casos un tamaño muestral lo suficientemente grande como para validar un análisis econométrico y estadístico, tal y como se muestra en la tabla 1.

AÑO	NÚMERO DE OBSERVACIONES
2002	215.698
2014	209.437
2018	216.727
2022	240.491

Tabla 1. Número de observaciones de la encuesta cuatrienal de estructura salarial. Fuente: elaboración propia

La tabla 2 muestra los resultados de la estimación a través de un modelo de regresión lineal múltiple de la especificación 4.1 usando la metodología de mínimos cuadrados ordinarios. En primer lugar, usaremos un modelo lineal ya que la variable endógena es una variable cuantitativa, por lo que la estimación basada en método lineal se justa a la naturaleza de la variable. Así mismo se ha comprobado la normalidad de la variable endógena (salario) y esta nos permite concluir el cumplimiento de la hipótesis básica del modelo de regresión lineal de normalidad. Por lo tanto, los estimadores mínimo cuadrados ordinarios van a ser insesgados y eficientes, de tal modo que cada valor estimado nos va a dar el que en media comete el menor error con respecto al valor real, lo que valida el modelo y las estimaciones de parámetros a nivel poblacional.

15 https://www.ine.es/dyngs/INEbase/es/operacion.htm?c=Estadistica_C&cid=1254736177025&menu=resultados&idp=1254735976596#_tabs-1254736195110

Variable	2002		2014		2018		2022	
	salario base	salario base + complementos	salario base	salario base + complementos	salario base	salario base + complementos	salario base	salario base + complementos
SEXO	0,1037*** (0,0019)	0,2244*** (0,0020)	0,0852*** (0,0021)	0,1604*** (0,0019)	0,0943*** (0,0021)	0,1711*** (0,0001)	0,0866*** (0,0019)	0,1566*** (0,0018)
EDAD	0,0210*** (0,0010)	0,0522*** (0,0010)	0,0011 (0,0011)	0,0274*** (0,0010)	-0,0026* (0,0011)	0,0184*** (0,0010)	-0,001 (0,0010)	0,0186*** (0,0009)
ESTUDIOS	0,0793*** (0,0004)	0,0905*** (0,0004)	0,09417*** (0,0006)	0,1076*** (0,0005)	0,0965*** (0,0006)	0,1136*** (0,0005)	0,0930*** (0,0005)	0,1183*** (0,0005)
ANTIGÜEDAD	0,0088*** (0,0001)	0,0140*** (0,0001)	0,0049*** (0,0001)	0,0093*** (0,0001)	0,0044*** (0,0001)	0,0095*** (0,0001)	0,0037*** (0,0001)	0,0088*** (0,0001)
TAMAÑO	0,0456*** (0,0010)	0,0889*** (0,0010)	0,0325*** (0,0001)	0,0661*** (0,0010)	0,0398*** (0,0011)	0,0660*** (0,0011)	0,0273*** (0,0011)	0,0578*** (0,0010)
TIPO DE CONTRATO	-	-	0,1255*** (0,0027)	0,1562*** (0,0025)	-0,1236*** (0,0027)	-0,1545*** (0,0025)	0,0979*** (0,0032)	0,1108*** (0,0030)
TIPO DE JORNADA	0,8476*** (0,0031)	0,9353*** (0,0031)	0,7885*** (0,0028)	0,8665*** (0,0026)	-0,7546*** (0,0028)	-0,8171*** (0,0026)	0,6558*** (0,0025)	0,7328*** (0,0024)
RESPONSABILIDAD	0,1439*** (0,0021)	0,2018*** (0,0021)	0,1647*** (0,0029)	0,2616*** (0,0026)	0,1717*** (0,0030)	0,2796*** (0,0027)	0,1690*** (0,0028)	0,2728*** (0,0026)
NACIONALIDAD	-0,00280*** (0,0054)	-0,0223*** (0,0054)	-0,0430*** (0,0047)	-0,0462*** (0,0043)	0,0346*** (0,0022)	0,0400*** (0,0021)	0,0716*** (0,0037)	0,0799*** (0,0035)
CONTROL	-0,0898*** (0,0031)	0,0396*** (0,0031)	-0,2085*** (0,0030)	0,0377*** (0,0028)	-0,2286*** (0,0031)	0,0551*** (0,0028)	-0,1765*** (0,0027)	0,0576*** (0,0025)

Tabla 2. Estimaciones de la brecha salarial ajustada. Fuente: Elaboración propia

En el proceso de estimación se diferencian dos modelos. En el primero de ellos se obtiene una brecha salarial ajustada considerando únicamente el salario base y en el segundo se calcula la brecha ajustada tomando como variable endógena el salario base más los complementos, no siendo complementos de horas extras o la nocturnidad de turnos.

Todas las variables explicativas del modelo resultan ser significativas y se obtienen los signos esperados, exceptuando la edad en el año 2022 en el modelo sin complementos, en el que la edad resulta no ser significativa. Por lo tanto, se puede concluir que la especificación del modelo es adecuada. Adicionalmente los F-estadísticos utilizados para realizar el contraste de significatividad global permiten rechazar la hipótesis nula de no significatividad global, lo que corrobora la correcta especificación del modelo. Cabe recordar que una especificación correcta implica que las variables explicativas elegidas son las correctas para determinar la endógena con fiabilidad.

Es pertinente indicar que se ha estimado el salario y no la brecha salarial como tal. Pero a partir del impacto de la variable dicotómica sexo, se puede determinar cuál es la diferencia sistemática en el salario percibido entre hombres y mujeres. Si el coeficiente que acompaña a la variable sexo es positivo y significativo, estará indicando que se sumará una cantidad positiva al salario percibido a través de la constante del modelo, sólo cuando la observación sea un hombre.

Por lo tanto, cuando se dice que los signos obtenidos son los esperados se refiere a que se cumplen las expectativas sobre la estimación del salario percibido. Así pues, el sexo, que recordemos vale 1 cuando la observación es varón, tiene signo positivo, lo que implica que ser hombre mejora las condiciones salariales con un nivel de confianza del 99 %. El nivel de confianza está indicando que si tomáramos otras 100 muestras en el 99 % de los casos nos encontraríamos con el mismo resultado. Este resultado se mantiene en ambos modelos. Sin embargo, es necesario pararse a analizar que son precisamente esos complementos los que agravan la brecha salarial. Si sólo se tiene en cuenta en salario base se podría hablar de una brecha que ha oscilado desde el 10,3 % en el año 2002 hasta el 8,6 % en el 2022 lo que indicaría un gran progreso con respecto a resultados de análisis previos con datos anteriores. Pero si se tienen en consideración los complementos salariales la brecha se dispara entre el 22,4 % y el 15,6 % respectivamente, magnitudes que implican un mayor grado de discriminación y una mayor necesidad de medidas y políticas diseñadas para contener y reducir esa diferencia.

Sin embargo, existe otra lectura de estos resultados, que desprende un mayor optimismo y es que es incuestionable la reducción que esta brecha salarial ha experimentado a lo largo de los últimos 20 años. Si hablamos en términos de salario base el paso del 10,3 % al 8,6 % implica una reducción de 1,7 puntos porcentuales, es decir, la brecha ha disminuido en un 16,5 %. Si la variable endógena usada para el cálculo de la brecha es el salario más los complementos, se puede concluir que la brecha salarial se ha contraído un 30,3 %, lo que parece indicar una senda positiva en pro de la igualdad de género en el mercado laboral español.

Conviene en este punto analizar los efectos de cada variable de forma independiente en la situación actual (año 2022), ya que ese análisis permite conocer las causas concretas de la disminución experimentada y la estimación de la tendencia que va a seguir dicha disminución.

Comenzando por la edad, el signo obtenido es el esperado ya que, si sólo se considera el salario base, una edad mayor tiene un impacto negativo, siendo además no significativa, pero si se contemplan los complementos (productividad, antigüedad, plus por responsabilidad, etc.) estos suelen presentar una correlación positiva con la edad y el impacto pasa a ser positivo y altamente significativo. Este fenómeno ocurre especialmente en trabajadores cualificados puesto que los trabajadores juniors tienen menos complementos que los seniors. Concretamente, pasar de un rango de edad a otro superior implica un aumento del salario del 1,8 %.

Para explicar los impactos por grupos, considerando el carácter categórico de varias explicativas, se han llevado a cabo estimaciones parciales por grupos que arrojan resultados altamente interesantes.

Centrándonos en las diferencias por sexo encontramos un dato esperanzador ya que la brecha salarial calculada en los menores de 30 años cae hasta el 7,9 % mientras que, si la observamos entre la población de mayor edad, es decir, mayores de 50, se eleva hasta el 16,6 %. Esto puede indicar que entre los jóvenes que se incorporan al mercado laboral hay cada vez menor brecha y que las mayores diferencias se condensan en las generaciones que están más próximas a abandonar el mercado laboral. De ahí que se pueda afirmar que se trata de un dato esperanzador.

En cuanto al nivel de estudio, en términos generales un mayor nivel de estudios como se observa tiene un impacto positivo y significativo. Concretamente, si consideramos los complementos, el pasar de un nivel de estudios a otro superior implica un 11,83 % más de salario. Este tipo de estimaciones siempre son cuestionadas porque están aceptando la linealidad del modelo de mínimos cuadrados ordinarios, puesto que se estima un modelo de regresión lineal, indicando que tiene el mismo impacto pasar de una educación primaria a la secundaria, que pasar de tener la secundaria al grado o incluso un máster. Pero también es cierto que la división que hace la encuesta de estructura salarial es bastante detallada y permite aproximar con fiabilidad el efecto. Además, encontramos en estos datos una brecha educativa a favor de la mujer, ya que, en España, el porcentaje de mujeres con formación superior es algo superior al de los hombres. En concreto en nuestra muestra el 52,8 % de los entrevistados con estudios terciarios son mujeres, mientras que el 47,2 % son hombres. Entrando en el detalle entre hombres y mujeres vemos que la formación es también garantía en la lucha por reducir la brecha salarial. Si se consideran niveles de formación básicos (1,2 y 3) la brecha se dispara hasta el 17,8 % mientras que en niveles superiores (6 y 7) se reduce hasta el 12 %. Sin embargo, cabe preguntarse por qué no se cierra la brecha entre la población con estudios superiores. La respuesta se encuentra en la naturaleza de los estudios que generalmente cursan las mujeres y los hombres. La mayor parte de las mujeres desarrollan su carrera profesional vinculadas a la educación, la salud y el bienestar mientras que los hombres se dirigen más hacia sectores tecnológicos que son aquellos que registran mayores remuneraciones salariales. Por lo tanto, la encuesta no es capaz de capturar esta distinción y valora de igual manera unos campos que otros, lo que explicaría que a pesar de que más mujeres cursan estudios superiores, persista la brecha.

La antigüedad tiene un impacto estimado positivo y significativo que nos indica que por cada año adicional de antigüedad el salario percibido aumenta en un 0,8 %, es decir, 10 años de antigüedad en la empresa representan un salario un 10 % mayor. Téngase aquí en cuenta que los salarios se actualizan con la inflación. Pero en general vemos que los trabajadores que más tiempo llevan en su misma empresa perciben salarios mayores.

En cuanto al tamaño de la empresa encontramos que, al ser una variable categórica, las empresas de mayor tamaño tienden a pagar salarios mayores. Las grandes multinacionales acceden a resultados y volúmenes de negocio que hace que aumenten sus retribuciones, así como el número de altos dirigentes. Hablamos de salarios casi un 6 % mayores cuando aumenta el tamaño. En materia de género encontramos leves diferencias ya que la brecha estimada, si sólo se consideran empresas de menos de 50 trabajadores, es del 14,6 %, mientras que este mismo cálculo asciende al 15,3 % en empresas con más de 200, por lo que podemos concluir que en este estudio hay un mayor grado de igualdad en las empresas pequeñas, sin representar una diferencia destacable.

El desempeño de roles con responsabilidad y cargos de gestión viene a suponer un salario un 27,28 % mayor. Aquí es donde mayores diferencias se perciben entre los dos modelos estimados, porque también son los cargos que suelen llevar intrínsecos un mayor número de complementos. Calculando la brecha solamente entre las observaciones con responsabilidad esta se sitúa en torno al 15,4 % mientras que si se toman datos entre puestos sin responsabilidad asciende al 21,4 %. Esto nos indica que la brecha existente en entornos de responsabilidad no se debe al hecho de ostentar ese cargo sino a otros factores, mientras que en entornos de baja responsabilidad este hecho si puede aumentar esa brecha puesto que se aleja de la media calculada (15,66 %). Pero lo que resulta destacable es que en la muestra trabajada sólo el 5,16 % de las mujeres entrevistadas desempeñaban puestos de responsabilidad mientras que en el caso de los hombres hablamos de un 12 %. A pesar de ello se debería haber encontrado como resultado que los cargos de responsabilidad se remuneraran de igual forma, sin embargo, encontramos que la brecha se mantiene estable si se estima para los casos con o sin responsabilidad.

Finalmente, el tipo de jornada y el tipo de contrato también tienen su poder explicativo sobre el salario percibido. Un contrato indefinido implica un salario en torno al 11% mayor que uno temporal y lógicamente la jornada completa supone un 73 % más de salario. En este caso también convienen destacar que de la muestra analizada encontramos casi el doble de mujeres con contratos de jornada parcial que de hombres, algo que también ayuda a caracterizar el mercado laboral español.

VII. Conclusiones

En este pequeño ensayo se ha tratado de acercar una definición más precisa del término brecha salarial, para que esta sea usada de forma correcta. Además, se ha caracterizado la brecha salarial en España, estableciendo comparaciones con otros países de diferentes tipologías.

El análisis del marco teórico ha dejado constancia de la importancia que tiene la metodología usada para realizar los cálculos, llegando a consenso en todo caso, de que las brechas salariales ajustadas son las más adecuadas para la extracción de conclusiones y la valoración de políticas a implementar.

El modelo econométrico arroja una brecha salarial del 15,66 %, la cual todavía es suficientemente significativa como para seguir siendo centro de políticas e investigaciones, si bien sigue la estala de descenso de estudios realizados con datos anteriores. El conocer y estudiar el impacto de las diferentes variables explicativas resulta fundamental para diseñar políticas en el marco de la igualdad más efectivas.

El modelo y los datos utilizados no están exentos de limitaciones. Por un lado, la encuesta no recoge los efectos de la maternidad y la paternidad. Podría ser una variable muy interesante ya que se podría testar si la maternidad tiene un impacto mayor sobre el salario que la paternidad. La literatura existente sobre el tema indica que la maternidad es una de las principales fuentes de generación de brechas laborales de género. Estudios realizados en otros países muestran que el nacimiento de un hijo afecta en mayor medida a la situación profesional de las mujeres que de los hombres.

Otra de las limitaciones que tenía nuestra base de datos es que no captura información de personas activas que no están trabajando, por lo que se sospecha que los resultados estarían infraestimados.

VIII. Apéndice bibliográfico

Amuedo-Dorantes, C. y **De la Rica, S.**, *The Role of Segregation and Pay Structure on the Gender Wage Gap: Evidence from Matched Employer Employee Data from Spain*, Contributions to Economic Analysis and Policy, 2006.

Anghel, B., Conde-Ruiz, I. y **Marra de Artíñano, I.**, «Brechas Salariales de Género en España», *Studies on the Spanish Economy*, eee2018-06, FEDEA, 2018

Becker, G. S., «Human Capital, Effort, and the Sexual Division of Labor», *Journal of Labor Economics*, 2 (1), 33-58, 1985.

Blau, F. D., y **Kahn, L. M.**, «The Gender Wage Gap: Extent, Trends, and Explanations», *Journal of Economic Literature*, 55(3), 789-865, 2017.

Budig, M., y **England, P.**, «The Wage Penalty for Motherhood», *American Sociological Association*, 66 (2), 204-225, 2001.

Campos-Soria, J. A. y **Ropero-García, M. A.**, «Occupational Segregation and the Female-Male Wage Differentials: Evidence for Spain», *Gender Issues*, 2015.

Castilla, E. J., y **Benard, S.**, «The Paradox of Meritocracy in Organizations», *Administrative Science Quarterly*, 55(4), 543-576, 2,010

De Cabo Serrano, G y **Garzón, M.ª J.**, *Diferencia y discriminación salarial por razón de sexo*, Estudios del Instituto de la Mujer. CEET, 2007.

De la Rica, S., Dolado, J. J. y **Vegas-Sánchez, R.**, «Performance Pay and the Gender Wage Gap: Evidence from Spain», *CEPR Discussion Paper*, Series núm 7936, 2010.

De Lucio, J., Valero, M. y **Del Valle, M.**, *Determinantes de la Brecha Salarial de Género en España*, Ministerio de sanidad, servicios sociales e igualdad, 2012.

European Commission, Gender Equality 2017, *Gender Equality, Stereotypes, and Women in Politics*, Special Eurobarometer 465, 2017

Guner, N., Kaya, E. y **Sánchez-Marcos, V.**, «Gender Gaps in Spain: Policies and Outcomes over the Last Three Decades», *SERIEs: Journal of the Spanish Economic Association*, 5:61-103, 2014.

Molina, J. A., & **Montuenga, V. M.**, «The Motherhood Wage Penalty in a Mediterranean Country: The Case of Spain», *IZA Discussion Papers*, (3574), 2008.

Naila KABEER, N., y **NATALI, L.**, «Gender Equality and Economic Growth: Is there a Win-Win?», *IDS working papers*, vol. 2013, Issue 417, 2013.

Paz, J., *Diferencias de ingresos entre varones y mujeres. Evidencias para Salta (Argentina)*. Salta: AAEP, 1995.

PwC, *Análisis de la brecha salarial de género en España*, 2019.

World Economic Forum, *The Global Gender Report*, 2017

BLOQUE II

LA MUJER EN LAS FUERZAS ARMADAS

CAPÍTULO 5

LA PLENA INTEGRACIÓN DE LA MUJER EN LAS FUERZAS ARMADAS COMO IMPULSO PARA FORTALECER LA DEFENSA NACIONAL.

Tania Vidal López
Universidad Isabel I de Castilla

I. Introducción

La contribución de la mujer en el ámbito de la seguridad y defensa del Estado ha sido un elemento clave para poder implementar con carácter integral las políticas de igualdad promovidas por la propia Unión Europea (UE). Así mismo, esta incorporación de la figura de la mujer en la institución de forma efectiva ha sido fundamental para dotar a las FAS de nuevos profesionales que activamente trabajan y velan por proteger y defender los derechos y libertades de los ciudadanos de nuestro territorio nacional de una forma eficaz, comprometida y competitiva.

No obstante, para entender el rol de la mujer en este ámbito debemos remontarnos a la percepción que se tenía de esta figura en la sociedad española, ya que el tema de la mujer y su inserción al mundo laboral es complejo debido a que históricamente, nos encontramos ante una sociedad patriarcal donde la mujer era relegada a las labores de cuidadoras o encargadas del hogar, como podía ser la crianza de los descendientes[1] o las propias labores domésticas[2].

De hecho, si una mujer desempeñaba cualquier clase de actividad laboral fuera del hogar era percibido como un acto nocivo para la sociedad, al cuestionar los rolos establecidos para mujeres y para hombres[3]. Esta división de labores con relación a los sexos era impulsada por la sociedad occidental amparada por la propia iglesia católica, quienes fomentaban que la mujer se debía en exclusiva a las labores domésticas y maternales[4].

Afortunadamente, con la revolución industria iniciada en Europa (1780-1840) se comienzan a instaurar una serie de cambios sociales y culturales entre otros, que supusieron la transformación del mundo laboral. En este contexto, la mujer encuentra una oportunidad para dar el paso de trabajar fuera del hogar y romper con las fuertes tradiciones marcadas por la sociedad hasta el momento, tratando de deslegitimar la desigualdad de género en el ámbito social y laboral. Sin embargo, lo largo del siglo XIX se difunde la idea de que la mujer es menos productiva que el hombre y únicamente apta para determinados tipos de trabajos no cualificados o del sector de servicios[5], tratando de limitar a la mujer en su desarrollo y crecimiento profesional y personal.

No obstante, estos discursos machistas y patriarcales no consiguieron los efectos esperados, y cada vez más mujeres se insertaban en el mundo laboral saliendo del ámbito del hogar, impulsando una conciencia de género antecedente a los movimientos feministas que promulgaban rompen de forma efectiva los valores dicotómicos con relación al binomio de la mujer y del hombre en el ámbito laboral. En consecuencia, el mundo laboral comenzó a tener una fuerte presencia femenina a lo largo del siglo XIX[6].

---

1 De Beauvoir, S., *El segundo sexo*, Ediciones Cátedra, 2017.

2 Jiménez Ruiz, I. y Moya Nicolás, M., «La cuidadora familiar: sentimiento de obligación naturalizado de la mujer a la hora de cuidar», *Revista electrónica trimestral de Enfermería*, vol. 49, 2018.

3 Belmonte Rives, P., *Sobre la situación de las mujeres en España (1800- 1930) Un ejercicio de microhistoria*, Tesis Doctoral, 2017.

4 Bracamonte, L., «Catolicismo y condición femenina: representaciones de género sobre la maternidad y la domesticidad en la prensa del suroeste bonaerense argentino a principios del siglo XX», en *Secuencia*, vol. 88, 2014, págs. 89-108.

5 Scott, J.W., «La mujer trabajadora en el siglo XIX», en Duby, G. y Perrot, M., *Historia de las mujeres en Occidente*, en Taurus, Madrid, 1993.

6 Groppo, B., «La trayectoria del movimiento obrero en Europa occidental en el siglo XX: realizaciones, fracasos, mutaciones», en *Revista Trabajo y sociedad*, vol. 3, Universidad Nacional de Santiago del Estero, Argentina, 2000.

Bajo esta rúbrica, podemos observar que nos encontramos de forma histórica ante una la construcción de género basada en la diferenciación de sexos para establecer el rol de cada uno de ellos en la sociedad y en recibir un diferente trato[7], que ha ido evolucionando hasta una construcción del término género amparado en la búsqueda de igualdad y equidad entre los diferentes sexos.

Todo ello, delata que estamos ante un constructo social de género que se va reconstruyendo, atendiendo a las necesidades sociales de cada momento con el objetivo de mitigar las posibles desigualdades sobre las que el término se sustenta.

En materia militar, tradicionalmente, las FAS estaban formadas exclusivamente por hombres que prestan el servicio militar obligatorio (personal masculino voluntario y forzoso), pero esa realidad cambia gracias al Real Decreto-Ley 1/1988, de 22 de febrero de 1988, por el que se regula la incorporación de la mujer a las Fuerzas Armadas, texto que aboga por la inclusión de la mujer en el contexto militar, aunque no en la misma condición que sus compañeros varones, debido a que con esta regulación las mujeres únicamente pueden acceder a determinados Cuerpos, escalas y categorías. Es decir, observamos que la incorporación a las FAS de mujeres está marcada y condicionada por los estereotipos de género existentes en la sociedad del momento.

Desde esta perspectiva, observamos que, pese a su incorporación en este ámbito, se relega el papel de la mujer a funciones limitadas y determinadas de índole menos táctico, manteniéndose al margen del panorama operacional[8], siendo excluidas de las situaciones de combate y posibles escenarios bélicos[9].

Esta interpretación errónea del papel de la mujer dentro de las FAS implicó subestimar las capacidades y la profesionalidad de las propias mujeres en los diversos escenarios y contextos, reforzando la división de responsabilidades entre hombres y mujeres dentro de la institución, y en consiguiente perpetuando las relaciones de poder desequilibradas.

Sin embargo, las primeras 25 mujeres que ingresaron en la institución demostraron su valía y capacidades en el ámbito militar, rompiendo los estereotipos y prejuicios sobre su rol en la institución armada, concienciando a la sociedad de que las FAS no se trataba exclusivamente de un trabajo de hom-

---

7 Estrategia de igualdad de género e inclusión, *Internews*, 2022.

8 Gómez, M., *Mujeres y ejército en España: Un estudio sobre la inclusión y la igualdad*, Ediciones Universidad de Barcelona, 2016.

9 Barreto Romero, J. D., Ortiz Forero, M. A. y Cely, C. D., «Revisión histórica de la incorporación y participación de la mujer en el arma de Infantería del Ejército Nacional de Colombia», en *Estudios en Seguridad y Defensa*, vol.15, núm. 30, 2020, págs., 373-392.

bres, constituyéndose de forma efectiva como las primeras mujeres militares profesionales en nuestro país.

Estas mujeres deshicieron los argumentos que se creían firmes sobre su papel en las FAS, además de promover y fomentar la necesidad de cumplir con cumplir el principio de igualdad y no discriminación que consagra nuestra Constitución Española. Este acontecimiento fue el principio del camino de la plena incorporación de la mujer en la institución, así como el hito de perseguir la búsqueda de un ejército profesional e igualitario.

Gracias a ello, actualmente contamos con un proceso de selección de personal militar más exhaustivo que en sus inicios, al que pueden optar ambos sexos, pudiéndose incorporar a la institución tras cumplir con los requisitos estipulados, así como tras superar las pruebas establecidas, con el fin único de la incorporación de personal capacitado para el servicio profesional a disposición del país.

En esta línea, debemos comprender que la incorporación de las mujeres en las FAS en nuestro territorio no ha sido inmediata y de rápida aplicación, como en otros países del entorno, no obstante, esta evolución se ha caracterizado por un proceso gradual, que, en todo caso, ha estado vinculada por el avance social y normativo, lo que ha supuesto un desarrollo e implementación real entre la igualdad entre hombres y mujeres en materia de Defensa y Seguridad Nacional.

En consecuencia, pese a desarrollarse de forma paulatina, estos acontecimientos sobre la plena incorporación de la mujer delatan una transformación real, involucrando numerosos cambios desde su creación para obtener un personal cualificado y en todo caso, garantizando la operatividad del cuerpo, así como su eficacia y eficiencia en las labores a desarrollar.

II. Camino a la plena inclusión de la mujer

En términos históricos, podemos observar que las FAS en sus comienzos era una institución masculinizada, donde únicamente servían al país varones, pero con la entrada del Real Decreto-Ley 1/1988, se abre una nueva oportunidad para las mujeres, pudiéndose incorporar ellas también a la institución armada, aunque con diversos matices.

Esta limitada incorporación de la mujer supuso múltiples desafíos, incidiendo especialmente en aquellos derivados de la percepción de que una institución de naturaleza militar era exclusiva para la figura masculina, atendiendo a los valores tradicionales[10]. No obstante, esta primera inclusión de la mujer, abogada por el desarrollo de los Derechos Humanos, condujo a un

10 Paarlberg-Kvam, K., «What›s to come is more complicated: feminist visions of peace in Colombia», en *International Feminist Journal of Politics*, vol. 21, núm. 2, 2019, págs.194-223.

cambio de perspectiva cultural y social amparado en los valores constitucionales sobre la igualdad.

Tras la incorporación a la institución de la mujer, podemos seguir observamos que el rasgo patriarcal es claro en sus inicios, donde se trata de desvirtuar el rol de la mujer, incluso no permitiéndole acceder a los puestos jerárquicos de mayor responsabilidad al basarse en una distinción de funciones según el sexo, perpetuando la desigualdad de género[11].En esta línea, podemos advertir que en sus inicios la institución regulaba las relaciones sociales de poder en base al género y no a la profesionalidad o desempeño, donde debemos entender el término género es un constructo social que debe ser entendido como una herramienta para comprender de forma adecuada el rol de las mujeres en la institución.

Tras esta ruptura dicotómica de carácter histórico de la institución con la incorporación de la mujer en las FAS diez años después de la proclamación de nuestra Carta Magna, se aprueba en el año 1992 el Real Decreto-Ley 1/1988, de 22 de febrero de 1988, por el que se regula la incorporación de la mujer a las Fuerzas Armadas. Con este texto se amplían la empleabilidad de las mujeres, ya que tras la entrada en vigor de este Real Decreto se permite a todas las mujeres optar a mayores destinos de la institución militar, salvo a aquellos puestos de carácter tácticos u operativos como la Legión, la BRIPAC, operaciones especiales, etc., por condición de género.

Unos años más tarde, se aprueba la Ley de Régimen del Personal de las Fuerzas Armadas de 1999, con la que se eliminan todas las limitaciones de acceso entre géneros a los puestos de la institución y se suprime el servicio militar obligatorio de varones. Es decir, con esta ley se persigue un ejército profesional donde sus miembros, independientemente de su género, pueden incorporarse a cualquier destino dentro de las FAS. Este hecho constituye un pilar clave, ya que con su entrada en vigor se logra a nivel jurídico la igualdad formal.

Tras este hito, la sociedad y las mujeres persiguen la igualdad material, real y efectiva.

En este contexto, se dieron pasos significativos con los Acuerdos del Consejo de ministros de 2005 y 2006, ya que con ellos se comienzan a implementar herramientas en búsqueda de una acción positiva de la integración y permanencia de las mujeres en la institución. Uno de los aspectos más relevantes es la creación del Observatorio de la mujer, actualmente denominado como el Observatorio Militar para la Igualdad entre Mujeres y Hombres en las Fuerzas Armadas.

11 PÉREZ, J., «Mujeres en combate: La experiencia española», en *Revista de Estudios Militares*, vol. 10, núm. 1, 2014, págs. 47-63.

A ello, debemos sumarle las consecuencias positivas en la materia de la Ley de Carrera Militar, con la cual se impulsó la perspectiva de género como un principio transversal con relación a la regulación de los miembros de la institución, regulando además asuntos en materia de recursos humanos y entre otros aspectos relativos a la igualdad de género y la conciliación de la vida profesional, personal y familiar (art. 6).

Otro avance en el desarrollo de la mujer en las FAS es la aprobación Ley Orgánica 9/2011 sobre Derechos y Deberes de los miembros de las Fuerzas Armadas, cuyo texto legal aboga por la modernización y la plena profesionalización. Cabe destacar que esta ley reconoce de forma explícita el principio de igualdad y no discriminación por razón de sexo (art. 4), impulsando las medidas para lograr una igualdad real y efectiva en el acceso y la carrera militar.

Como podemos observar, la percepción de género ha ido evolucionando significativamente y consigo el proceso de inclusión de la mujer en las FAS y la normativa en la materia, pese a ser un proceso tardío a consecuencia de que las estructuras sociales se constituían en una base patriarcal en sus inicios[12]. Sin embargo, no cabe duda de que el ritmo de integración de la figura de la mujer en nuestro país ha sido notablemente más veloz que en otros países[13], experimentando una clara transformación en búsqueda de una sociedad igualitaria que ha posibilitado un avance claro acerca de la plena inclusión de la mujer en la institución, ampliando los conceptos hegemónicos del ámbito militar hasta el momento que vislumbraban prácticas con las que se limitaba la figura de la mujer en la institución.

El cambio de las políticas públicas y de la concienciación social han posibilitado la reestructuración de la institución, consolidando la participación de personal femenino y masculino en iguales condiciones, rompiendo los estereotipos y prejuicios del rol de la mujer en el ejército impuestos por el género. Gracias a este cambio político y social se ha logrado poder contar con la presencia de la mujer en este ámbito fomentando la equidad de sexos, de lo que puede presumirse una igualdad real entre todos sus miembros.

A fecha de 2023, el Informe OMI[14] que vierte los datos sobre el personal del Ministerio de Defensa, señala que 16045 mujeres forman parte de la institución, representando el 13,1 % del total. Cifras, que han ido aumentando desde sus inicios, consolidándose el rol de la mujer en un ambiente caracterizado por la presencia masculina. Cabe resaltar que España se sitúa ligera-

12 SEGATO, R. L., «El Sexo y la Norma: Frente Estatal, Patriarcado, Desposesión, Colonidad», en *Revista Estudios Feministas*, vol. 22, núm. 2, 2014, págs. 593-616.

13 MARTÍNEZ, A., *La mujer en las Fuerzas Armadas españolas: Evolución y perspectivas*, Ediciones del Ejército, 2011.

14 MINISTERIO DE DEFENSA, *Mujeres en las Fuerzas Armadas, informe anual del OMI*, 2024.

mente por encima de la media en torno a las cifras de mujeres de ejércitos de nuestros entornos como apunta la OTAN (13 %).

1. Hitos más relevantes de la mujer en las FAS

La presencia de la mujer en las FAS ha supuesto, como hemos visto, no únicamente un incremento de efectivos femeninos en la institución, sino una adaptación a la nueva realidad político y social, así como la garantía efectiva de la persecución de un ejército profesional.

En este aspecto, resulta fundamental resaltar algunos hitos logrados por mujeres en este ámbito. Como los siguientes:

- La primera incorporación de la mujer en el año 1988, donde 25 mujeres rompieron las primeras barreras incorporándose a la esfera militar;
- La incorporación plena de la mujer en el año 1999, pudiendo acceder de forma voluntaria a todos los destinos desde una vertiente jurídica;
- Ester Yáñez, se consolida como la primera mujer al mando de un buque militar (2005);
- Rosa María García-Malea, se convierte en la primera mujer en pilotar un caza de combate (2007), además de ser la primera mujer en ser miembro de la Patrulla Águila (2017);
- Patricia Ortega, quien se convierte en la primera mujer en alcanzar el rango de General de Brigada del Cuerpo de Ingenieros Politécnicos del Ejército de Tierra (2019).

Gráfico 1. Hitos importantes de la figura de la mujer en las FAS

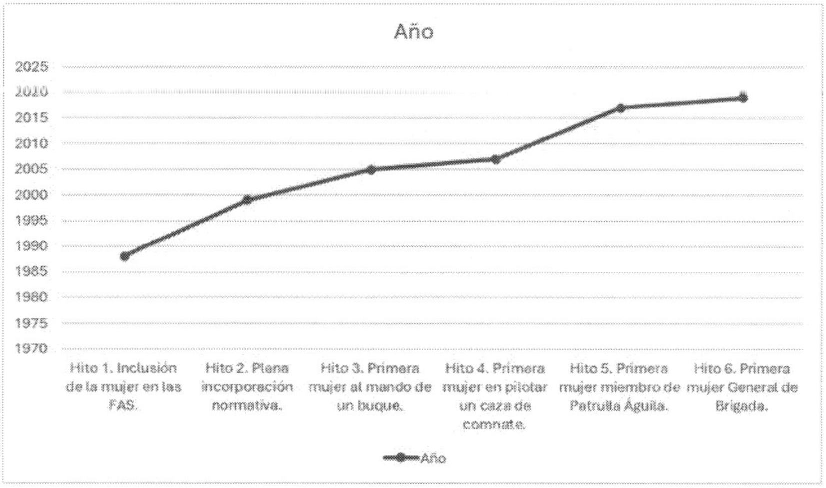

Fuente: Elaboración propia

Todos estos hitos comentados, no son más que una mera muestra del potencial de la mujer en el ámbito militar. En otras palabras, todas las mujeres militares, independientemente del puesto o destino, han demostrado el mayor hito logrado en la historia, que es la efectiva consecución de la igualdad y equidad dentro de la institución.

III. Una aproximación a la percepción de la mujer militar

1. Metodología

Para abordar este último apartado, se recurre a una metodología de análisis cualitativo-descriptivo con la que se pretende abordar la posible marginalización de las mujeres en la FAS y los retos que ellas perciben con relación a su inclusión material en la institución.

Para este fin, se llevan a cabo ciertas entrevistas con personal militar femenino para ahondar en las experiencias de estas mujeres que integran las FAS, ya que las entrevistas suponen una herramienta que posibilita la recolección de información valiosa y facilitan poder contextualizar el fenómeno estudiado[15].

Para el análisis de toda la información resultante de las entrevistas se optó por el análisis de contenido[16], cuya finalidad era doble, por un lado, descriptiva, apreciando tanto el contenido como la forma de expresarlo, y, por otro lado, la comparativa, ya que gran parte de las participantes reiteraban las mismas ideas. Todo ello permitió acercarnos a una aproximación de la percepción de la mujer en las FAS.

2. Muestra

La selección de la muestra se basó en la pluralidad de mujeres atendiendo a diversos factores, es decir, para ahondar en la experiencia real a nivel histórico del rol de la mujer se hizo necesario entrevistar tanto a mujeres pertenecientes a la primera promoción, como a mujeres de nueva incorporación, además de señalar la importancia de incluir participantes de diversas áreas geográficas y diferentes puestos, rangos y destinos, tratando de conocer en mayor medida la percepción de la mujer en este ámbito.

---

15 Fernández Carballo, R., «La entrevista en la investigación cualitativa», en *Pensamiento actual*, vol. 2, núm. 3, 2001.

16 López-Aranguren E., «El análisis de contenido», en García Ferrando, M., Alvira Martín, F. R., Alonso Benito, L. E. y Escobar Mercado, M. (coords.). *El análisis de la realidad social. Métodos y técnicas de investigación*, 2.ª ed. Madrid: Alianza, 1989, págs. 383-414.

En particular, la muestra se formó por 19 mujeres participantes, las cuales habían formado parte de las FAS, con edades comprendidas entre los 25 y los 58 años.

La gran parte de ellas pertenecía al Ejército de Tierra (84,21 %), otras al Ejército del Aire y del Espacio (5,26 %), a la Armada Española (5,26 %), o a los Cuerpos Comunes (5,26 %).

La parte mayoritaria de estas mujeres se incorporó a las FAS entre los años 2016-2020 (36,84 %), y en menor proporción antes del año 2000, en concreto una en el año 1988 (5,26 %).

Más de la mitad pertenecía a la escala de tropa (68,42 %), y el resto a la escala de suboficiales (15,79 %) y oficiales (15,79 %).

3. Resultados

Como se mencionó anteriormente, la incorporación de la mujer a las FAS ha supuesto un incremento del valor de nuestro ejército, constituyéndose de forma profesional e igualitaria, que ha logrado mejorar y ampliar la organización y estructura de la defensa nacional. La plena incorporación de la mujer se configura como un elemento clave en el derecho de acceso para todas las personas, además de implicar la mejora de la operatividad en aras de mejorar la defensa y seguridad de nuestro país.

Ahora bien, cabe cuestionarse si esta modernización y progreso de las FAS con relación a esta igualdad normativa alcanzada de forma óptima e integral, puede considerarse que ha implementado sus efectos deseados en la práctica. Para ello, se han realizado una serie de entrevistas a 19 mujeres para poder extraer información acerca de la percepción que estas tienen en el desempeño de su trabajo como mujeres.

Los resultados manifiestan en su mayoría que se incorporaron de forma voluntaria, y prácticamente en su totalidad, por vocación, ya que demuestran gran disposición y compromiso son su trabajo, considerando que tanto hombres como mujeres están capacitados para desarrollar la totalidad de las actividades militares. A nivel general, su experiencia ha sido satisfactoria y positiva con la institución y recuerdan su acceso como un proceso igualitario, donde en la formación en su mayoría consideran que se sintieron apoyadas por todos sus compañeros, tanto hombres como mujeres.

Únicamente una pequeña proporción considera que en su primer contacto con la institución sufrió un trato o situaciones de desigualdad por el hecho de ser mujer.

Cuando abordamos los posibles desafíos añadidos en el desempeño de su trabajo por el hecho de ser mujeres, casi en su totalidad manifiestan tres puntos clave.

El primero de ellos relativo al periodo menstrual, ya que perciben que esta condición en ocasiones puede derivar situaciones de desigualdad, especialmente cuando se encuentran realizando maniobras o ejercicios prácticos que, en ocasiones, por su larga duración, pueden poner el riesgo manifiesto la salud e higiene adecuada de la mujer. Es decir, esto implica estar largas horas sin poder orinar o realizar las labores de higiene femenina necesarias cuando se tiene el ciclo menstrual, ya que no disponen de lugares adecuados para realizar estas acciones.

Otro aspecto común es relativo a la diferenciación de criterios en las pruebas físicas. Gran parte de las mujeres consideran que tanto hombres como mujeres pueden llegar a los mínimos exigibles para los primeros. Promoviendo por tanto desigualdad al establecer criterios diferenciados por sexos, haciéndolas sentir inferiores a sus compañeros, cuando el trabajo a desempeñar es el mismo en el día a día. Estas mujeres abogan por armonizar los criterios para todos los integrantes de la institución sin establecer diferenciación de baremos en atención al género.

El último punto, crea un mayor malestar entre los miembros de las FAS. Estas mujeres manifiestan que las conductas patriarcales son perjudiciales tanto para ellas como para sus compañeros varones. Es decir, actualmente detectan que por parte de esferas superiores hay individuos adultos con un trato paternalista, machista y/o discriminatorio. Estas mujeres advierten que no precisan una diferencia de trato respecto a sus compañeros, incluso cuando es de índole paternalista. Algunas de ellas incluso añaden que se han sentido acosadas, descalificadas y observadas en mayor medida que sus compañeros. Su única pretensión es buscar la igualdad real y efectiva de todos sus miembros.

Cabe matizar que, este último punto sobre la existencia de patriarcado en superiores no se extiende a toda la institución, sino que se trata de un factor individual de algunos superiores, y que estas experiencias negativas vividas han marcado toda su trayectoria profesional, pero también personal. Este hecho delata que, pese a que casi en su totalidad los mandos promueven un trato igualitario entre los miembros, existe una minoría que dificulta la igualdad real.

Este hecho delata la necesidad de seguir trabajando para detectar y mitigar estos casos que ponen en riesgo la equidad del ejército y de la óptima búsqueda de la igualdad real para todos los miembros de las FAS.

IV. Conclusiones

El Real Decreto 1/1988, de 22 de febrero, fue el paso necesario para avanzar en el camino para alcanzar la igualdad en el ámbito de las FAS en nuestro país. Este texto legal fue la punta de lanza de la reivindicación feminista en busca de una igualdad real de la sociedad en el ámbito militar. Las posteriores leyes y normas motivaron este movimiento que fue impulsado por numerosas mujeres que rompieron el techo de cristal de la sociedad patriarcal en la que tiene sus orígenes la institución.

Más de tres décadas después, podemos observar que la inclusión de la mujer en las FAS ha sido un hecho histórico e impensable que se ha logrado gracias al trabajo de todas esas mujeres que decidieron formar parte de las mismas, así como de la sociedad, la cual ha ido concienciándose con la necesidad de contar con la figura de la mujer en todos los contextos. Esta modernización y avance en la institución ha permitido poder garantizar la igualdad real y efectiva entre varones y mujeres con la finalidad principal de que la carrera militar sea igualitaria para todos sus efectivos sin distinción de género, y en paralelo, promover de forma eficiente y eficaz las medidas de igualdad.

Los testimonios de las 19 mujeres que forman parte de la institución defienden la necesidad de contar con un ejército profesional y capacitado, formado tanto por hombres como por mujeres que desarrollen su actividad laboral dentro de un clima de cultura igualitaria.

Pese a ello, existen ciertas dificultades ante las que se encuentran las mujeres por el hecho de serlo, y en concreto la percepción de un trato discriminatorio por parte de algunos superiores, lo que delata la necesidad de seguir trabajando para combatir estas actitudes y comportamientos individuales de índole discriminatorio que fomentan la desigualdad. En esta línea, resulta lógico la necesidad de incidir en el control de ciertas personas y la necesidad de seguir promoviendo una educación y cultura de trabajo basada en la igualdad, para que todos los integrantes de la institución puedan gozar de un entorno adecuado y no un entorno hostil que pueda obstaculizar el desarrollo personal, así como el avance en su carrera militar.

Este hecho delata que, pese al gran avance logrado en la materia y su aplicación, es necesario seguir trabajando el enfoque real de la igualdad en la institución y promover las políticas de igualdad de forma efectiva para lograr mitigar estas dificultades que pueden cuestionar la paridad real de las FAS.

La implementación de políticas de igualdad efectivas y su aceptación es un reto global y necesario, no exclusivamente del ámbito militar. Para lograr un cambio real es necesario que la sociedad impulse las acciones que fomenten la mitigación de la desigualdad y garanticen el correcto desarrollo de sus políticas.

En esta línea, es indudable alentar el óptimo devenir de las FAS, ya que las nuevas generaciones están más concienciadas de la persecución efectiva de la igualdad en todos los ámbitos de la sociedad, al abandonar de forma paulatina la sociedad patriarcal en la que se tienen sus orígenes.

Sin lugar a dudas, la plena incorporación de la mujer ha supuesto el fortalecimiento de la defensa nacional y la profesionalidad de un ejército igualitario, lo que ha generado una modernización de la institución que incide de forma directa con la búsqueda de la igualdad de género y paralelamente, consigue romper la brecha de la desigualdad que tradicionalmente se instauró.

V. Apéndice bibliográfico

1. Bibliografía básica

Barreto Romero, J. D., Ortiz Forero, M. A. y **Cely, C. D.**, «Revisión histórica de la incorporación y participación de la mujer en el arma de Infantería del Ejército Nacional de Colombia», *Estudios en Seguridad y Defensa*, vol.15, núm.30, 2020, págs., 373-392.

Belmonte Rives, P., *Sobre la situación de las mujeres en España (1800-1930). Un ejercicio de microhistoria*, 2017. Recuperado de: http://dspace.umh.es/bitstream/11000/4548/6/Tesis%20Paloma%20Belmonte%20Rives%20.pdf

Bracamonte, L., «Catolicismo y condición femenina: representaciones de género sobre la maternidad y la domesticidad en la prensa del suroeste bonaerense argentino a principios del siglo XX», *Secuencia*, vol. 88, 2014, págs. 89-108.

De Beauvoir, S.:

- *El segundo sexo*, Colección Feminismos, 2017

- «Estrategia de igualdad de género e inclusión», *Internews*, 2022. Recuperado de: https://internews.org/wp-content/uploads/2023/02/GenderStrategy-20230104-ES.pdf

Fernández Carballo, R., «La entrevista en la investigación cualitativa», *Pensamiento actual*, vol. 2, núm.3, 2001.

Gómez, M., *Mujeres y ejército en España: Un estudio sobre la inclusión y la igualdad*. Ediciones Universidad de Barcelona, 2016.

Groppo, B., «La trayectoria del movimiento obrero en Europa occidental en el siglo XX: realizaciones, fracasos, mutaciones», *Revista Trabajo y sociedad*, vol. 3, Universidad Nacional de Santiago del Estero, Argentina, 2000.

Jiménez Ruiz, I. y **Moya Nicolás, M.**, «La cuidadora familiar: sentimiento de obligación naturalizado de la mujer a la hora de cuidar», *Revista electrónica trimestral de Enfermería*, vol. 49, 2018.

López-Aranguren, M.ª E., «El análisis de contenido», en García Ferrando, M., Alvira Martín, F. R., Alonso Benito, L. E. y Escobar Mercado, M. (coords.), *El análisis de la realidad social. Métodos y técnicas de investigación*, 2.ª ed. Madrid: Alianza, 1989, págs. 383-414.

Martínez, A., *La mujer en las Fuerzas Armadas españolas: Evolución y perspectivas*. Ediciones del Ejército, 2011.

Ministerio de Defensa, *Mujeres en las Fuerzas Armadas, informe anual del OMI*, 2024.

Paarlberg-Kvam, K., «What›s to come is more complicated: feminist visions of peace in Colombia», *International Feminist Journal of Politics*, vol. 2, núm. 2, 2019, págs.194-223.

Pérez, J., «Mujeres en combate: La experiencia española», *Revista de Estudios Militares*, vol. 10, núm.1, 2014, págs. 47-63.

Scott, J. W., «La mujer trabajadora en el siglo XIX», en Duby, G. y Perrot, M. (dirs.), *Historia de las mujeres en Occidente*, Taurus, Madrid. 1993.

Segato, R. L., «El Sexo y la Norma: Frente Estatal, Patriarcado, Desposesión, Colonidad», *Revista Estudios Feministas*, vol. 22, núm.2, 2014, págs. 593-616.

2. Legislación y normativa

Constitución Española. Boletín Oficial del Estado núm.311 de 29 de diciembre de 1978.

Ley 17/1999, de 18 de mayo, de Régimen del Personal de las Fuerzas Armadas. Boletín Oficial del Estado núm.119 de 19 de mayo de 1999.

Ley 39/2007, de 19 de noviembre, de la carrera militar. Boletín Oficial del Estado núm.278 de 20 de noviembre de 2007.

Ley Orgánica 3/2007, de 22 de marzo, para la igualdad efectiva de mujeres y hombres. Boletín Oficial del Estado núm.71 de 23 de marzo de 2007.

Ley Orgánica 3/2007, de 22 de marzo, para la igualdad efectiva de mujeres y hombres. Boletín Oficial del Estado núm.71 de 23 de marzo de 2007.

Ley Orgánica 9/2011, de 27 de julio, de derechos y deberes de los miembros de las Fuerzas Armadas. Boletín Oficial del Estado núm.180 de 28 de julio de 2011.

Orden DEF/111/2019, de 8 de febrero, por la que se regula la estructura y funcionamiento del Observatorio Militar para la igualdad entre mujeres y hombres en las Fuerzas Armadas. Boletín Oficial del Estado núm.35 de 9 de febrero de 2019.

Orden PRE/1776/2006, de 7 de junio, por la que se da publicidad al Acuerdo de Consejo de ministros sobre funcionamiento de la Unidad Militar de Emergencias. Boletín Oficial del Estado núm.136 de 8 de junio de 2006.

Orden PRE/525/2005, de 7 de marzo, por la que se da publicidad al Acuerdo de Consejo de ministros por el que se adoptan medidas para favorecer la igualdad entre mujeres y hombres. Boletín Oficial del Estado núm.57 de 8 de marzo de 2005.

Real Decreto 96/2009, de 6 de febrero, por el que se aprueban las Reales Ordenanzas para las Fuerzas Armadas. Boletín Oficial del Estado núm.33 de 7 de febrero de 2009.

Real Decreto 984/1992, de 31 de julio, por el que se aprueba el Reglamento de Tropa y Marinería profesionales de las Fuerzas Armadas. Boletín Oficial del Estado núm.209 de 21 de agosto de 1992.

CAPÍTULO 6

PARTICIPACIÓN DE LAS MUJERES DE LAS FUERZAS ARMADAS EN MISIONES INTERNACIONALES

María del Carmen Ariñez
Profesora Colaboradora en la Universidad Isabel I. Coronel Médico. Directora del Instituto de Medicina Preventiva de la Defensa

Francisco Javier García Rodríguez
Doctor en Derecho, desarrollo e investigación por la universidad de Malta

I. Introducción

En este artículo se va a tratar el papel de la mujer en las Fuerzas Armadas a modo informativo. Se hará un breve recorrido sobre aquellos aspectos que puedan ser de interés haciendo hincapié en el profundo cambio que ha experimentado su participación en estas últimas décadas. La estructura militar se adapta a los nuevos tiempos gracias a la creación de normativa, de iniciativas e impulso de nuestros líderes tanto a nivel nacional como internacional. La perseverancia se debe a un fuerte interés por la igualdad de género y la diversidad en el ejército, que están en consonancia con los objetivos de la Agenda 2030 y los compromisos del Gobierno de España.

A pesar de existir un notable aumento en la empleabilidad de las mujeres en las Fuerzas Armadas, permitiendo con su ingreso ocupar puestos que anteriormente estaban vedados, todavía persisten algunas trabas y desafíos que deben superarse en cuanto a la promoción profesional. La situación laboral debe equilibrar sus responsabilidades profesionales con sus roles familiares y educativos. Las políticas de conciliación y apoyo familiar son esenciales para garantizar que las mujeres puedan involucrarse plenamente en el desarrollo de sus tareas sin sacrificar otros aspectos de su vida.

En las misiones internacionales se ha evidenciado que la participación de las mujeres es necesaria para interactuar con mayor éxito entre las comunidades locales, especialmente en aquellas situaciones donde el papel del hombre no tiene cabida y puede estar mal visto. La mujer en una misión internacional establece una conexión y acercamiento que desvela un enfoque más inclusivo y humanitario y por ello contribuye a una mejor resolución del conflicto. Además, la mujer como miembro de las Fuerzas Armadas ejerce como embajadora ante todas esas futuras generaciones que al verla puedan plantearse la posibilidad de seguir sus pasos en el ámbito militar.

La inclusión de la mujer en la milicia en sus inicios se hizo de forma tímida y solo en determinadas áreas. Ocupaban roles de apoyo logístico y administrativo, sin poder ocupar los mismos puestos que los hombres. La evolución en este sentido ha sido muy notable ya que se permite actualmente ocupar posiciones de combate y liderazgo sin limitar su desarrollo profesional por razón de género. Los organismos europeos e internacionales han desarrollado programas y políticas específicas, y, en España, la normativa jurídica nacional ha avanzado en la promoción de la igualdad de género. La normativa y las políticas sobre la participación de las mujeres en misiones de paz han evolucionado, y las iniciativas nacionales e internacionales han comenzado a mostrar resultados positivos.

Las estadísticas recientes indican un aumento en la participación femenina, aunque aún queda mucho por hacer. Es por ello por lo que se necesita la perseverancia y colaboración de entidades como Observatorio de igualdad de la Universidad Isabel I que suscita la elaboración de este artículo, pudiendo difundirse ante un elenco tan exquisito y con tanta repercusión como es el universitario. Las recomendaciones para mejorar la participación de la mujer son claras: es esencial seguir avanzando en la eliminación de barreras, fortalecer las políticas de igualdad de género y reconocer el valor único que aportan las mujeres a las operaciones de paz. Solo entonces podremos construir un futuro más justo y equitativo para todos.

Les invito a sumergirse en los intrincados detalles de todo lo expuesto. Acompáñenme en este viaje de exploración donde desentrañaremos con mayor profundidad cada uno de los apartados que se presentan a continuación. Navegarán por los matices y complejidades que conforman este fascinante tema, desvelando cada capa con detenimiento y claridad, o al menos esa era la intención de los autores.

1. Contexto histórico. Principales hitos y avances

Durante el largo y complejo proceso de la integración de la mujer en las Fuerzas Armadas (FAS, acrónimo usado en toda la doctrina española), son muchos los hitos y avances a destacar en estos treinta y seis años de historia. Una de las normas que fueron pioneras en su ejecución fue la Ley Orgánica 6/1980, reformada por la Ley Orgánica 1/1984, donde se establecía por primera vez por ley la participación de la mujer en la Defensa Nacional a través del «Plan para la igualdad de oportunidades de las mujeres», aprobado por Acuerdo del Consejo de ministros, de 25 de septiembre de 1987. Esta incorporación sería con ciertas restricciones ya que sería posible en determinados cuerpos y escalas militares. Se haría de forma progresiva la incorporación de los demás cuerpos de los ejércitos a medida que se fuesen efectuando adaptaciones de diversa índole[1].

Fue la publicación del Real Decreto Ley 1/1988, de 22 de febrero, la normativa que permitió por primera vez el acceso de la mujer en las distintas convocatorias. A partir del año 1988, la mujer tendrá acceso a las pruebas de selección para el ingreso en la profesión militar de los Cuerpos y Escalas tales como Cuerpo Jurídico de los tres ejércitos, Cuerpo Militar de Intervención de la Defensa, Cuerpo de Sanidad de los tres ejércitos, Cuerpo de Veterinaria Militar, entre otros[2]. Este primer paso, aunque importante, fue restrictivo, ya que limitaba el acceso de las mujeres a ciertos roles y cuerpos específicos como es el caso de liderazgo e implicación en unidades operativas.

Cuatro años después, la Ley 1/1992, como Reglamento de Tropa y Marinería, estableció que el personal femenino de tropa y marinería profesionales podría optar a todos los destinos de su empleo militar, excepto aquellos de tipo táctico u operativo en unidades específicas como La Legión, Operaciones Especiales y Paracaidistas. Esta restricción no les permitiría promocionar o desarrollarse en su andadura militar como el resto de sus compañeros.

Fue con la publicación de la Ley 17/1999, de 18 de mayo, de Régimen del Personal de las Fuerzas Armadas cuando se permitió el acceso de las mujeres a todos los cuerpos y escalas militares sin restricciones. Este avance marcó un hito importante en la igualdad de género dentro de las FAS no existiendo barreras normativas que impidiesen su desarrollo profesional de forma completa. Actualmente, las mujeres pueden ocupar cualquier puesto dentro de las FAS españolas. Su presencia ha aumentado significativamente, aunque todavía el porcentaje es muy inferior al deseado por aquellos que luchan por una integración completa.

---

1 Ley Orgánica 1/1984, de 5 de enero.

2 Real Decreto-ley 1/1988, de 22 de febrero, por el que se regula la incorporación de la mujer a las Fuerzas Armadas, en BOE núm. 46, de 23 de febrero de 1988, página 5672.

El informe elaborado por el Observatorio Militar para la Igualdad respecto a los datos del año 2023, indica que el número de mujeres en las FAS (alumnas incluidas) es de 15.901 lo cual supone un porcentaje del 13,1 % sobre el total de efectivos. La presencia media de la mujer en nuestras FAS se encuentra en la media del promedio de los países de la Organización del Tratado del Atlántico Norte (OTAN): un 13 %, según el informe anual de los países miembros y asociados de la OTAN del 2020, último disponible[3].

En cuanto a su distribución en los distintos cuerpos, son más numerosas, el 38 %, en los Cuerpos Comunes que dentro de los Ejércitos y Armada[4].

II. Evolución de la participación de las mujeres en las Operaciones de Mantenimiento de la Paz (OMP)

Desde 1989, las FAS españolas participan en misiones en el exterior. Con carácter general, estas misiones internacionales atienden a tres grandes objetivos estratégicos: proporcionar estabilidad y seguridad; lucha contra el terrorismo; y disuasión y defensa del territorio aliado[5].

Desde 1989 despliegan mujeres como parte de los efectivos que participan en misiones y operaciones en el exterior. En la actualidad, a fecha 1 de septiembre de 2024, se encuentran desplegados en operaciones internacionales 3.700 militares, de los cuales un 8,9 % son mujeres. Entre los países de la OTAN, el informe de 2020 muestra que, de media, el porcentaje de mujeres entre los contingentes desplegados en misiones y operaciones era del 10,2 %[6].

El punto determinante en el ámbito internacional se produjo con la adopción de la Resolución 1325 del Consejo de Seguridad de las Naciones Unidas en octubre del año 2000. Dicha resolución, que estableció un marco jurídico y político histórico, reconoce la importancia de la participación de las mujeres, así como de la inclusión de la perspectiva de género en las negociacio-

---

3 Ministerio de Defensa, *Mujeres en las Fuerzas Armadas, informe anual del OMI*, 2024.

4 Ministerio de Defensa, *Observatorio militar para la igualdad, secretaría permanente de igualdad, informe 2020*. Disponible en: https://www.defensa.gob.es/omi/Informe-2020-evolucion-mujer-hombre-FAS. Los Cuerpos Comunes engloban a militares del Cuerpo Jurídico Militar, Cuerpo Militar de Intervención, Cuerpo de Músicas Militares y Cuerpo Militar de Sanidad (a su vez incluye a médicos, enfermeros, farmacéuticos, veterinarios, psicólogos y odontólogos).

5 Departamento de Seguridad Nacional *Operaciones y Misiones de las Fuerzas Armadas en el Exterior*. 2022. Disponible en: https://www.dsn.gob.es/es/actualidad/sala-prensa/operaciones-misiones-fuerzas-armadas-exterior

6 Ministerio de Defensa, *Observatorio militar para la igualdad, secretaría permanente de igualdad, informe 2020*. Disponible en: https://www.defensa.gob.es/omi/Informe-2020-evolucion-mujer-hombre-FAS

nes de paz, la planificación humanitaria, las operaciones de mantenimiento de la paz, la consolidación de la paz en las situaciones posteriores a un conflicto y la gobernanza[7]. Con el fallo de esta resolución se reconocía que la participación de las mujeres en la prevención y resolución de conflictos, así como en las operaciones de mantenimiento de la paz y la reconstrucción posconflicto contribuía a la construcción de sociedades más justas y equitativas. Esta Resolución subrayó la necesidad de aumentar la representación de las mujeres en todos los niveles de toma de decisiones en las instituciones y mecanismos nacionales, regionales e internacionales.

A partir de entonces se ha observado un incremento gradual en la participación de las mujeres en las operaciones de paz. En 1993, las mujeres representaban solo el 1 % del personal uniformado desplegado en misiones de paz, cifra que en el año 2020 pasó a ser del 4,8 % (7 % en 2023) en el ámbito militar y al 10,9 % (16 % en 2023) en las unidades de la policía. Una vez más se comprueba que ya no solo a nivel particular sino desde los Estados Miembros y desde las Naciones Unidas existe un interés general en facilitar la tarea de inclusión de las mujeres en los distintos estamentos y en sus diferentes roles en las tareas de mantenimiento de la paz[8].

En cuanto a la Unión Europea (UE), ésta está plenamente comprometida con la promoción e implementación de la agenda sobre Mujeres, Paz y Seguridad, tal como se describe en su Enfoque Estratégico de la UE[9] sobre Mujeres, Paz y Seguridad y su Plan de Acción, que reconoce la igualdad de género y el empoderamiento de las mujeres como un requisito previo para abordar la prevención, gestión y resolución de conflictos. Incluye actuaciones y objetivos para avanzar hacia una mayor igualdad de género, entre otros, en los puestos de responsabilidad e insta a los países a que haya participación de más mujeres en puestos de toma de decisiones, ya que tiene numerosos efectos positivos en la sociedad.

1. Contribución de las mujeres en las Operaciones de Mantenimiento de la Paz

La intervención de la mujer en las operaciones de mantenimiento de la paz ha sido un proceso evolutivo y transformador, que ha reflejado cambios significativos en la percepción y el rol de las mujeres en el ámbito militar a nivel internacional.

---

7 Resolución 1325 (2000) del Consejo de Seguridad de las Naciones Unidas sobre Mujeres, Paz y Seguridad, en la ONU. Disponible en: https://www.un.org/womenwatch/ods/S-RES-1325(2000)-S.pdf

8 United Nations Peacekeeping, 2019. Disponible en: https://peacekeeping.un.org/sites

9 *Estrategia Europea para la Igualdad de Género (2020-2025)*. https://commission.europa.eu

Las operaciones de mantenimiento de la paz de las organizaciones internacionales, como las Naciones Unidas, la Unión Europea (UE), la OTAN y la OSCE, tienen un bajo nivel de participación femenina. A pesar de los esfuerzos realizados por la UE desde 2005 para aumentar la participación de las mujeres en sus misiones.

La Carta de la Organización de Naciones Unidas (ONU) declara que el principal objetivo de la organización es proteger a las generaciones futuras de los sufrimientos de la guerra[10]. Se dio a la ONU la oportunidad de reafirmarse en estos términos al abordar las preocupaciones de seguridad puestas de manifiesto por el fin de la guerra fría, entre las que se encontraban la proliferación de armas de destrucción masiva y de armas pequeñas, el terrorismo internacional, la intensificación de las actividades paramilitares, los conflictos regionales junto al nacionalismo étnico, y el aumento del número de conflictos en general. En este contexto, el mecanismo de mantenimiento de la paz se ha convertido en el instrumento importante para la prevención y gestión de conflictos en todo el mundo, sin embargo, tuvo que someterse a una serie de adaptaciones para abordar mejor las nuevas cuestiones que surgieron en ese período.

En el período posterior a la guerra fría, el reconocimiento del cambio de la naturaleza de los conflictos puso de relieve la necesidad de abordar los conflictos no sólo en términos militares e incluyendo a varios elementos civiles. No obstante, el componente uniformado siguió siendo un elemento importante y hasta la fecha representa la mayoría del personal de las Naciones Unidas en las operaciones sobre el terreno, a pesar de la creciente importancia de los componentes civil y humanitario. Y es en este vasto y complejo escenario de las operaciones de paz donde las mujeres comenzaron a participar más y a ser consideradas aún más importantes para las misiones debido al nuevo enfoque humanitario y a las nuevas tareas que entrañan las operaciones de paz. Esta creencia se basa en la percepción esencialista de que las mujeres son intrínsecamente caritativas, cuidadoras y pacíficas y por lo tanto más aptas para tareas humanitarias.

Las mujeres han demostrado ser capaces de realizar las mismas tareas que sus homólogos masculinos, y su participación ha mejorado la eficacia general de las operaciones referenciar estas ideas, que se vea que las dicen otros. Las mujeres han contribuido a la promoción de los derechos humanos y la protección de los civiles, y han facilitado el acceso a las comunidades locales, especialmente a las mujeres y niñas, lo que ha sido crucial para el éxito de las misiones. No obstante, la representación femenina en los contingentes militares sigue siendo baja, y las mujeres a menudo se enfrentan a barreras culturales y estructurales que limitan su participación plena. Ade-

10 *Carta de las Naciones Unidas*, en Naciones Unidas, 1945. Disponible en: https://www.un.org/es/about-us/un-charter

más, la falta de recursos y apoyo adecuado puede dificultar el despliegue y la retención de mujeres en las operaciones de paz.

El desequilibrio de género en las operaciones de mantenimiento de la paz ha sido una preocupación durante muchos años. En la década de 1975-1985, el personal femenino cuestionaba los procedimientos de contratación, dominados por hombres, que favorecían a los hombres y dificultaban las oportunidades para las mujeres. En 1989, durante la Misión de la ONU en Namibia, se implementó un proceso de contratación más justo basado en las capacidades individuales, momento a partir del cual se fueron estableciendo recomendaciones para promover la igualdad de género en el mantenimiento de la paz, incluyendo medidas como la contratación, capacitación y oportunidades de liderazgo para las mujeres[11].

En 2009, antes del décimo aniversario de la Resolución 1325 del Consejo de Seguridad de las Naciones Unidas, solo el 1 % de las fuerzas de mantenimiento de la paz eran mujeres. Ante esta situación, la Policía de la ONU lanzó el Esfuerzo Mundial con el objetivo de aumentar al 20 % la presencia de mujeres policías en las operaciones para 2014. En 2015, instó al secretario general a duplicar el número de mujeres en los contingentes militares y policiales de las operaciones de mantenimiento de la paz en los próximos cinco años. En su Informe de 2017, el secretario general llamó a abordar las barreras estructurales que limitan la participación de las mujeres en los contingentes militares y civiles del mantenimiento de la paz. En 2018, se introdujo una nueva norma que establecía que los países contribuyentes de tropas perderán plazas asignadas si no alcanzan el 15 % de mujeres desplegadas como observadoras militares y oficiales de Estado Mayor[12].

Sin embargo, en la práctica, esto solo representa un pequeño número de mujeres para la mayoría de los países. A pesar de los esfuerzos y aspiraciones, el porcentaje de mujeres en las operaciones de mantenimiento de la paz ha crecido lentamente. Para el año 2028, se ha establecido de nuevo el objetivo del 15 % para la presencia de mujeres en contingentes militares y del 25 % para las observadoras militares y las oficiales de Estado Mayor. Estos compromisos no solo buscan aumentar la representación femenina, sino también garantizar que las mujeres tengan un papel significativo en la toma de decisiones y en la implementación de las misiones[13].

---

11 J.M. Fritz., «Women, peace and security: An analysis of the national action plans developed in response to UN Security Council Resolution 1325», en *Societies Without Borders*, 2009. vol 4, núm. 2, págs. 209-225.

12 R. Mayanja., «Los conflictos armados y la mujer-Décimo aniversario de la resolución 1325 del Consejo de Seguridad», en *Crónicas ONU*. 2020.

13 Departamento de Operaciones de Paz, Naciones Unidas, *Estrategia de Paridad de Género para Personal Uniformado 2018-2028*, Nueva York, 2018.

Las FAS de algunos países no permiten la presencia de mujeres en las unidades de combate, lo que reduce la cantidad de mujeres que pueden ser desplegadas en las operaciones. Además, la exclusión de las mujeres de estas unidades también les impide obtener la experiencia operativa necesaria para ser desplegadas como observadoras militares u oficiales de Estado Mayor. Como resultado, hay más mujeres desplegadas en la policía que en las FAS en las operaciones de mantenimiento de la paz de la ONU. Para abordar estos desafíos, las Naciones Unidas y los Estados Miembros han implementado diversas iniciativas y establecidos objetivos ambiciosos. La iniciativa «Esfuerzos globales» de la División de Policía de las Naciones Unidas busca reclutar más mujeres policías en los servicios de policía nacionales y en las operaciones policiales de las Naciones Unidas en todo el mundo.

2. Roles y responsabilidades

Las mujeres en las Operaciones de Mantenimiento de la Paz asumen una variedad de roles y responsabilidades que van desde la mediación y la negociación hasta la logística y la seguridad. Su presencia en el terreno no solo humaniza las misiones, sino que también facilita el acceso a comunidades que, de otro modo, podrían permanecer aisladas. Las mujeres pacificadoras actúan como enlaces cruciales entre las fuerzas de paz y las poblaciones locales, especialmente en contextos donde las normas culturales limitan la interacción entre hombres y mujeres. Las mujeres que trabajan en OMP facilitan el fomento de la confianza entre las comunidades locales, y contribuyen a que las mujeres locales cuenten con un mayor acceso y apoyo, por ejemplo, interactuando con mujeres en sociedades en las que estas no pueden hablar y tratar directamente con los hombres.

Las mujeres tienen un impacto positivo al acercarse a la población civil, reducir el uso de la fuerza letal y aumentar la legitimidad percibida por la población local. Además, se ha observado que los miembros masculinos de las fuerzas de mantenimiento de la paz que sirven en equipos mixtos más pequeños se sienten más capaces de mostrar empatía, lo que resulta crucial para el compromiso militar con la población local.

Se ha observado que las mujeres policía son más habilidosas para resolver disputas pacíficamente y tienen menos probabilidades de utilizar la fuerza en exceso. También se ha descubierto que el aumento de la proporción de mujeres en estas operaciones reduce la demanda de explotación y abusos sexuales, y genera una mayor reticencia de los hombres a violar los derechos de las mujeres[14].

---

14 D. Mazurana, P. Benelli, H. Gupta y P. Walker., «Sex and age matter: improving humanitarian response in emergencies», *Feinstein International Center*, Tufts University, 2011.

El proceso de planificación de la OTAN está diseñado para garantizar que se asignen recursos suficientes a la capacidad de participación de las mujeres, que las mujeres reciban apoyo y participen en el proceso de toma de decisiones y planificación y que se minimice el impacto de los conflictos armados sobre las mujeres y los niños en situación de riesgo en situaciones de crisis. Es una estrategia para lograr la igualdad de género mediante la evaluación de las implicaciones para hombres y mujeres en zonas de conflicto de cualquier acción planificada. Esto incluye legislación, políticas y programas en todas las áreas y a todos los niveles.

Para el mando, los ejercicios y las operaciones en el marco de la OTAN, el género se ha convertido en un elemento clave de la planificación, el mando y el control. Es esencial para la eficacia de las misiones y para que los países anfitriones puedan establecer un desarrollo sostenible en materia de seguridad, así como el crecimiento económico y el desarrollo. También ayuda a abordar retos como la protección de los derechos humanos y otros derechos para los hombres, mujeres y niños, y las preocupaciones de seguridad para las mujeres en su esfuerzo por lograr la igualdad de género. Para permitir la aplicación e integración, se cuenta con una red de asesores en cuestiones de género en la estructura de mando de la OTAN a nivel militar, estratégico, operativo y táctico, permitiendo centrarse en la perspectiva de género de las operaciones y misiones y su impacto sobre los hombres y mujeres en zonas de conflicto.

Al mismo tiempo, las mujeres que participan en OMP actúan como influyentes mentoras y modelos para las mujeres y las niñas que se encuentran en la comunidad de acogida en situaciones posteriores a conflictos, sirviéndoles de ejemplo para que defiendan sus propios derechos y desarrollen carreras profesionales no tradicionales.

3. Ejemplos de misiones exitosas con participación femenina

Un ejemplo notable donde su participación fue exitosa es la misión de la ONU en Liberia (UNMIL). Su presencia ayudó a reducir la violencia de género y a fomentar la confianza entre la población local y las fuerzas de paz. Destaca las unidades de policía formadas exclusivamente por mujeres de la India, conocidas como las «Formed Police Units» (FPUs). Estas mujeres no solo ayudaron a mantener el orden y la seguridad, sino que también sirvieron de modelo a seguir para todas aquellas mujeres locales que se sentían inspiradas a unirse a las fuerzas de seguridad.

Durante la misión de la ONU en la República Democrática del Congo (MONUSCO), las mujeres han sido parte integral de la misión. Han participado en roles de liderazgo y en el terreno, trabajando en la protección de civiles y en la promoción de los derechos humanos. Su presencia ha sido vital para abordar cuestiones de violencia de género y para fomentar la confianza entre la población local y las fuerzas de paz.

En la misión de la ONU en Chipre (UNFICYP), las mujeres han desempeñado roles importantes como observadoras militares y en roles de mediación, ayudando a facilitar el diálogo entre las comunidades divididas de la isla.

En la misión de la ONU en Sudán del Sur (UNMISS) las mujeres han trabajado en la protección de civiles, en la entrega de ayuda humanitaria y en la promoción de la paz y la seguridad. Su participación ha mejorado la eficacia de la misión y ha ayudado a crear un entorno más seguro y estable para la población local.

Otro caso destacado es la misión en Timor Oriental, donde las mujeres desempeñaron un papel fundamental en la reconstrucción del tejido social posconflicto. A través de programas de empoderamiento y educación, lograron establecer un ambiente de estabilidad y progreso, demostrando que la paz no es solo la ausencia de conflicto, sino también la presencia de justicia y equidad.

En el ámbito de la Unión Europea también se pueden citar algunos ejemplos. Tal es el caso de la Operación Atalanta, para combatir la piratería en el Cuerno de África, donde estuvieron desde la planificación estratégica hasta la ejecución en el terreno. Mención especial merece la comandante española Eva López con su participación en varias misiones de patrullaje y protección de buques mercantes.

En Bosnia y Herzegovina, la misión EUFOR Althea, las mujeres han trabajado en roles de observación y enlace, así como personal sanitario de atención primaria, facilitando la comunicación entre las fuerzas de paz y las comunidades locales, durante y después del conflicto.

Y por contemplar todos los posibles escenarios, en el ámbito OTAN, se encuentran entre otras la misión en 2009 ISAF en Afganistán que adoptó una estrategia centrada en la población, reconociendo a las mujeres afganas como facilitadores fundamentales. El objetivo del Mando Conjunto de la ISAF era apoyar los esfuerzos del Gobierno por incorporar las políticas de género sin obtener demasiado éxito. Por otro lado, la ley tampoco se pudo aplicar adecuadamente debido a la falta de funcionarias cuya presencia era fundamental para ayudar a las mujeres víctimas de delitos. El Gobierno, con el apoyo de la ISAF, asesores internacionales y donantes, intentó abordar este problema creando unidades especializadas en las comisarías llamadas Unidades de Respuesta a la Familia, para estar a cargo de mujeres agentes para ayudar a las víctimas del delito. Sin embargo, su eficacia estuvo obstaculizada por la falta de funcionarias en estos puestos.

En Kosovo, la misión KFOR ha visto una creciente participación femenina. La general de brigada estadounidense Marti Bissell fue la primera mujer en comandar el Cuartel General de la OTAN en Sarajevo, Bosnia y Herzegovina, y ha desempeñado un papel crucial en la misión KFOR, trabajando en la estabilización y seguridad de la región.

Las mujeres aportan habilidades de comunicación y resolución de conflictos que son esenciales para la mediación y la reconciliación. Asimismo, su capacidad para empatizar y comprender las necesidades de las comunidades afectadas permite una implementación más efectiva de los programas de ayuda y desarrollo. La diversidad de perspectivas y experiencias en los equipos de paz enriquece las estrategias y soluciones, haciendo que las operaciones sean más inclusivas y sostenibles. A medida que avanzamos hacia un mundo más equitativo, es esencial reconocer y apoyar el papel crucial que las mujeres desempeñan en la construcción de una paz duradera.

III. Barreras y desafíos: obstáculos históricos y actuales

Las relaciones entre hombres y mujeres en las FAS siempre han reflejado a la sociedad civil a la que pertenecen. En muchos aspectos reflejan las culturas de las sociedades en que existen. Esto se debe en gran parte al hecho de que los militares, como otras organizaciones, dependen de la sociedad en general para obtener los recursos personales. Por lo tanto, sólo es eficaz en la medida en que responde a las demandas de los diversos grupos interesados en sus actividades. Por otro lado, en el ejército está bien definido cuál es su objetivo principal, la defensa nacional. Hoy en día estamos siendo testigos del cambio en las normas de género, las mujeres han desarrollado una voz política fuerte que ha movido a las sociedades más hacia la igualdad de género. En España, los cambios legislativos han llevado progresivamente a que la mujer pueda ocupar todos los puestos militares, incluidos los de combate. Se puede afirmar que estas políticas no habrían sido adoptadas si no hubieran estado en consonancia con los cambios ocurridos en la sociedad civil.

Hay varias situaciones que crean obstáculos a la plena integración de las mujeres en el ejército a nivel mundial. En su mayor parte, el problema de la integración femenina tiene sus raíces en las normas culturales. Entre muchas preocupaciones se encuentra la baja propensión de las mujeres a unirse al ejército, ya no solo a nivel nacional si no en general en el resto de los países. Otra cuestión fundamental es la segregación por sexo en las profesiones militares. Aunque todos los puestos militares en España están abiertos a las mujeres, éstas siguen concentrándose en trabajos administrativos, sanitarios y de apoyo. Esto contrasta con los hombres, que son más propensos a estar en la infantería, las operaciones tácticas y el mantenimiento de los equipos. Las mujeres están insuficientemente representadas en los puestos de promoción de la carrera militar.

Otro aspecto que influye en la incorporación de las mujeres en las FAS es el acoso sexual. Afortunadamente, con el paso de los años, se han creado herramientas y procedimientos para que las mujeres puedan denunciar cualquier acto de abuso o de agresión por algún militar. Se ha avanzado mucho, no obstante, el último informe presentado por el Observatorio de la vida militar, una institución colegiada que rinde cuentas ante las Cortes Generales[15], refleja que son insuficientes.

Los miembros de las FAS han expresado resentimiento hacia el doble rasero entre hombres y mujeres en este estamento. Los soldados varones han mostrado en numerosas ocasiones preocupación y malestar por la desigualdad estructural en lo que respecta al género. Los hombres se han visto afectados por situaciones de género como un problema personal, ya que por lo general se oponían a que las políticas aplicaran dos criterios distintos en relación con los hombres y las mujeres. Es decir, se exigen las mismas condiciones a las mujeres y hombres en cuanto a derechos y reconocimiento dentro de la empresa, pero no eran iguales en su rendimiento o contribución a la unidad. Un ejemplo de ello es que a las mujeres militares se les exigen diferentes niveles de aptitud física que los hombres en las pruebas de acceso al Ministerio de Defensa.

Los temas mencionados anteriormente son sólo algunos de aquellas cuestiones relativas a la integración de género, pero podrían incluirse las relacionadas con la maternidad o el cuidado de los hijos. Los planes estratégicos para fortalecer los planes de atención familiar para padres y hacerlos más aptos para el despliegue merecen un debate serio.

Desde un punto de vista más global, en las últimas décadas, se ha observado una preocupante transición de conflictos internacionales a locales, acompañada por un alarmante incremento de la violencia de género contra la población civil. Los líderes de las operaciones se enfrentan a un desafío creciente: abordar eficazmente estos ataques basados en el género. Para enfrentar este aspecto de los conflictos modernos, es crucial entender cómo se perciben las diferencias de género a nivel local, identificar dónde se abusa de estas diferencias y establecer un entorno seguro para todos, sin importar su género. Este enfoque debe integrarse completamente en las operaciones, desde la fase de planificación hasta la conclusión de la misión.

Para desafiar de manera efectiva tanto el enfoque global como el de género, es esencial mantener una mente abierta al interactuar con todas las personas involucradas y afectadas por el conflicto que aprovechen su amplia gama de habilidades y conocimientos para combatir la violación sistemática de los derechos humanos, sin desviar la mirada. Hay que fomentar la importancia de reconocer y diferenciar las variadas necesidades y perspectivas de seguridad de hombres y mujeres en una zona de misión, asunto crucial para incrementar la eficacia operativa y mejorar la seguridad general. Este enfoque no

15 Ley Orgánica 9/2011, de Derechos y deberes de los miembros de las Fuerzas Armadas. Boletín Oficial del Estado, 28, págs. 85320-85345.

solo asegura que las intervenciones sean más inclusivas y equitativas, sino que también fortalece la cohesión y la confianza entre la población local y las fuerzas de misión, creando un entorno más seguro y estable para todos[16].

Es perentorio adoptar una perspectiva integral de los Derechos Humanos, haciendo hincapié en el Sistema Jurídico Internacional. Este enfoque no solo garantiza que las acciones se alineen con las normas y principios globales, sino que también refuerza la legitimidad y la justicia en cada decisión tomada. El Sistema Jurídico Internacional proporciona un marco robusto que guía la conducta de los estados y actores no estatales, asegurando que se respeten los derechos fundamentales de todas las personas. Instrumentos como la Declaración Universal de los Derechos Humanos, los Convenios de Ginebra y los tratados internacionales sobre derechos civiles y políticos, establecen estándares claros que deben ser observados en todas las operaciones. Al adherirse a estos principios, se promueve un entorno de respeto y dignidad humana, esencial para la estabilidad y la paz duradera[17].

Desde el punto de vista del planeamiento de operaciones, es esencial destacar cómo los líderes deben tomar decisiones más informadas y prudentes. Al integrar consideraciones de derechos humanos en el proceso de planificación, se asegura que las operaciones no solo sean tácticamente efectivas, sino también éticamente responsables. Esto, a su vez, contribuye a la creación de un entorno más estable y seguro, donde se respeten y protejan los derechos de todas las personas involucradas.

Además, es fundamental reconocer que un enfoque basado en la integración de género no solo beneficia a la población local, sino que también fortalece la cohesión y la moral de las fuerzas operativas. Al promover la justicia y la equidad, se fomenta un clima de confianza y cooperación, lo que resulta en operaciones más eficientes y exitosas. En última instancia, integrar los derechos humanos en el planeamiento operativo no es solo una cuestión de ética, sino una estrategia clave para lograr una paz duradera y sostenible.

El respeto y la aplicación del Sistema Jurídico Internacional en el contexto de las operaciones militares y de gestión de crisis no solo legitiman las acciones de los actores involucrados, sino que también sirven como un pilar fundamental para la construcción de sociedades más justas y equitativas. Este enfoque holístico asegura que cada paso dado en el proceso de planeamiento y ejecución esté alineado con los valores universales de derechos humanos, creando así un impacto positivo y duradero en las comunidades afectadas.

16 EGNELL, R., «Gender Perspectives and Military Effectiveness: Implementing UNSCR 1325 and the National Action Plan on Women, Peace, and Security», en *PRISM*, 2016, vol. 6, núm. 1, págs. 72–89.

17 E. WET, y J. KLEFFNER., *Convergence and conflicts of human rights and international humanitarian law in military operations*, Pretoria University Law Press (PULP), 2014.

En el ámbito estructural, la integración de las mujeres ha requerido cambios significativos en las políticas y prácticas de las FAS La implementación de medidas de igualdad de género, como la creación de unidades mixtas y la promoción de mujeres a puestos de mando, ha sido crucial. No obstante, estos cambios no siempre han sido suficientes para superar las barreras invisibles que persisten. La cultura organizacional, a menudo impregnada de valores y normas tradicionales, puede dificultar la plena integración y el desarrollo profesional de las mujeres.

Un aspecto no menos importante a considerar es el impacto de la formación y la educación en la integración de las mujeres. Las academias militares y los programas de formación han comenzado a incorporar módulos específicos sobre igualdad de género y liderazgo inclusivo. Estas iniciativas no solo preparan mejor a las mujeres para enfrentar los desafíos de la carrera militar, sino que también sensibilizan a todos los compañeros sobre la importancia de la igualdad y el respeto mutuo.

Asimismo, la representación de las mujeres en los medios de comunicación y en la cultura popular juega un papel crucial. La visibilidad de mujeres militares en películas, series y documentales contribuye a normalizar su presencia y a inspirar a futuras generaciones. Historias de éxito y testimonios de mujeres que han superado obstáculos y alcanzado altos rangos en las FAS sirven como modelos a seguir y refuerzan la idea de que el género no debe ser una barrera para el servicio militar.

IV. Conclusiones

Tanto en el ámbito civil como en el militar se puede observar la preocupación de nuestros líderes en crear tanto un marco normativo como buscar iniciativas para que la participación ciudadana sea lo más equitativa y respetuosa posible. Los organismos europeos e internacionales han desarrollado programas y políticas específicas relacionadas con la inclusión entre su contenido de la perspectiva de género. En España, la normativa jurídica nacional ha avanzado en la promoción de la igualdad de género. Las estadísticas recientes indican un aumento en la participación femenina, aunque aún queda mucho por hacer. Es por ello por lo que se necesita la perseverancia y colaboración de entidades como Observatorio de Igualdad de la Universidad Isabel I que suscita la elaboración de este artículo, pudiendo difundirse ante un elenco tan exquisito y con tanta repercusión como es el universitario.

Hace ya treinta y seis años desde que se incorporó la primera mujer en las FAS y todavía el porcentaje actual de mujeres entre sus filas no supera el 13,1 % según el informe anual de 2023, facilitado por la secretaría permanente de igualdad. Cifra que manifiesta que queda mucho por hacer. Y la cuestión ya no es solo en cómo conseguir que ingresen, además hay que estudiar cómo hacer posible que permanezcan, ya que, entre otros factores, la finalización del contrato o la dificultad para conciliar la vida familiar y laboral no lo ponen fácil.

Parece evidente que hay que sensibilizar a la sociedad desde la creación de campañas de captación donde se ponga de manifiesto el papel de la mujer en las FAS en posiciones destacadas y atractivas poniendo en relieve que se puede desempeñar un papel importante en esta organización. Además, hay que continuar con la senda de favorecer la conciliación familiar facilitando esa interacción entre la vida profesional y familiar con horarios flexibles, licencias de maternidad y paternidad ampliadas, y seguir con medidas como la creación de guarderías en las bases militares.

En cuanto a las infraestructuras, el material e instalaciones deben garantizar la inclusión y adecuación a las mujeres. Los uniformes, equipos y material deben estar diseñados desde el punto de vista que no excluya a la mujer. Simultáneamente, hay que seguir con la normativa de igualdad y prevención frente al acoso. España tiene un sistema que garantiza su situación, pero se debe estar vigilante y promover su transparencia y efectividad. También se pueden crear sistemas de mentorías y apoyo entre mujeres en las FAS para fomentar la captación, retención y promoción de talento femenino, en similitud a como se hace en algunas empresas en el sector privado. Ofreciendo así visibilidad de mujeres en posiciones de liderazgo como posible fuente de inspiración a otras mujeres a seguir la carrera militar.

Es importante documentar y difundir buenas prácticas internacionales que han demostrado ser efectivas para aumentar la participación de las mujeres en este ámbito. Estas prácticas incluyen la implementación de políticas de igualdad de género, el reclutamiento activo de mujeres, programas de formación específicos para mujeres, la implementación de medidas para garantizar la seguridad y protección de las mujeres en el campo, y la promoción de mujeres a posiciones de liderazgo.

Desde una perspectiva cultural, uno de los principales obstáculos ha sido la persistencia de estereotipos de género. Durante mucho tiempo, la imagen del soldado ha estado asociada a la figura masculina, valiente y fuerte, mientras que las mujeres eran vistas como cuidadoras y relegadas a roles secundarios. Este imaginario colectivo ha influido en la percepción pública y en la autoimagen de las propias mujeres, limitando su interés y participación en las FAS. Sin embargo, con el avance de los movimientos feministas y la creciente visibilidad de mujeres en roles de liderazgo, estos estereotipos están siendo desafiados y redefinidos. Conjuntamente, la conciliación de la vida laboral y familiar sigue siendo un desafío importante. Las exigencias de disponibilidad y movilidad propias de la carrera militar pueden ser particularmente difíciles de gestionar para las mujeres, quienes, en muchos casos, siguen asumiendo una mayor carga en las responsabilidades domésticas y de cuidado.

Así las cosas, se podría decir que con la inclusión de mujeres en las FAS se han conseguido mejoras en varios aspectos clave, pero es necesario continuar trabajando y no bajar la guardia para eliminar las barreras que aún persisten y garantizar una verdadera igualdad de oportunidades para todos los miembros de las FAS, abordando tanto factores culturales como estructurales. Solo así se podrá construir una institución más inclusiva, justa y representativa de la sociedad a la que sirve.

V. Apéndice bibliográfico

Comisión Europea, *Estrategia para la Igualdad de Género 2020-2025*, 5 de marzo de 2020. Disponible en: https://commission.europa.eu

Departamento de Operaciones de Paz, Naciones Unidas, *Estrategia de Paridad de Género para Personal Uniformado 2018-2028*, Nueva York, 2018.

Egnell, R., «Gender Perspectives and Military Effectiveness: Implementing UNSCR 1325 and the National Action Plan on Women, Peace, and Security». *PRISM*, 2016, 6(1), págs. 72–89. http://www.jstor.org/stable/26470433

Fritz, J. M., «Women, peace and security: An analysis of the national action plans developed in response to UN Security Council Resolution 1325», *Societies Without Borders*, 2009. 4(2), págs. 209-225.

Ley 17/1999, de 18 de mayo, de Régimen del Personal de las Fuerzas Armadas, en BOE núm. 119, de 19 de mayo de 1999, páginas 18751 a 18797.

Ley Orgánica 1/1984, de 5 de enero, de reforma de la Ley Orgánica 6/1980, de 1 de julio, por la que se regulan los criterios básicos de la defensa nacional y la organización militar, en BOE núm. 6, de 7 de enero de 1984, páginas 389 a 390.

Ley Orgánica 9/2011, de Derechos y deberes de los miembros de las Fuerzas Armadas. Boletín Oficial del Estado, 28, 85320-85345. Disponible en: https://www.boe.es/buscar/act.php?id=BOE-A-2011-12961

Mayanja, R., «Los conflictos armados y la mujer-Décimo aniversario de la resolución 1325 del Consejo de Seguridad», *Crónicas ONU*, 2020.

Mazurana, D., Benelli, P., Gupta, H. y **Walker P.**, «Sex and age matter: improving humanitarian response in emergencies», *Feinstein International Center*, Tufts University, 2011.

Ministerio de Defensa:

- *Mujeres en las Fuerzas Armadas, informe anual del OMI*, 26/04/2024. Disponible en: https://www.defensa.gob.es/Informe_2023_de_evolucion_de_la_mujer_en_las_FAS.pdf

- *Observatorio militar para la igualdad, secretaría permanente de igualdad, informe 2020*. Disponible en: https://www.defensa.gob.es/omi/Informe-2020-evolucion-mujer-hombre-FAS

- *Observatorio militar para la igualdad, secretaría permanente de igualdad, informe 2023*. Disponible en: https://working.mde.es/Galerias/ministerio/organigramadocs/omi/20240408-Informe_2023_de_evolucion_de_la_mujer_en_las_FAS.pdf

Naciones Unidas, *Carta de las Naciones Unidas*, 1945. Disponible en: https://www.un.org/es/about-us/un-charter

Real Decreto-ley 1/1988, de 22 de febrero, por el que se regula la incorporación de la mujer a las Fuerzas Armadas, en BOE núm. 46, de 23 de febrero de 1988, página 5672.

Resolución 1325 (2000) del Consejo de Seguridad de las Naciones Unidas sobre Mujeres, Paz y Seguridad, en la ONU. Disponible en: https://www.un.org/womenwatch/ods/S-RES-1325(2000)-S.pdf.

United Nations Peacekeeping:

- 2019. Disponible en: https://peacekeeping.un.org

- *Summary of Troop Contributions to UN Peacekeeping Operations by Mission, Post and Gender*, 2019. Disponible en: https://peacekeeping.un.org/sites/default/files/7_gender_report.pdf

Wet, E. y **Kleffner, J.**, *Convergence and conflicts of human rights and international humanitarian law in military operations*, Pretoria University Law Press (PULP), 2014.

CAPÍTULO 7

LA INTEGRACIÓN DE LAS MUJERES EN LAS FUERZAS ARMADAS ESPAÑOLAS SEGÚN LOS ÍNDICES DE SEGREGACIÓN OCUPACIONAL

Carlos García de Paredes Ucero
Doctorando en Seguridad Internacional (UNED)

I. Introducción

35 años después de la incorporación de las primeras mujeres en las Fuerzas Armadas (FF. AA.) españolas, los sucesivos cambios legislativos han construido un completo marco legal que permite a las mujeres ingresar en cualquier cuerpo y escala, servir en todo tipo de unidades y compatibilizar la vida familiar y personal con sus obligaciones profesionales.

A pesar de la eliminación de las barreras legales, lo cierto es que, a día de hoy, las FF. AA. siguen siendo una institución mayoritariamente masculina, en los que los diferentes aspectos de la integración femenina avanzan a distintas velocidades. La proporción de mujeres se ha estancado en un 13 % y el acceso a los puestos de mayor relevancia se abre paso a ritmo aún lento. Parece que la inercia de una visión del mundo andro-centrista, presente en distintos ámbitos del mundo civil, se transfiere al militar y dificulta la total integración de las mujeres un sector que la sociedad, los mandos e incluso las propias mujeres (de forma subconscientemente aceptada) consideran más adecuadas para los varones. Al ser las FF. AA. una institución de servicio público que realiza unas misiones relevantes es obvio el interés de analizar la evolución del grado de integración de las mujeres en este estamento.

Anualmente, el Observatorio Militar para la Igualdad del Ministerio de Defensa (MINISDEF), publican estadísticas en las que se desglosa la participación por sexos en los distintos cuerpos y escalas de las FF. AA. Aunque los datos oficiales muestran una desigual distribución de las mujeres entre los distintos ejércitos y cuerpos, así como una infra representación en los empleos más altos, dichas estadísticas son meramente descriptivas y no indagan en los motivos que causan las aparentes segregaciones horizontal y vertical.

Dichas estadísticas, así como las publicaciones del propio MINISDEF, son las fuentes habituales para otros medios de comunicación y artículos académicos. A la hora de analizar la integración real de la mujer en las FF. AA. españolas, parece difícil encontrar referencias que sean ajenas al propio MINISDEF y que utilicen índices objetivos y verificables. Los referentes habituales para evaluar dicha evolución y ratificar el progreso han sido la evolución del porcentaje femenino del total de efectivos, la ocupación de puestos relevantes y el ascenso a los empleos de mayor jerarquía. Esta narrativa, mantenida por los medios de comunicación, podría no ofrecer una imagen real y objetiva de la integración real de las mujeres, desde un punto de vista holístico.

El presente trabajo tiene como objeto estudiar la integración real de las mujeres en las FF. AA. españolas teniendo en cuenta una metodología integral que contemple la segregación ocupacional dentro de la especificidad del mundo castrense, esto es, su compleja distribución en cuerpos y escalas, los sistemas de ascenso y promoción profesional y cualquier otro factor del desarrollo de carrera que pueda afectar a la eficacia y veracidad de la medición.

Para dar respuesta a esta necesidad, se hace necesario analizar desde un punto de vista crítico, los estudios que, hasta la fecha, han intentado ofrecer una explicación objetiva y cuantificable de la integración de las mujeres en las FF. AA. españolas, para determinar si los procedimientos utilizados están exentos de sesgos o, por el contrario, se pueden abrir nuevas líneas de investigación para permitir un cálculo más preciso y veraz. Para ello, es necesario establecer previamente un marco teórico que aborde tanto la segregación ocupacional como el marco normativo de la incorporación femenina a las FF. AA. españolas y la legislación sobre el régimen de ingreso, promoción y ascensos.

II. Marco teórico

1. La segregación ocupacional

Durante siglos, la visión androcentrista ha creado un sistema social en el que existe una distribución asimétrica del poder entre hombres y mujeres. Esta asimetría produce desigualdades de género que se manifiestan a través de numerosos ámbitos: cultural, religioso, económico, laboral, comunicativo, etc.[1]. En lo relativo al ámbito laboral, el papel de las mujeres ha estado tradicionalmente restringido a las tareas del hogar, la agricultura y los cuidados asistenciales. Este rol fue visto como una extensión de las responsabilidades domésticas y familiares, de modo que su trabajo no era considerado «formal» ni remunerado en la misma medida que el de los hombres[2].

Con la llegada de la Revolución Industrial, se abrió la puerta para que las mujeres participaran en otros sectores productivos, aunque de manera limitada y en trabajos de menor estatus y salario[3]. En el siglo XX, a causa de las necesidades de mano de obra durante y tras las guerras mundiales, se produjo la paulatina incorporación de las mujeres a diversos sectores productivos tradicionalmente dominados por hombres.

Tras la normalización y proliferación del acceso de la mujer al mercado laboral en la segunda mitad del siglo XX, numerosos autores comenzaron a estudiar las causas y consecuencias de la segregación ocupacional, esto es, la desigual distribución de hombres y mujeres en el mercado laboral.

HARTMANN analizó cómo el patriarcado y el sistema capitalista han reforzado las divisiones de género en el trabajo, argumentando que la segregación no solo es una cuestión económica, sino también de poder y control social[4]. En la década de los 90, Goldin aportó un enfoque histórico y económico al análisis de la segregación ocupacional, examinando cómo la participación femenina en el mercado laboral ha sido moldeada por factores económicos, sociales y educativos a lo largo del tiempo[5].

---

1 Jorge FLETA y Pan FANG «Análisis de la incorporación de la mujer a las Fuerzas Armadas en España 2009-2016», en *Revista de Pensamiento Estratégico y Seguridad CISDE*, vol. 4, núm. 1. 2019, págs. 11-22.

2 María Antonia RIBAS BONET, *Desigualdades de género en el mercado laboral: un problema actual*, DEA Working Papers 6, Universitat de les Illes Balears, Departamento de Economía Aplicada, 2004.

3 Janet YELLEN. «The History of Women's Work and Wages and How It Has Created Success for Us All», en *Brookings*, 2020.

4 Heide HARTMANN. «Capitalism, Patriarchy, and Job Segregation by Sex», en *Signs*, vol. 1, núm. 3, 1981, págs. 137-170.

5 Claudia GOLDIN. «Understanding the Gender Gap: An Economic History of American Women», *Oxford University Press*, 1990.

RICHARD ANKER es una de las principales referencias en el estudio de la segregación ocupacional. Su análisis[6] se centra en la distribución desigual de hombres y mujeres en el trabajo, destacando los efectos negativos de los estereotipos de género en la estructura económica y la igualdad de oportunidades. Por su parte, Reskin investigó profundamente la discriminación de género en el lugar de trabajo y cómo las políticas de acción afirmativa han afectado la representación femenina en distintas ocupaciones[7].

BLAU y KAHN examinaron las diferencias salariales por género en los Estados Unidos para explicar cómo los factores económicos y culturales se combinan para perpetuar las diferencias en los ingresos entre hombres y mujeres[8]. En España, podemos hallar estudios similares como por ejemplo los de GONZÁLEZ y SIERRA[9].

Todos los autores citados coinciden en señalar las dos vertientes de la segregación ocupacional. La horizontal, consistente en la ocupación de distintos tipos de trabajo según el sexo, y la vertical, que provoca el desigual reparto de los puestos de responsabilidad en las empresas u organizaciones jerarquizadas.

1.1. La segregación horizontal

La segregación horizontal es una característica persistente en todos los mercados laborales y se debe en gran parte a estereotipos socio-sexuales que asignan ciertos trabajos a un género u otro. Estos estereotipos afectan las preferencias laborales de hombres y mujeres, y están moldeados por expectativas sociales que perpetúan la división entre ocupaciones «femeninas» y «masculinas» según ANKER[10].

Ello produciría una distribución desigual de hombres y mujeres en diferentes sectores ocupacionales, que conduciría a que las mujeres se concentren en ocupaciones asociadas a roles de cuidado, enseñanza, y servicios, mientras que los hombres predominan en sectores como la tecnología, la ingeniería y la construcción[11].

---

6 ANKLER. «La segregación profesional entre hombres y mujeres: repaso de las teorías», en *Revista Internacional del Trabajo*, vol. 116, núm. 3, 1997, págs. 343-370.

7 Bárbara RESKIN. «The Realities of Affirmative Action in Employment», *American Sociological Association*, 1998

8 Francie D. BLAU, M Khan LAWRENCE, «Gender Differences in Pay», en *Journal of Economic Perspectives*, vol. 14, núm. 4, 2000, págs. 75-99.

9 Pilar GONZÁLEZ y Patrocinio SIERRA. *Desigualdad salarial y segregación ocupacional: un análisis empírico en España*, 2004.

10 *Vid. Op. cit.* Pilar GONZÁLEZ y Patrocinio SIERRA. *Desigualdad salarial y segregación ocupacional: un análisis empírico en España*, 2004.

11 Nazaret GALLEGO MORÓN y Estrella MONTES LÓPEZ. «La participación de las mujeres en el Cuerpo Nacional de Policía y en el personal militar en España», en *Cuestiones de género: de la igualdad y la diferencia*, núm. 13, 2018, págs. 67-88.

A la hora de buscar una causa, los factores que perpetúan la segregación ocupacional son múltiples y complejos. Entre ellos, se pueden encontrar los siguientes:

- Los estereotipos de género y normas sociales que asignan distintos roles a mujeres y hombres[12 / 13].
- La educación, que influyen significativamente en la elección de carreras y ocupaciones, dirigiendo a las mujeres hacia sectores menos técnicos y peor remunerados[14].
- La dedicación de las mujeres al cuidado de la familia y las responsabilidades domésticas, que les orientan a trabajos a tiempo parcial u otros que les permiten la conciliación de la vida familiar y profesional[15].
- Los estereotipos de los empleadores a la hora de juzgar la capacitación para el trabajo de los candidatos masculinos y femeninos[16].

La medición objetiva de este fenómeno se puede realizar mediante el cálculo de varios índices, de los cuales el más usual es el índice de disimilitud de Duncan y Duncan. Representa la proporción de personas de un grupo (hombres o mujeres) que tendría que cambiar de ocupación para que hubiera una distribución equitativa entre ambos géneros en todas las ocupaciones.

$$D = \frac{1}{2} \sum_{i=1}^{n} |m_i - w_i|,$$

Donde «Mi» es la proporción de hombres en la ocupación y «Wi» es la proporción de mujeres en la ocupación. Valores más cercanos a 1 indican mayor segregación, mientras que valores cercanos a 0 indican mayor igualdad, según FLETA y PAN[17].

12 *Vid. op. cit.* María Antonia RIBAS BONET, *Desigualdades de género en el mercado laboral: un problema actual*. 2004.

13 Pilar DE LUIS CARNICER y Silvia VICENTE OLIVA, «La oferta de trabajo como fuente de la segregación por sexo: el caso de España», en *Aequalitas: Revista jurídica de igualdad de oportunidades entre mujeres y hombres*, núm. 21, 2007, págs. 64-74.

14 Ángela CASTAÑO PEÑA. *Segregación laboral por cuestión de género*, Universidad de Oviedo, 2020.

15 Catherine HAKIM. «Key Issues in Women's Work: Female Heterogeneity and the Polarisation of Women's Employment», *Routledge-Cavendish*, 2004.

16 María José GONZÁLEZ, Clara CORTINA y Jorge RODRÍGUEZ. «The Role of Gender Stereotypes in Hiring: A Field Experiment», en *European Sociological Review*, vol. 35, núm. 2, 2019, págs. 187-204

17 *Vid. op. cit.* María José GONZÁLEZ, Clara CORTINA y Jorge RODRÍGUEZ. «The Role of Gender Stereotypes in Hiring: A Field Experiment», en *European Sociological Review*, vol. 35, núm. 2, 2019, págs. 187-204.

1.2. La segregación vertical

Las barreras estructurales y sociales que enfrentan las mujeres en el mercado laboral causan una desigual representación en los puestos de responsabilidad de las empresas y las organizaciones jerarquizadas. La Organización Internacional del Trabajo (OIT) la define como «aquellas limitaciones que tiene la mujer para alcanzar puestos más altos y remunerados, es decir, puestos que en la mayoría de los casos son ocupados por hombres». Su medida objetiva es el índice de segregación vertical o «índice de techo de cristal» (ITC), que permite medir la representación de la mujer en los puestos de responsabilidad de organizaciones jerarquizadas de manera objetiva y ratificar la existencia del llamado «techo de cristal», definido por MARILYN LODEN como «*Las barreras invisibles que limitan a las mujeres su ascenso a posiciones directivas*»[18].

Esta expresión continúa vigente con muy pocos cambios. Así, el Instituto Europeo para la Igualdad de Género define el techo de cristal como: «*Los obstáculos artificiales y barreras invisibles que impiden que las mujeres lleguen a puestos más altos en el organigrama de la empresa, ya sea pública o privada y sea cual sea el* ámbito»[19].

La descripción del techo de cristal parece algo intuitiva: una barrera de acceso a una posición superior en la escala laboral, caracterizada como «de cristal», porque es posible ver a través de ella a quienes la han cruzado, pero insuperable para las mujeres[20].

Algunos indicios de que puede existir un techo de cristal son los siguientes[21]:

- Mayores diferencias salariales entre mujeres y hombres, en los niveles más altos.
- Menor probabilidad de ascenso en los niveles más altos.
- Menor proporción de ascensos femeninos respecto a los masculinos.
- Menor proporción de mujeres en los niveles superiores.

No obstante lo anterior, se han definido cuatro criterios para que una falta de igualdad pueda ser considerada un techo de cristal: la desigualdad no

18 Marylin LODEN. *Feminine Leadership, or How to Succeed in Business Without Being One of the Boys*, Times Books, Londres, 1987.

19 Instituto Europeo para la Igualdad de Género. https://eige.europa.eu/publications-resources/thesaurus/terms/1099?language_content_entity=es

20 Nazaret GALLEGO-MORÓN, Mauricio MATUS-LÓPEZ y Lina GÁLVEZ-MUÑOZ. «Revisión sistemática de la literatura sobre el fenómeno del techo de cristal en las universidades españolas», en *Revista Iberoamericana de Educación Superior* (RIES), vol. XI, núm. 31, 2020, págs. 130-149.

21 María Paz ESPINOSA y Eva FERREIRA, «Gender implicit bias and glass ceiling effects», en *Journal of Applied Economics*, vol. 25, núm.1, 2022, págs. 37-57

debería explicarse por otras características relevantes del puesto, como cualificaciones, experiencia, etc.; debería ser mayor en los niveles más altos de la jerarquía organizacional que en los niveles más bajos: debe estar relacionada con el avance a niveles más altos de la organización; y debe aumentar con el curso de la carrera[22].

No parece existir una única causa que construya, por sí sola, esta barrera invisible. Se han definido, en general, cuatro grupos de factores que contribuyen al establecimiento de un TDC: factores individuales, organizacionales, relacionados con políticas: y factores sociales y culturales[23].

La existencia de segregación vertical puede ser corroborada mediante el cálculo del «índice de techo cristal» (ITC), que cuantifica la proporción del conjunto de mujeres que asciende a la máxima categoría de su profesión, en proporción a los hombres que ascienden a la misma posición. Su fórmula es la siguiente:

$$\text{Índice del Techo de Cristal (ITC)} = \frac{\dfrac{\sum_{i=1}^{N} Mujeres}{Mujeres_{Max.Categoria}}}{\dfrac{\sum_{i=1}^{N} Hombres}{Hombres_{Max.Categoria}}}$$

El ITC alcanza valores entre 0 e infinito. Mientras que un valor de 1 indica que no existen dificultades en la promoción de hombres y mujeres, valores por encima de 1 indicarían que existe un techo de cristal para el ascenso femenino, mientras que un valor por debajo de 1 indicaría una sobrerrepresentación femenina en los puestos de mayor relevancia. Por su parte, el ITC progresivo (ITCP) puede ser calculado de forma análoga, para medir la dificultad de ascender a un escalón desde el inmediato inferior.

2. Marco normativo castrense

La integración de las mujeres en las FF. AA. españolas se ha desarrollado de manera progresiva y ha necesitado la constitución de un marco normativo que incluye normas a todos los niveles. En el año 1988, el RD-Ley 1/1988, de 22 de febrero, permitió el acceso a los CCD y varios cuerpos de ingenieros. Al año siguiente, la Ley 17/1989, de 19 de julio, Régimen del Personal Militar Profesional, permitió el acceso a las escalas de oficiales y suboficiales.

---

22 David COTTER, Joan HERMSEN y Reeve VANNEMAN. «The Glass Ceiling Effect», en *Social Forces,* vol. 80, núm. 2, 2001, págs. 655-681.

23 Mansi MAHESHWARI y Usha LENKA. «An integrated conceptual framework of the glass ceiling effect», en *Journal of Organizational Effectiveness: People and Performance*, 2022.

Tres años después, el RD. 984/1992, de 31 de julio, Reglamento de Tropa Y Marinería profesionales, permitió el acceso a la escala de tropa y marinería, aunque con limitaciones para ocupar ciertos destinos. Esto último fue subsanado mediante la Ley 17/1999, de 18 de mayo, Régimen del Personal de las FAS, que permitió el acceso de las mujeres a todos los destinos, en igualdad con sus compañeros varones. Esta Ley estuvo en vigor ocho años, hasta la entrada en vigor de la Ley 39/2007, de la carrera Militar. Esta última, y las numerosas normas de rango inferior que la desarrollan, incluyen multitud de apartados no sólo para asegurar la total igualdad de oportunidades sino para permitir la conciliación de la vida familiar y profesional, tanto a los hombres como a las mujeres militares. Además, se actualizó numerosa normativa para incluir disposiciones contra la discriminación y el acoso, o bien para facilitar la conciliación de la vida familiar, como son: reales ordenanzas para las FF. AA., medidas de protección de la maternidad en el ámbito de la enseñanza de las Fuerzas Armadas, reglamento de destinos del personal militar, ley de derechos y deberes, régimen disciplinario, régimen de vacaciones, permisos, reducciones de jornada y licencias de los miembros de las FF. AA., reglamento de adquisición y pérdida de la condición de militar y situaciones administrativas de los militares, normas sobre la jornada y el régimen de horario habitual, reglamento de ordenación de la enseñanza de formación, reglamento de ingreso y promoción, etc.

Además de lo anterior, el MINISDEF ha publicado un Protocolo de actuación frente al acoso profesional y una Guía de aplicación de las medidas de conciliación que se actualiza anualmente.

Para entender con profundidad la casuística sobre segregación horizontal y vertical en las FF. AA., es necesario tener en cuenta una serie de normas que regulan los procedimientos de ingreso, promoción y ascensos en las FF. AA.

2.1. Normativa sobre ingreso y promoción

Existen tres categorías profesionales, y cada una requiere un nivel distinto de titulación: tropa y marinería (ESO), escala de suboficiales (título técnico superior) y escalas de oficiales (título de grado). En estas dos últimas, las modalidades de acceso son con titulación y sin titulación. Los ingresados sin titulación recibirán en las academias militares la formación correspondiente.

En cuanto al acceso a las escalas, puede ser directo o por promoción. En el caso por promoción, el personal militar de escalas inferiores tiene unas plazas reservadas para promocionar de escala, ya sea con o sin titulación.

La compleja distribución de cuerpos y escalas hace que el catálogo de títulos exigidos sea muy diverso. Un resumen no exhaustivo puede ser el siguiente:

- Cuerpos Generales de ET, EA, AR, y Cuerpo de Infantería de Marina: Título de grado en Ingeniería. Grado en ADE, excepto para el cuerpo general de la Armada.

- Cuerpos de Intendencia: Grado en Economía, ADE o Derecho.
- Cuerpos de Ingenieros e Ingenieros Politécnicos: Título de Grado en Ingeniería.
- Cuerpos Comunes de la Defensa: Grado en Medicina, Odontología, Farmacia, Psicología, Enfermería; Grado en Derecho (Cuerpo Jurídico) Grado en Economía, Marketing, ADE o similares (Intervención).

2.2. Normativa sobre ascensos

La LCM 39/2007 establece, en su artículo 74, que la Carrera militar queda definida por la ocupación de diferentes destinos, por el ascenso a los sucesivos empleos y por la progresiva capacitación para puestos de mayor responsabilidad, combinando preparación y experiencia profesional. Con relación a las leyes precedentes, se amplían los supuestos en los que se utilizarán sistemas de ascenso más exigentes de elección y clasificación, en perjuicio de la mera aplicación de la antigüedad que sólo se utilizará para el primer ascenso de los oficiales y suboficiales.

El ascenso al empleo superior requiere cumplir una serie de condiciones: tener cumplidos en el anterior empleo el tiempo de servicios y el de permanencia en determinado tipo de destinos que se establezcan para cada escala y empleo; haber superado los cursos de actualización que se determinen; poseer las titulaciones específicas (en el ascenso a Teniente Coronel) y no haber sido evaluado el número máximo de veces que se determine reglamentariamente (en la actualidad cuatro para el ascenso a coronel y tres para el ascenso a general).

Merece especial mención el primer apartado de los citados, desarrollado mediante la Orden Ministerial 19/2009, de 24 de abril, por la que se establece el tiempo mínimo de servicios y el de permanencia en determinado tipo de destinos necesarios para el ascenso. Esta norma establece el tiempo mínimo que el militar debe permanecer en cada empleo antes de poder ascender al empleo superior. Es de gran importancia, porque de hecho configura el cronograma mínimo a cumplir para alcanzar los empleos más altos. En las escalas de oficiales de los cuerpos determinados en el art. 26 de la LCM se deberá cumplir los siguientes tiempos mínimos[24]: capitán: 6 años; comandante: 5 años; teniente coronel: 4 años; coronel: 3 años. A estos hay que añadir 3 años en el empleo de teniente. Una sencilla suma permite comprobar que en ningún caso es posible ascender al empleo de general antes de 21 años tras el egreso de las academias de oficiales; antes bien, estos son tiempos «mínimos» de servicios. Los tiempos medios dependerán de las plantillas reglamentarias para cada ejército y del número de vacantes que se produzcan

24 Se han omitido los de las escalas a extinguir, escalas técnicas, escala de suboficiales y de tropa y marinería por no estar relacionados con los empleos de mayor rango.

cada año. En el caso de la Armada, el ascenso a contralmirante se produce, en la práctica, unos 30 años después del egreso de la Escuela Naval Militar.

III. Evolución de los efectivos femeninos

El porcentaje de mujeres en las FF. AA. españolas ha seguido una trayectoria ascendente desde 1988. Desde ese año, hizo falta casi una década para alcanzar un 2 % (1997). En los siguientes 5 años se produjo un considerable aumento, alcanzándose el 10 % en 2002, tras lo cual se ralentizó el crecimiento. Desde 2006, el porcentaje se ha estabilizado en torno al 12 % y ha continuado creciendo lentamente hasta el 13,1 % actual[25], si bien este pequeño incremento se ha debido no a la mayor incorporación de mujeres si no al pase a la reserva de personal casi totalmente masculino.

TOTAL DE EFECTIVOS DE MUJERES Y HOMBRES EN LOS EJÉRCITOS Y CUERPOS COMUNES

	HOMBRES	MUJERES	% HOMBRES	% MUJERES
EJÉRCITO DE TIERRA	67.649	8.729	88,6%	11,4%
ARMADA	18.209	3.021	85,8%	14,2%
EJÉRCITO DEL AIRE Y DEL ESPACIO	18.368	3.088	85,6%	14,4%
CUERPOS COMUNES	1.972	1.207	62,0%	38,0%
TOTAL	106.198	16.045	86,9%	13,1%

Tabla 1. Porcentaje de mujeres en las FF. AA. españolas, por Ejércitos
Fuente: Observatorio Militar para la Igualdad (2023)

No obstante, es necesario aclarar que el conjunto de total de mujeres militares muestra una distribución completamente heterogénea cuando se examina la distribución, tanto entre ejércitos y sus distintos cuerpos como entre las distintas categorías (oficiales, suboficiales, tropa y marinería). Por ejércitos, alta la cobertura femenina en los Cuerpos Comunes de la Defensa (CCD) contrasta con la del Ejército de Tierra (ET) la de la Armada (AR) y la del Ejército del Aire y del Espacio (EA). Por escalas, el porcentaje femenino alcanza el 15,3 % en la categoría de tropa y marinería, pero solo al 8,8 % en el conjunto de cuadros de mando (esto es, oficiales y suboficiales, donde alcanzan un 11,9 y 7 %, respectivamente). Al diferenciar la cobertura de oficiales por

25 Todos los datos de esta sección tienen como fuente: Observatorio Militar para la Igualdad (2023).

ejércitos, resulta que los CCD llegan al 43 % de mujeres, mientras que en los cuerpos en los que se ejercen el mando y administración de las unidades de la fuerza (cuerpos generales e infantería de marina) apenas se llega al 5 %[26].

Es importante destacar que cada cuerpo y escala tiene sus propias particularidades para el acceso, ya sea con exigencia de titulación previa o no. En los Cuerpos Generales e Infantería de Marina, cuya escala de oficiales requiere 5 años de formación en academias militares y el acceso mayoritario es sin titulación, el porcentaje de mujeres es muy bajo, mientras que los Cuerpos Comunes de la Defensa, a los que se ingresa con titulaciones que en el mundo civil son elegidas mayoritariamente por mujeres, se está próximo a alcanzar la paridad hombre-mujer.

Respecto a la progresiva ocupación de los empleos más altos por parte de las mujeres, el primer ascenso a coronel se produjo en el año 2015; el primer ascenso a general de brigada, en el 2019 (ET); A fecha 1 de octubre de 2024, 9 mujeres han ascendido al empleo de general (un 2,2 % del total de generales), aunque ninguna lo ha sido en los cuerpos generales ni en Infantería de Marina. La Armada es el único cuerpo que no cuenta con mujeres generales, aunque existen 3 en el empleo de capitán de navío (una en cuerpo general y dos en ingenieros) y 1 coronel de intendencia que podrían ser evaluadas para el ascenso a medio plazo[27]. El máximo empleo alcanzado en el otro cuerpo de la Armada es de comandante en Infantería de Marina. Se podría concluir que cada cuerpo tiene sus propias vicisitudes en cuanto a cobertura femenina y la progresión de carrera, y que no existe un patrón común, más allá de la superior cobertura en los cuerpos comunes.

IV. Revisión de los estudios previos

Los 35 años de participación de las mujeres en las FF. AA. españolas han sido ampliamente documentados en publicaciones de distintos tipos, gracias a la repercusión mediática de la que goza el colectivo militar femenino. No obstante, lo habitual es que los artículos o reportajes de los medios de comunicación muestren los logros llevados a cabo por mujeres «pioneras», tales como ascensos, mandos de unidades o el desempeño en unidades de combate o altamente especializadas. En un estudio sobre las noticias y artículos sobre las mujeres militares aparecidos en la prensa nacional durante años, se concluyó que no solo existe un evidente triunfalismo para describir

26 La LCM establece los cometidos de cada cuerpo y escala. Los cometidos de adiestramiento y empleo de las unidades recaen únicamente en los CG y el CIM, mientras que al resto de los cuerpos (Intendencia, Ingenieros, Ingenieros Politécnicos, especialistas, y los de los CCD) se le asignan cometidos técnicos o de gestión.

27 Dato extraído del escalafón de oficiales de la Armada, OCT 2024 (acceso restringido solo a personal militar).

la incorporación de las mujeres a filas y su supuesta integración en las FF. AA., sino que esto existe una fuerte tendencia a la explotación de la imagen de la mujer militar como forma de propaganda política[28].

Esta amplia documentación fue recogida en la guía bibliográfica del MINISDEF (y sus posteriores revisiones) que recoge numerosas referencias que ofrecen una perspectiva sobre la progresiva integración de las mujeres, pero aportan poca información sobre índices objetivos y mantienen, lógicamente, un enfoque benévolo y en consonancia con los objetivos de comunicación del propio MINISDEF[29].

Dentro del ámbito académico, es difícil hallar estudios de género específicos del ámbito militar español. Tras una revisión de los 124 números publicados en las principales publicaciones académicas sobre estudios de género en España, solamente 2 artículos estaban directamente relacionados con el papel de la mujer en las FF. AA. Existen otros, que tras su lectura resultan ser artículos de opinión, a pesar de haber sido publicados en revistas de ámbito académico.

1. Segregación horizontal

El ya citado estudio de GALLEGO-MORÓN y MONTES (2018) tiene como objetivo ofrecer una imagen real y actual de la integración de las mujeres tanto en las Fuerzas y Cuerpos de Seguridad del Estado como en las FF. AA. Se realiza un análisis de datos estadísticos, que revela que, tanto para las mujeres policías como para las militares, existe una persistente segregación horizontal, más incidente en el caso del personal militar, según la cual las mujeres «continúan constituyendo una minoría en una esfera caracterizada tradicionalmente por una hegemonía masculina» (pág. 84). Esta conclusión se extrae del porcentaje total de efectivos femeninos de entre el total.

En relación a los distintos cuerpos y escalas, el estudio señala la existencia de la segregación horizontal, al haber mayor presencia de las militares entre los cuerpos comunes de la defensa (sanidad, jurídico, música, etc.) entre los propios efectivos de tales ejércitos. Como principal causa, se señala la persistencia de una asociación entre el ejercicio de la profesión castrense y la masculinidad basada en la dureza física, la agresividad y resistencia hacia las dificultades (pág. 85). De este modo, las mujeres militares quedarían abocadas a trabajos auxiliares, administrativos y de apoyo.

---

28 Beatriz GARCÍA SÁNCHEZ. «Integración real e instrumentalización de la imagen de la mujer en las Fuerzas Armadas españolas», en *Journal of Feminist, Gender and Women Studies* núm. 4. 2016, pags 21-28.

29 Julia CARCEDO, Jesús SORRIBAS y M.ª José CAMPILLO, «Mujer y Fuerzas Armadas, 1988-2008: 8808, 20 años de la mujer en las Fuerzas Armadas», en Ana Isabel CERVANTES MUÑOZ (dir.) *Centro de Documentación de Defensa*, Ministerio de Defensa, 2009.

A pesar de estas menciones a la segregación horizontal, en sentido genérico, no se profundiza en los distintos cuerpos y escalas que forman cada uno de los Ejércitos y la Armada y las posibles causas para esta representación heterogénea.

Por su parte, el ya citado artículo de Fleta y Pan (2019) llevan a cabo un análisis similar, concluyendo que existe una obvia segregación horizontal. El cálculo del Índice de disimilitud en el período 2009 y 2016 muestra una tendencia decreciente, con unos valores que alcanzan desde el 26,31 % (2009) hasta el 17,97 % (2016). De este modo, casi el 18 % de las mujeres deberían redistribuirse entre cuerpos y escalas para conformar una representación uniforme dentro de las FF. AA. Este índice parece aumentar su valor los que presentaban valores iniciales más bajos (ET y CCD), y disminuir su valor los que presentaban valores iniciales más altos (ET y AR).

2. Segregación vertical

Basándose en artículos de prensa y las estadísticas aportadas por el MINISDEF, el estudio de Gallego-Morón y Montes (2018) cita una «desigual presencia del personal femenino en los diferentes empleos». Las militares siguen agrupándose principalmente en los escalones más bajos, mientras que en la cúpula de la institución jerárquica se produce una infrarrepresentación, o incluso una ausencia, de estas. Cita como argumento que, a pesar de que las mujeres pueden acceder a cualquier puesto militar desde 1999, el primer ascenso a coronel no se produjo hasta 2016 (pág. 79).

Del análisis estadístico se desprende la existencia de la segregación vertical. Aquellas mujeres que han conseguido acceder a las fuerzas de seguridad y militares aparecen concentradas en mayor medida que los varones en las categorías y escalas inferiores, siendo casi inexistente su presencia en los rangos más altos, de lo que se deduce la existencia del fenómeno del techo de cristal. No obstante, este estudio se realizó antes de que ninguna mujer alcanzara los requisitos de tiempos mínimos para poder ser evaluada al empleo de general, lo cual permite dudar de la existencia real de un techo de cristal.

Por su parte, el artículo de Fleta y Pan (2019) analiza la incorporación de la mujer a las Fuerzas Armadas en España durante el periodo 2009-2016. Los autores realizan el análisis de las segregaciones horizontales mediante el Índice de disimilitud, así como el Índice de techo de cristal en cada uno de los cuerpos. Los resultados de los análisis muestran que «las segregaciones siguen presentes, si bien muestran una convergencia gradual tanto en cuerpos/armas como en escalas profesionales».

Su análisis revela que se trata de un análisis cuantitativo que responde a parámetros científicos. En relación al TDC, realiza un cálculo objetivo del ITC a partir de las estadísticas anuales del Observatorio Militar de la Igualdad.

Podría afirmarse que es la única referencia que se aproxima al fenómeno del techo de cristal desde un punto de vista científico.

No obstante, se aprecia que el procedimiento de cálculo incluye una serie de inconsistencias y errores de concepto, derivados del desconocimiento o aplicación errónea de la legislación sobre carrera profesional y régimen de ascensos, que podrían afectar al cálculo general del ITC, realizado con los números totales de personal femenino en cada una de las 20 categorías profesionales.

La lista de omisiones es larga. No se tienen en cuenta las distintas vías de acceso ni los distintos tipos de clasificación para el ascenso; que los empleos máximos a alcanzar en cada escala son distintos, y que la distribución de las mujeres en ellas no es uniforme. Sirva como ejemplo el caso de la escala de enfermeros del Cuerpo Militar de Sanidad, que refleja un 32 % de personal femenino en el empleo de capitán y en donde solo 1 de cada 4 comandantes lograrán el ascenso a teniente coronel, por ser el mayor empleo que se puede alcanzar en dicha escala. De este modo, la fórmula global considerará como «agraviadas» a un porcentaje muy alto de mujeres cuyo no-ascenso es ajeno a cualquier prejuicio o discriminación, al tratarlas de la misma forma que a las mujeres de otras escalas donde el porcentaje de ascensos es mucho más favorable. En el caso de las oficiales de complemento, una escala que tienen muy limitado el ascenso, el efecto es similar, pues alcanzan entre un 18 y un 50 % del escalafón, dependiendo del ejército y cuerpo.

A pesar de los sesgos y errores de concepto, este cálculo global podría considerarse que es un buen punto de partida para un cálculo más detallado y cuidadoso. Además, el cálculo del ITC progresivo por escalas y cuerpos diferenciados podría dar una imagen mucho más exacta sobre las dificultades para la promoción femenina, al tratarse de ascensos entre dos empleos consecutivos en cuerpos y escalas concretos. Esto permitiría estudiar las posibles causas del «techo de cristal».

V. Conclusiones

A pesar de los avances normativos realizados durante los 35 años de participación de las mujeres en las FF. AA. españolas y el acceso formalmente igualitario a todos los cuerpos, escalas y destinos, la integración real de las mujeres continúa enfrentándose a importantes barreras tanto horizontales como verticales. Aunque el porcentaje de mujeres ha sobrepasado ligeramente el promedio de los países de nuestro entorno se ha frenado en un 13.1 %, sin que se hayan investigado suficientemente sus causas.

Ante este estancamiento, cabe plantearse si la sociedad y la propia organización castrense poseen una inercia que tiende a perpetuar una imagen del mando militar como un espacio predominantemente masculino. Además, factores como la conciliación de la vida profesional y familiar, donde las mujeres suelen asumir una mayor carga, también podrían influir en las oportunidades de ascenso y promoción, limitando aún más su presencia en los niveles jerárquicos superiores. De este modo, la profesión militar en España continúa siendo un asunto mayoritariamente masculino, probablemente por la persistencia de estereotipos en la sociedad, la educación y el propio estamento castrense, provocando una obvia segregación ocupacional, tanto horizontal como vertical.

La ausencia de estudios externos al Ministerio de Defensa que utilicen índices objetivos y verificables, como el índice de disimilitud o el índice de techo de cristal, dificulta una evaluación más precisa y crítica del grado de integración femenina en las FF. AA. Las estadísticas actuales, aunque útiles, tienden a ser descriptivas y no abordan en profundidad las causas estructurales que perpetúan estas formas de segregación. Esto resalta la necesidad de investigaciones holísticas y objetivas que consideren todos los factores del desarrollo de carrera dentro del ámbito castrense, así como los sesgos que afectan tanto a hombres como a mujeres en su trayectoria profesional. En este sentido, la complejidad de la estructura de cuerpos y escalas en el ámbito castrense, así como la amplia normativa sobre el régimen de ingreso, ascenso y promoción, hacen necesario el estudio de un método integral que posibilite obtener una medida real de la integración de las mujeres dentro de las FF. AA. teniendo en cuenta todos estos factores.

En términos de segregación horizontal, no solamente existe la infrarrepresentación femenina en el ámbito militar, sino que además su distribución en los cuerpos y escalas está descompensada, siendo necesaria una recolocación del 18 % del total para que su distribución fuera uniforme dentro de los distintos cuerpos y escalas. Las mujeres siguen estando mayoritariamente representadas en los cuerpos comunes (medicina, enfermería, jurídico, etc.) y otros cuerpos como Intendencia, en lo que parece ser un claro traspaso de la realidad existente en el ámbito universitario y laboral civil. Los cuerpos generales y de infantería de marina, más vinculados al mando de unidades de combate, y asociados a carreras STEM, siguen siendo territorios predominantemente masculinos y los únicos donde las mujeres no han alcanzado el empleo de general. Esta situación, sin embargo, no ha sido suficientemente investigada.

En lo referente a la segregación vertical, tanto la prensa como los escasos estudios existentes defienden que el fenómeno del techo de cristal sigue siendo una barrera evidente en el progreso de las mujeres hacia puestos de mayor responsabilidad. A pesar de que las mujeres tienen acceso a todos los empleos militares, el porcentaje de aquellas que logran ascender a los rangos más altos es reducido. Este problema no solo se manifiesta en la baja representación femenina en los grados superiores, como los de coronel o general. Como señalan los índices de techo de cristal (ITC), la posibilidad de que una mujer alcance los empleos más altos sigue siendo inferior en comparación con los hombres, lo que apunta, en principio, a la existencia de barreras estructurales y sesgos implícitos en los procesos de ascenso. No obstante, la corta trayectoria de las mujeres en las FF. AA. comparada con el número de años necesarios para el ascenso a los más altos empleos hace necesario un estudio más profundo que analice la evolución temporal de estos ascensos dentro de cada cuerpo, escala y empleo (ITC progresivo) y no mediante un cálculo global que sume los efectivos de cuerpos y escalas de trayectorias y efectivos heterogéneos.

En conclusión, aunque se han dado pasos importantes hacia la igualdad formal en las FF. AA. españolas, el análisis inicial de los datos sugiere que persisten formas de segregación tanto horizontal como vertical, cuya solución requiere no solo cambios normativos, sino también con transformaciones culturales profundas y políticas activas que aborden las barreras estructurales y los sesgos de género aún presentes, proceso que no se va a completar a corto plazo. Es necesario tener en cuenta que la mayoría de la normativa relativa a conciliación familiar y protección de la mujer se ha aprobado en la última década y que hace solo un lustro que las primeras promociones de mujeres han cumplido las condiciones mínimas para optar al ascenso a general.

Mientras esto se lleva a cabo, es necesario realizar una medición del progreso mediante índices objetivos que contemplen la especificidad de cada cuerpo y escala y la normativa sobre ingreso, promoción y régimen de ascensos. Esto se llevaría a cabo mediante un análisis sistemático de índices horizontales específicos y del índice de techo de cristal progresivo; este último, poniendo el foco en los mayores empleos de los cuerpos y escalas donde se ostenta el mando de las unidades más representativas de las FF. AA. La evolución de dichos índices a lo largo de la última década y los años venideros permitiría obtener una imagen real del progreso en la integración de las mujeres en todo el espectro de las FF. AA.

VI. Apéndice bibliográfico

Ángela **Castaño Peña**, *Segregación laboral por cuestión de género*, Universidad de Oviedo, 2020.

Bárbara **Reskin**, «The Realities of Affirmative Action in Employment», *American Sociological Association*, 1998.

Beatriz **García Sánchez**, «Integración real e instrumentalización de la imagen de la mujer en las Fuerzas Armadas españolas», en *Journal of Feminist, Gender and Women Studies* núm. 4. 2016, págs. 21-28.

Catherine **Hakim**, «Key Issues in Women's Work: Female Heterogeneity and the Polarisation of Women's Employment», *Routledge-Cavendish*, 2004.

Claudia **Goldin**, «Understanding the Gender Gap: An Economic History of American Women», *Oxford University Press*, 1990.

David **Cotter**, Joan **Hermsen** y Reeve **Vanneman**, «The Glass Ceiling Effect», en *Social Forces*, vol. 80, núm. 2, 2001, págs. 655-681.

Francie D. **Blau** y M Khan **Lawrence**, «Gender Differences in Pay», en *Journal of Economic Perspectives*, vol. 14, núm. 4, 2000, págs. 75-99. DOI: 10.1257/jep.14.4.75.

Heidi **Hartmann**, «Capitalism, Patriarchy, and Job Segregation by Sex», en *Signs*, vol. 1, núm. 3, 1981, págs. 137-170.

Instituto Europeo para la Igualdad de Género. https://eige.europa.eu/publications-resources/thesaurus/terms/1099?language_content_entity=es [consultado 11-10-24].

Janet **Yellen**, «The History of Women's Work and Wages and How It Has Created Success for Us All», en *Brookings*, 2020.

Jorge **Fleta** y Fang **Pan**, «Análisis de la incorporación de la mujer a las Fuerzas Armadas en España 2009-2016», en *Revista de Pensamiento Estratégico y Seguridad CISDE*, vol. 4, núm. 1, 2019, págs. 11-22.

Julia **Carcedo**, Jesús **Sorribas** y M.ª José **Campillo**, «Mujer y Fuerzas Armadas, 1988-2008: 8808, 20 años de la mujer en las Fuerzas Armadas», en Ana Isabel Cervantes Muñoz (dir.) *Centro de Documentación de Defensa*, Ministerio de Defensa, 2009.

Mansi **Maheshwati** y Usha **Lenka**. «An integrated conceptual framework of the glass ceiling effect», en *Journal of Organizational Effectiveness: People and Performance*, 2022.

María Antonia **Ribas Bonet**, *Desigualdades de género en el mercado laboral: un problema actual*, DEA Working Papers 6, Universitat de les Illes Balears, Departamento de Economía Aplicada, 2004.

María José **González**, Clara **Cortina** y Jorge **Rodríguez**, «The Role of Gender Stereotypes in Hiring: A Field Experiment», en *European Sociological Review*, vol. 35, núm. 2, 2019, págs. 187-204.

María Paz **Espinosa** y Eva **Ferreira**, «Gender implicit bias and glass ceiling effects», en *Journal of Applied Economics*, 25:1, 2022. pags 37-57.

María Pilar **de Luis Carnicer** y Silvia **Vicente Oliva**, «La oferta de trabajo como fuente de la segregación por sexo: el caso de España», en *Aequalitas: Revista jurídica de igualdad de oportunidades entre mujeres y hombres*, núm. 21, 2007, págs. 64-74.

Marilyn **Loden**, *Feminine Leadership, or How to Succeed in Business Without Being One of the Boys*, Times Books, Londres, 1987.

Nazaret **Gallego Morón** y Estrella **Montes López**, «La participación de las mujeres en el Cuerpo Nacional de Policía y en el personal militar en España», en *Cuestiones de género: de la igualdad y la diferencia*, núm. 13, 2018, págs. 67-88.

Nazaret **Gallego-Morón**, Mauricio **Matus-López** y Lina **Gálvez-Muñoz**, «Revisión sistemática de la literatura sobre el fenómeno del techo de cristal en las universidades españolas», en *Revista Iberoamericana de Educación Superior (RIES)*, vol. XI, núm. 31, 2020, págs. 130-149.

Pilar **González** y Patrocinio **Sierra**, *Desigualdad salarial y segregación ocupacional: un análisis empírico en España*, 2004.

Richard **Anker**, «La segregación profesional entre hombres y mujeres: repaso de las teorías», en *Revista Internacional del Trabajo*, vol. 116, núm. 3, 1997, págs. 343-370.

CAPÍTULO 8

LOS POSIBLES ENFOQUES PARA LA CONSECUCIÓN DE LA IGUALDAD EN LAS POLÍTICAS EUROPEAS

Nuria Puentes Ruiz
Doctoranda en Derecho en la Universidad de Alcalá (UAH).
Docente de la Universidad Isabel I.
Colaboradora de la Cátedra Jean Monnet ad personam de Derecho de la Unión Europea (UAH.

I. Introducción

La sociedad en la que vivimos se basa en las diferenciaciones, categorizando a las personas y normalmente estableciendo una clara diferenciación entre dos: nosotros y ellos. Estas etiquetas pueden dar lugar a grupos de apoyo y entendimiento entre sus componentes, pero también suele ser un claro ejemplo de discriminación para con el contrario.

Dicha dualidad en muchas ocasiones viene promovida por otras etiquetas que no se han tenido en cuenta en los intentos de solución, pero si fueron fuentes de discriminación. Indudablemente, una ilustración de esto puede ser la situación migratoria por el cambio climático, donde se sabe que las principales afectadas son las mujeres. Ahora bien, si estudiamos detenidamente la coyuntura, podemos ver que la mayoría de las perjudicadas son mujeres en situación de pobreza, y con un segundo estudio, vemos que son mujeres en situación de pobreza y que vivían en las zonas rurales[1].

Por regla general, las mujeres, y, sobre todo, las menores de edad, que cumplan ciertos requisitos, a parte del género femenino, como pertenencia a un grupo étnico o creencia religiosa, provoca que sean víctimas de lo conocido como discriminación múltiple, porque se han cruzado varios elementos dando lugar a una aumentada diferenciación.

Si nuestro objetivo es la igualdad entre todas las personas sin discriminaciones de ningún tipo, en primer lugar, debemos reconocer que existen estas desigualdades múltiples y, por consiguiente, no es posible paliar las consecuencias de éstas con políticas al uso con enfoques de género antidiscriminatorios que no tienen en cuenta que el problema no es, únicamente, que las afectadas sean mujeres y que existen otros perfiles más vulnerables.

Como dijo NIETZSCHE[2], «PARA *los iguales igualdad, para los desiguales desigualdad*», frase que, hoy en día, entendemos todo Estado de Derecho debe promover a través de su principio de igualdad ante la ley y justicia social.

Es por eso que, en este trabajo, se ha querido analizar la afectación que pueden tener distintas categorías en la discriminación, viéndose el concepto de interseccionalidad, así como su evolución. Esta progresión de la noción será estudiada desde el ámbito de la Unión Europea, como marco de referencia de esta investigación, lo que nos permitirá ver cuál es el enfoque adecuado para promover la justicia social entre la discriminación múltiple, la interseccionalidad o el *gender mainstreaming*.

Asimismo, valoraremos la apreciación de otras organizaciones internacionales que han tratado la materia, como puede ser el caso de las Naciones Unidas o la Organización para la Cooperación y el Desarrollo Económico, con especial atención a su Comité de Ayuda al Desarrollo.

Para finalizar, se detallarán las conclusiones que se habrán ido dilucidando a lo largo de la indagación en estas páginas reflejada.

II. El concepto y la evolución de la interseccionalidad

El concepto de interseccionalidad surgió en 1989, como resultado de un estudio realizado por KIMBERLÉ CRENSHAW[3] donde denunciaba que las muje-

1 CARAZO, G. J., «Migrar para sobrevivir a la tierra seca en Etiopía» en *EL PAÍS,* publicado el 13 de febrero de 2023. Disponible en: https://elpais.com/planeta-futuro/2023-02-13/migrar-para-sobrevivir-a-la-tierra-seca-en-etiopia.html

2 NIETZSCHE, F., *Crepúsculo de los ídolos*, Alianza Editorial, 2013.

3 CRENSHAW, K., «Demarginalizing the Intersection of Race and Sex: A Black Feminist Critique of Antidiscrimination Doctrine, Femenist Theory and Antiracist Politics», en *University of Chicago Legal Forum,* vol. 1989, issue 1, article 8, 1989.

res norteamericanas afrodescendientes, sufrían opresiones simultáneas por ser mujer y por ser afrodescendientes.

Para ilustrar este caso, podemos ver el siguiente ejemplo. Es de amplio conocimiento que el movimiento por los derechos civiles estadounidenses fue capitaneado por Martin Luther King (hombre afrodescendiente), pero poca gente sabe que la inspiración del reverendo King fue Rosa Parks (mujer afrodescendiente) que se negó a cederle su asiento en el autobús a un hombre blanco[4]. De hecho, generalmente, se diferencian sus figuras hasta el punto de hacer referencia a revoluciones distintas: Martin Luther King es representante del movimiento por los derechos civiles estadounidenses; Rosa Parks es referente en el movimiento de los derechos humanos.

Si bien es cierto que la interseccionalidad surgió en 1989, en sus inicios no fue aplicada institucionalmente, ya sea en el ámbito nacional, en el supranacional o internacional. Este concepto requeriría años o décadas para empezar a emplearse, pudiendo incluso hablarse de etapas: en la Unión Europea, por ejemplo, los primeros casos de multiplicidad de categorías de distinción se acercaron a través de la discriminación múltiple, hablando ya de ella en el marco estratégico, en 2005, para la no discriminación y la igualdad de oportunidades, y, en los últimos años, se ha modificado a interseccionalidad con la propia Estrategia para la Igualdad de Género 2020-2025, o previamente, con sentencias del Tribunal Europeo de Derechos Humanos[5].

En el ámbito internacional de las Naciones Unidas, en 2001, se establecería en la declaración resultado de la Conferencia contra el Racismo, la Discriminación Racial, la Xenofobia y la Intolerancia[6], la discriminación múltiple como una realidad, reconociéndose en la cuestión general segunda que las víctimas de este tipo de exclusiones, generalmente, sufren otro tipo de discriminaciones por motivos que se encuentran entrelazados con este hecho como el idioma, la religión o el género. De hecho, señala entre las víctimas como mayores afectadas a las mujeres y a las niñas, ya que dichas causas deterioran su posibilidad de tener unas condiciones de vida digna afectando a su pobreza, a la violencia que reciben o las limitaciones de derechos que enfrentan.

Asimismo, reconocía en el Programa de Acción que los Estados debían prestar especial atención a las discriminaciones que sufrían las mujeres

4 O'Mullony. «Rosa Parks, la inspiración de Martin Luther King» en *Lalberia*, publicado el 21 de junio de 2021. Disponible en: https://www.laiberia.es/rosa-parks-la-inspiracion-de-martin-luther-king

5 Frías, M., *La interseccionalidad de la discriminación por razones de raza, etnia y género*, Madrid, abril 2022. ISBN: 978-84-09-41122-1.

6 Conferencia Mundial contra el Racismo, la Discriminación Racial, la Xenofobia y las Formas Conexas de Intolerancia, celebrada del 31 de agosto al 8 de septiembre de 2001, en Durban (Sudáfrica). Disponible en: https://www.un.org/es/events/pastevents/cmcr/durban_sp.pdf

migrantes por los hechos de ser mujeres y migrantes, mediante investigaciones que tuviesen en cuenta ambas afecciones, así como otras. No obstante, el enfoque que planteaba era una perspectiva de género en la aplicación de esos programas contra el racismo. Ese decir, se preponderaba el género sobre otras cuestiones, considerándose que el verdadero motivo era ese, y las otras discriminaciones eran adicionales, lo cual, a su vez creaba una discriminación en sí, ya que no se calibraban estas otras circunstancias que afectaban a las personas al transversalizarse únicamente el enfoque de género.

Más tarde, en 2010, en la Recomendación General n.° 28 del Comité para la Eliminación de la Discriminación contra la Mujer[7] mencionaría la interseccionalidad como esencial para identificar los nexos de la discriminación hacia las niñas y las mujeres y como una herramienta para que los Estados puedan lograr unas políticas que solventen la afectación desigual de las discriminaciones.

En un informe de 2017[8] trató la discriminación en base a sus efectos «múltiples e interseccionales». Pese a que en el título se presentaba esa diferenciación en los efectos, en la disposición de la investigación se hace un estudio más centrado en la interseccionalidad de las discriminaciones, señalándose, por ejemplo, que las mujeres migrantes suelen encontrarse en situaciones de precariedad social, económica y laboral al recomendarse su perfil en trabajos de vulnerabilidad que normalmente tampoco las tienen en cuenta a la hora de legislar dichos ámbitos.

Asimismo, suelen vivir en zonas geográficas escasamente habitadas, dándose así tres categorías con posibilidades de discriminación: mujeres, migrantes, rurales. De esta forma, queda ejemplificado que suele ser habitual que una persona incluida en una categoría de desigualdad tenga mayores posibilidades de sufrir otras discriminaciones.

La interseccionalidad nos permite enfocar problemas históricos desde otro prisma, con la finalidad de ver otras posibles soluciones que hasta el momento no se habían tenido en cuenta, al no haberse dado una unión entre dichas categorizaciones. Es decir, se analiza el género vinculándolo con otras etiquetas de exclusión social, lo que da lugar a la transversalización de las razones de discriminación con la finalidad de configurar una respuesta más adecuada para aquellas mujeres que sufren una especial vulnerabilidad.

---

7 Recomendación General n.° 28 del Comité para la Eliminación de la Discriminación contra la Mujer, CEDAW/C/GC/28, de 16 de diciembre de 2010.

8 Informe del Alto Comisionado de las Naciones Unidas para los Derechos Humanos, Efectos de las formas múltiples e interseccionales de discriminación y violencia en el contexto del racismo, la discriminación racial, la xenofobia y las formas conexas de intolerancia sobre el pleno disfrute por las mujeres y las niñas de todos los derechos humanos, A/HRC/35/10, de 21 de abril de 2017

Además del género, generalmente, se deberá atender a condiciones de edadismo, ruralidad y etnia. Una niña, adolescente, mujer que, asimismo, viva en una zona escasamente poblada, y sea de una etnia infrarrepresentada se enfrentará a una mayor vulnerabilidad que una niña, adolescente, mujer que viva en una ciudad, sea cristiana y tenga medios económicos[9].

Si este caso hipotético lo trasladamos a la realidad de Uganda, por ejemplo, probablemente implique que la primera niña, adolescente y mujer sufra mutilaciones genitales, mientras que la segunda no. En las zonas rurales, ciertas etnias, como la comunidad *pokot*, siguen practicando la mutilación genital femenina como un rito de paso a la adultez, mientras que, en las zonas urbanas, principalmente cristianas, se acepta la ley que prohíbe la mutilación y condena dichos actos[10]. Es decir, en Uganda, se adoptó una política de protección a las niñas y mujeres, con una ley que castigaba la mutilación genital femenina, pero, y, pese a los diálogos mantenidos con las comunidades étnicas menos representadas, no se ha educado en las consecuencias negativas que esta práctica tiene. Institucionalmente, esas niñas y adolescentes no han sido protegidas, teniendo que participar ONGs y organizaciones internacionales como ONU Mujeres, a través de recursos de capacitación en las zonas más afectas para educar en el cambio desde un acercamiento más abierto al apreciar su realidad cultural (la «profesora» es de la misma etnia que las alumnas y alumnos y ha sufrido lo que están intentando evitar para que éstas y éstos vean que no es alguien externo que viene a imponer ideas, sino que comprende su coyuntura).

En consecuencia, conlleva un diagnóstico exhaustivo de los grupos y sus discriminaciones, si lo que se desea es una adecuada aplicación que, verdaderamente, sirva para promover la justicia social. Para ello, es necesario observar qué ejes se valorarán y serán incluidos en las acciones políticas, con la intención de no acrecentar las discriminaciones indirectas o continuar olvidando a ciertos colectivos[11].

Empero, la interseccionalidad puede tener el efecto no deseado de restar importancia al género, centrándose en otras categorías o, incluso, promover libertades que desde una concepción occidental del género no son adecuadas. Este segundo caso puede ser clarificado con el aspecto cultural/religioso del *hiyab*: en occidente es visto como un símbolo de opresión patriarcal,

---

9 Jiménez Rodrigo, M. L., «Políticas de igualdad de género e interseccionalidad: estrategias y claves de articulación», en *Convergencia Revista de Ciencias Sociales,* v. 29, julio de 2022, p. 1-24. ISSN 2448-5799.

10 ONU Mujeres. «Erradicar la mutilación genital femenina en la Uganda rural» en *Reportaje*, del 02 de febrero de 2022. Disponible en: https://www.unwomen.org/es/noticias/reportaje/2022/02/erradicar-la-mutilacion-genital-femenina-en-la-uganda-rural

11 Jiménez Rodrigo, M. L., «Políticas de igualdad de género e interseccionalidad: estrategias y claves de articulación», en *Convergencia Revista de Ciencias Sociales,* v. 29, julio de 2022, p. 1-24. ISSN 2448-5799.

mientras que muchas mujeres musulmanas lo consideran un símbolo de su religión[12].

Si no se atiende a la motivación tras la cual las mujeres han decidido llevar el *hiyab*, una política, que, en un principio, podría ser de igualdad, acaba convirtiéndose en una discriminación religiosa y una fuente de estigmatización que puede tener consecuencias desastrosas para esas mujeres. Clarificando esta idea con un ejemplo podemos imaginar un colegio que prohíbe a sus estudiantes el uso del *hiyab*, porque, protocolariamente, no se debe entrar en espacios cerrados con la cabeza tapada, y que busca el empoderamiento de las niñas y adolescentes. Esta política, en un principio inofensiva, puede tener varias consecuencias: primera, que la niña/adolescente deba ocultar su religión; segunda, que la niña/adolescente decida dejar de acudir a ese colegio y matricularse en otro (si dispone de opciones, medios económicos, etc.); y tercera, que la niña/adolescente no disponga de medios y no quiera ocultar su religión, por lo que decida dejar sus estudios.

Con esto vemos que una política que puede ser planteada como de género al promover la liberación femenina, puede crear vulnerabilidades religiosas (las niñas/adolescentes que decidiesen por religión llevar el *hiyab* se sentirán ahora oprimidas y discriminadas); económicas (si es una decisión de un único colegio, aquellas familias que se lo puedan permitir podrán optar por ir a otros colegios), etc.

No obstante, esta situación de vulnerabilidad no terminaría ahí, dado que esa niña/adolescente que no haya podido continuar con sus estudios, cuando sea una mujer tendrá menores oportunidades laborales, lo que, probablemente, derive en una coyuntura de género: mujer sin recursos económicos ni capacidades laborales no podrá desarrollarse por sí sola y terminará dependiendo de algún familiar (normalmente, marido). Es decir, una política, que no ha tenido en cuenta la realidad social, en vez de paliar las discriminaciones de género ha agravado las vulnerabilidades de estas niñas y después mujeres, creando así una independencia de ésta por su limitación en sus capacidades y desarrollo.

En cambio, si se hubiese dado una interseccionalidad, a la hora de desarrollar dicha política, además de los factores de género (el *hiyab* es un símbolo opresor), se habrían valorado otros elementos como el religioso (existen musulmanas que lo llevan por creencia), de clase (es posible que tomen la decisión de acudir a otro centro y tengan o no medios para hacerlo); o ruralidad (no haya otro centro al que acudir).

Finalmente, debemos diferenciar entre dos tipos de interseccionalidad: primero, la estructural, y, segundo, la política.

---

12 MATEEN, Z., «Por qué usar hiyad no significa que las musulmanas estemos oprimidas» *BBC NEWS*, publicado el 20 de marzo de 2022. Disponible en: https://www.bbc.com/mundo/noticias-internacional-60496790

En primer lugar, la interseccionalidad estructural se refiere a las desventajas sociales que pueden tener las personas que se ven afectadas por varias discriminaciones: una mujer de origen *romaní* tendrá menos oportunidades que una mujer caucásica, dado que, probablemente, por motivos culturales la mujer romaní no continue con sus estudios, lo que hará que tenga un perfil profesional y económico inferior.

En segundo lugar, la interseccionalidad política se centra en la afectación que pueden tener las estrategias políticas de instituciones y movimientos sociales de una determinada categoría hacia otras[13]. Volviendo al ejemplo del *hiyab*, una política que pretendía empoderar a las mujeres, es decir una política de género, terminó siendo una política discriminatoria por motivos religiosos.

En base a lo analizado en estas páginas podemos concluir diciendo que la interseccionalidad quiere poner el foco de las políticas en las dinámicas de privilegios y exclusiones, así como en las consecuencias que pueden tener políticas y/o acciones mal definidas.

En base a lo reseñado en estas páginas, es necesario que entendamos que, en ocasiones, en un intento de actuar positivamente para reducir una desigualdad que históricamente se ha visto como «más importante», se han creado otras desigualdades hacia otras comunidades.

Por ejemplo, la «trata de blancas» surgiría a finales del siglo XX y principios del siglo XXI con la finalidad de dar a conocer la situación que estaban viviendo mujeres del este europeo (generalmente, mujeres de la zona balcánica que por la coyuntura de inseguridad de sus países, pobreza y dificultades de desarrollo son comerciadas con fines de explotación sexual). Si bien es cierto que empezó a regularse como consecuencia de esa situación, esta práctica ya existía anteriormente, dándose, por ejemplo, en las épocas de esclavitud, y sin ser víctimas las mujeres europeas y blancas, así como con otras motivaciones a parte de la explotación sexual, como puede ser la explotación laboral.

Con el término previo, no se consideraban las sexualizaciones que sufren las mujeres tropicales, dándose una discriminación étnica; y no se contemplaban otro tipo de víctimas como niños o adolescentes masculinos para explotación sexual o la captación de mujeres y hombres con fines de esclavitud laboral, que, pese a ser inferiores los casos, seguían dándose.

Es por ello que, en la historia reciente, se prefiere el término trata de personas, englobándose todas las etnias, los géneros y motivaciones[14].

---

13 Lombardo, E. y Verloo, M., «La "interseccionalidad" del género con otras desigualdades en la política de la Unión Europea», en *Revista Española de Ciencia Política,* núm. 23, julio de 2010, p. 11-30

14 Accem, «¿Por qué tenemos que abandonar para siempre la expresión "trata de blancas"?» *Noticias*, publicado el 29 de julio de 2020. Disponible en: https://www.accem.es/por-que-abandonar-la-trata-de-blancas/

No obstante, cabe destacarse que la inobservancia de la realidad social puede crear nuevas vulneraciones a causa de las discriminaciones no sólo con el género. Puede apreciarse la misma ejemplificación tras la Segunda Guerra Mundial, ya que, como respuesta al genocidio del pueblo judío, la comunidad internacional, a través de un plan de Naciones Unidas, creó el estado de Israel en un territorio árabe sin considerar las posibles consecuencias, resultados que hoy en día estamos experimentando.

Es decir, en un intento de solucionar una discriminación, no sólo se ha perjudicado a otro grupo minoritario, sino que se han fomentado unos conflictos étnicos de mayor escala.

Estas situaciones recalcadas en estas páginas son consecuencia de políticas que no han valorado previamente la realidad social, lo que ha derivado en políticas antidiscriminatorias que han fomentado coyunturas de desigualdad y han creado dificultades de desarrollo para las minorías, no tan secundarias, pero si grandes olvidadas, no comprendidas.

III. La interseccionalidad de género en las políticas europeas

Como se ha mencionado en páginas anteriores de este trabajo, la Unión Europea lleva décadas poniendo en práctica enfoques que valorasen la discriminación de género con otras categorías, aunque con la perspectiva de discriminación múltiple. Adicionalmente, debe indicarse que la Unión Europea, gracias a su particular configuración, se distingue de otras organizaciones de actuación en el ámbito global que han intentado poner nombre a la discriminación múltiple y, en consecuencia, dar respuesta a la misma[15].

La discriminación múltiple ha estado contemplada en normativa europea desde principios del milenio[16], señalando que la población femenina sufre discriminación por varios motivos y, por ello, planteaba un programa de acción comunitario. De hecho, la normativa recogía el concepto bajo la premisa de que podían darse varias circunstancias entre las reconocidas por la Unión en otras normativas como causantes de discriminación.

Esto podía suponer un problema, dado que, una vez más, al acotarse las posibles causas de discriminación, lo que se estaba consiguiendo era dejar fuera de regulación otras situaciones que también podrían prestar lugar a una discriminación múltiple. Es decir, se estaba creando una laguna jurídica que daría pie a discriminaciones no contempladas (como ocurría en Estados Unidos).

---

15 Saldaña Ortega, V., «El papel de la Unión Europea ante la discriminación interseccional: ¿Hacia la construcción de una verdadera y eficiente política pública?» en *Mujeres, esfera pública e interseccionalidad*, pp. 321-332. ISBN: 9788411946780.

16 Carrasquero Cepeda, M. A., «La discriminación múltiple en Europa» en *Revista de Estudios Europeos,* núm. 75, 2020, p. 41-55.

En 2020, con la Estrategia para la Igualdad de Género 2020-2025[17], la Unión Europea incluye la interseccionalidad por primera vez, hablando de la necesidad de consignar una perspectiva de género en las políticas europeas, ya que, por ejemplo, la digitalización o el cambio climático no tienen la misma afectación en los hombres que en las mujeres. Asimismo, se mencionaba la importancia de tratar la igualdad de género y el empoderamiento de las mujeres fuera de las fronteras europeas, con la finalidad de empoderar a todas y lograr una efectiva equidad social, atacando así la raíz de muchas discriminaciones.

De hecho, el Comité de Ayuda al Desarrollo, a través de una recomendación[18] en mayo de 2024, establecería un marco de actuación para el empoderamiento de las mujeres y niñas en la cooperación para el desarrollo, como la articulada por la Unión Europea, y la ayuda humanitaria.

En este documento se reconocían los obstáculos que se pueden encontrar en la promoción de la igualdad de género en la cooperación internacional al desarrollo, ya que se debe combatir situaciones de resistencia frente a la inclusión de las niñas, adolescentes y mujeres en la sociedad, al mismo tiempo que se evita continuar con las normas existentes y estereotipos discriminatorios sin perpetuar la idea de colonización y ruptura de sus culturas a favor de la occidentalización. Para ello, el Comité de Ayuda al Desarrollo proponía constituir, con las acciones de cooperación al desarrollo o acción humanitaria, marcos políticos, legales y sociales que promoviesen la igualdad de género y abordasen las desigualdades sistémicas, como la violencia sexual, que presentan entrecruzamientos con la discriminación de género y la agravan.

Pese a lo visto anteriormente, debemos señalar una problemática de las políticas europeas: se han priorizado unas discriminaciones sobre otras, dando mayor importancia a las de género y etnia, lo que ha provocado que podamos hablar de privilegios dentro de las exclusiones.

Análogamente, las discriminaciones han intentado paliarse desde ciertos ámbitos, dándose prioridad al campo del trabajo, por ejemplo, resultando en que ciertas discriminaciones eran más perseguidas que otras y dependiendo de dónde se habían producido[19]. En consecuencia, vemos que la Unión aplicaba una interseccionalidad política, sin atender a la interseccionalidad estructural, es decir, no se apreciaba que el problema está arraigado en la sociedad.

---

17 Comunicación de la Comisión al Parlamento Europeo, al Consejo, al Comité Económico y Social Europeo y al Comité de las Regiones, Una Unión de la Igualdad: Estrategia para la Igualdad de Género 2020-2025, COM (2020) 152 final, de 05 de marzo de 2020.

18 Recomendación del Comité de Ayuda al Desarrollo sobre Igualdad de Género y el Empoderamiento de Todas las Mujeres y Niñas en la Cooperación para el Desarrollo y la Ayuda no Humanitaria, OECD/LEGAL/5022, de 14 de mayo de 2024. Disponible en: https://legalinstruments.oecd.org/en/instruments/OECD-LEGAL-5022#supportDocuments

19 Lombardo, E. y Verloo, M., «La "interseccionalidad" del género con otras desigualdades en la política de la Unión Europea», en *Revista Española de Ciencia Política,* núm. 23, julio de 2010, p. 11-30.

Esto se puede ver reflejado en las decisiones tomadas a la hora de instaurar, agencias, organismos o institutos que estudiasen las discriminaciones. Si bien es cierto que la Unión decía apostar por un análisis de las causas de discriminación de manera conjunta, terminaba estableciendo organismos que investigarían por separado, siendo ejemplos la Agencia de los Derechos Fundamentales, centrada en las desigualdades de origen étnico, o el Instituto Europeo de Igualdad de Género.

En consecuencia, si verdaderamente se busca la interseccionalidad de las políticas, y considerando que se han establecido instituciones o agencias especializadas, será necesario que haya una coordinación de las acciones con la finalidad de evitar acrecentar las discriminaciones por el olvido de ciertas categorías a las que no se haya dado el mismo valor que a otras.

Asimismo, es necesario considerar que al dar mayor o menor trascendencia a las categorías de discriminación se puede estar creando, de manera indirecta, un conflicto entre la sociedad civil, llegando a enfrentamientos por recursos, por ejemplo, lo que daría lugar a distinciones entre los propios grupos minoritarios.

A pesar de las circunstancias tras su creación, debemos destacar el papel que está teniendo el Instituto Europeo de la Igualdad de Género[20] en sus acciones para paliar las discriminaciones con varias visiones y enfoques, entre los que encontramos la interseccionalidad.

De hecho, el Índice de Igualdad de Género que presentan, permite ver como ciertas discriminaciones (discapacidad, educación, economía, país de procedencia o tipo de familia) interactúan con la discriminación de género en la Unión Europea o en sus Estados miembros en los ámbitos de profesión, economía, educación, salud y actividad y tiempo libre[21].

En 2022, el Parlamento Europeo adoptaría una resolución[22] tratando directamente la discriminación interseccional de las mujeres de etnia no europea. En este documento, el Parlamento diferenciaría la discriminación interseccional de la múltiple, abogando por la primera al considerar que ésta tiene mayores capacidades para adoptar una respuesta unificada sin privilegiar a una categoría de discriminación sobre otras. Esto se debe, según identifica el Parlamento, a que el enfoque interseccional comprende la multidimensionali-

20 Unión Europea, Instituto Europeo de la Igualdad de Género. Disponible en: https://european-union.europa.eu/institutions-law-budget/institutions-and-bodies/search-all-eu-institutions-and-bodies/european-institute-gender-equality-eige_es

21 European Institute for Gender Equality, «Intersecting inequalities», en *Gender Equality Index*. Disponible en: https://eige.europa.eu/gender-equality-index/2023/domain/intersecting-inequalities

22 Resolución del Parlamento Europeo, de 6 de julio de 2022, sobre la discriminación interseccional en la Unión Europea: situación socioeconómica de las mujeres de origen africano, de Oriente Próximo, latinoamericano y asiático [2021/2243(INI)].

dad que pueden sufrir las víctimas de discriminación y dar una respuesta con hincapié en la coyuntura estructural que ponga fin a las injusticias sociales.

En consecuencia, plantea diversas actuaciones, entre las que puede destacarse el aprovechamiento del lema «Unida en la diversidad» para atacar las discriminaciones dentro de la población europea y promoverse una verdadera unidad atendiendo a las diversas formas de discriminación, así como dar lugar a un mayor índice de representación de estos grupos minoritarios en posiciones de toma de decisiones.

De igual forma, el Consejo de la Unión Europea publicaría, en noviembre de 2022, unas conclusiones[23] sobre la importancia de la interseccionalidad de género en materia de paz y seguridad. Como se ha mencionado anteriormente en este trabajo, las niñas, adolescentes y mujeres se ven afectadas en mayor medida que los hombres en conflictos armados o en situaciones de inseguridad e ínfimos niveles de desarrollo.

En este tipo de panoramas las niñas, adolescentes y mujeres tiene mayores posibilidades de sufrir violencia sexual, ya que la población entiende que, por el conflicto, no va a haber una rendición de cuentas. La Unión Europea presentaría como respuesta a esto la lucha contra las impunidades, así como la promoción de los derechos humanos, entendiendo que debía aplicar una política que atacase también esa desigualdad de género.

Finalmente, en la Directiva 2024/1500[24] se habla de la discriminación interseccional, indicando que los organismos de igualdad deben tener especial cuidado para la actuación en situaciones específicas de desventaja resultantes al combinar el género con otras motivaciones, en los ámbitos laborales y de ocupación profesional.

IV. El enfoque adecuado para lograr la justicia social

Tal y como se ha podido apreciar en las páginas de este estudio, existen diversos enfoques para tratar las diversas discriminaciones. No obstante, si no se da una respuesta institucional coordinada que intente paliar estas situaciones, podemos encontrarnos con que la intervención más que ser una solución, lo que hace, ya sea directa o indirectamente, es agravar las desigualdades para con otras minorías o discriminaciones.

---

23 Consejo de la Unión Europea. «Conclusiones del Consejo sobre las mujeres, la paz, y la seguridad», en *Comunicado de prensa*, 941/22, de 14 de noviembre de 2022.

24 Directiva (UE) 2024/1500 del Parlamento Europeo y del Consejo, de 14 de mayo de 2024, sobre las normas relativas a los organismos de igualdad en el ámbito de la igualdad de trato y la igualdad de oportunidades entre mujeres y hombres en materia de empleo y ocupación, y por la que se modifican las Directivas 2006/54/CE y 2010/41/UE, DOUE L 1500, de 29 de mayo de 2024.

Por consiguiente, debe verse que enfoque es el adecuado, o tiene mayores recursos, para fomentar la justicia social, luchando contra las desigualdades y dando una respuesta unificada, mas considerando todas las variables.

La transversalidad del enfoque de género, conocido internacionalmente como *gender mainstreaming*, surgiría en 1995, con la IV Conferencia Mundial de Mujeres de Beijing[25]. Este enfoque plantea el diálogo y la involucración de todos los actores sociales en la búsqueda de una igualdad de género, teniéndose en cuenta sus causas, aplicaciones y consecuencias en todas las políticas, pese a que no tengan relación directa con el género.

HANCOCK[26] dispone que existen tres posibles enfoques para estudiar diversas categorías de discriminación: en primer lugar, el enfoque unitario; en segundo lugar, el enfoque múltiple; y, en tercer lugar, el enfoque interseccional.

Mientras que el enfoque unitario analiza la discriminación teniendo en cuenta una única categoría, tanto el enfoque múltiple como el interseccional someten la situación a la evaluación de varias categorías. La diferencia entre estos dos enfoques que dan prioridad a diversas etiquetas es que el múltiple les da la misma importancia, sin contrastar conjuntamente datos al producirse en momentos distintos, en tanto que el interseccional realiza un estudio interactivo[27].

En consecuencia, vemos que el enfoque unitario no está capacitado para garantizar un acercamiento efectivo de las políticas antidiscriminatorias a la realidad social, ya que, al no tomar en consideración todas las etiquetas posibles de discriminación, no dará una respuesta acertada a aquellas personas que resulten más vulnerables. Es decir, no se obtendrá una mejora de la justicia social.

Una ilustración del enfoque unitario es el enfoque de género que plantea una manera inclusiva de percibir un problema con la finalidad de que la relación entre hombres y mujeres progrese hacia una solución equitativa. De hecho, se pretende proteger los derechos humanos, evitando extrapolar las diferencias de género ya existentes en la sociedad.

Es decir, el enfoque de género prioriza la discriminación de género sobre el resto de las categorías y busca darle una respuesta centralizada en las disparidades entre hombres y mujeres, sin apreciar otras clasificaciones que estas personas pueden cumplir y que pueden afectar en dichas diferenciaciones.

---

25 RIGAT-PFLAUM, M., «Gender mainstreaming: un enfoque para la igualdad de género», en *Nueva sociedad*, núm. 218, noviembre-diciembre 2008, p. 40-56. ISSN 0251-3552.

26 HANCOCK, A. M., «When multiplication doesn't equal quick addition: Examining intersectionality as a research paradigm», en *Perspectives on Politics*, vol. 5, núm. 1, 2007, p. 63-79.

27 REY MARTÍNEZ, F., «La discriminación múltiple, una realidad antigua, un concepto nuevo», en *Revista española de derecho constitucional*, año 28, n.° 84, 2008, p. 251-283. ISSN 0211-5743.

Si bien es cierto que este enfoque entiende que la desigualdad está enraizada en las estructuras, procesos y relaciones sociales por lo que se crea una desventaja de inicio en la posición de las mujeres frente al resto de la comunidad, no contempla que mujeres de otras minorías sufran una doble discriminación, por ejemplo, y, en consecuencia, no está capacitado para dar una reacción colectiva.

Asimismo, se puede ejemplificar el enfoque múltiple en la Recomendación del Comité de Ayuda al Desarrollo sobre Igualdad de Género y el Empoderamiento de Todas las Mujeres y Niñas en la Cooperación para el Desarrollo y la Ayuda no Humanitaria. En ese documento, se atendía a las injusticias sociales que las mujeres de países del Sur Global, en situaciones de déficit de desarrollo, por lo que se tenían en cuenta varias categorías: mujeres + etnia + orientación sexual + situación económica + déficit de desarrollo, etc. Pero el Comité entendía que no tenían por qué sufrir en todos los momentos una discriminación por una acumulación de las categorías, sino que se podían dar en diversos momentos de su vida.

De esta forma, la Recomendación plateaba que la cooperación internacional al desarrollo debía estudiar los entrecruzamientos de las desigualdades, principalmente los de género y etnia y dar una respuesta unificada, con la finalidad de no dejar a nadie atrás.

V. Conclusiones

Como hemos podido apreciar a lo largo de las páginas que recogen esta investigación, las categorías de discriminación no pueden ser atacadas de forma individualizada. Esto se debe a que dicha forma de dar respuesta es muy probable que, en su aplicación, conlleve olvidos de ciertas personas que cumplen todas las etiquetas y no logremos una verdadera justicia social.

Esta imprudencia, que puede parecer sin maldad, muy probablemente venga provocada por las propias discriminaciones enraizadas en la persona, político, organización, etc. Es decir, se tratan de discriminaciones estructurales, que tienen una causa en la educación y cultura, no en la situación política o configuración normativa: la normativa crea dichas discriminaciones, porque las personas que han diseñado los marcos eran fuente de las discriminaciones.

Generalmente, el pertenecer a una de esas categorías puede dar pie a entrar en otras: una mujer de una minoría étnica sin estudios que migre a otro país tiene mayores posibilidades de tener que irse a vivir a una zona rural, ya que no dispondrá de medios para instalarse en una capital. Esa mujer tendría, en un principio, cinco posibles causas de discriminación: mujer, minoría étnica, sin estudios, migrante, ruralizada.

Como resultado podemos decir que toda discriminación no abordada está creando unas inseguridades que, muy probablemente, den lugar a vulnerabilidades de diversa índole.

Si bien es cierto que, en sus inicios, la discriminación múltiple y la interseccionalidad se confundían, sin entender que eran dos caras de la misma moneda, ambos enfoques sirven para explorar la discriminación en base a distintas categorías, mas, ese estudio lo realizan de forma distinta, y, en consecuencia, intentan dar una respuesta de forma diversa.

Ahora bien, se debe tener especial precaución con los casos de adopción de las políticas de género que no se han transversalizado, ya que, como en el caso del *hiyab*, pueden dar pie a otras situaciones de vulnerabilidad para con esas niñas, adolescentes y mujeres.

Todos estos enfoques intentan paliar la injusticia social, aunque presenten una perspectiva diversa. No obstante, más que tratarse de un problema de enfoque correcto, ya que cada uno tiene características que le permiten paliar las discriminaciones, en base a ciertas naturalezas y prioridades, se trata de un desafío que viene dado por el desconocimiento de la realidad social.

Un análisis previo de las situaciones, a través de diálogos sociales con todos los actores permitirá un mayor conocimiento de las circunstancias que están dando lugar a las desigualdades. Estos diálogos facilitarán la apreciación de discriminaciones indirectas que no se hubiesen contemplado en un inicio.

Asimismo, con el diálogo social se puede lograr más fácilmente el avance en conjunto de la humanidad en esta materia, ya que contribuye a la implantación con base en la educación de los nuevos conceptos y/o circunstancias sobre el empoderamiento de las mujeres, la igualdad de género, entre otros, sin apreciarse por las personas receptoras como una imposición neocolonialista de personas y/u organizaciones occidentalistas que no valoran sus culturas, religiones, conocimientos, etc.

Con esto vemos que la solución pasa por la educación, haciendo ver a las personas los errores en creencias discriminatorias, dando a entender la igualdad entre todas las personas, sin hacer perder sus culturas a través de asimilaciones sin imposiciones.

VI. Apéndice bibliográfico

Accem, «¿Por qué tenemos que abandonar para siempre la expresión "trata de blancas"?» *Noticias*, publicado el 29 de julio de 2020. Disponible en: https://www.accem.es/por-que-abandonar-la-trata-de-blancas/

Carazo, G. J., «Migrar para sobrevivir a la tierra seca en Etiopía» en *EL PAÍS*, publicado el 13 de febrero de 2023. Disponible en: https://elpais.com/planeta-futuro/2023-02-13/migrar-para-sobrevivir-a-la-tierra-seca-en-etiopia.html

Carrasquero Cepeda, M. A., «La discriminación múltiple en Europa» en *Revista de Estudios Europeos,* núm. 75, 2020, p. 41-55.

Conferencia Mundial contra el Racismo, la Discriminación Racial, la Xenofobia y las Formas Conexas de Intolerancia, celebrada del 31 de agosto al 8 de septiembre de 2001, en Durban (Sudáfrica). Disponible en: https://www.un.org/es/events/pastevents/cmcr/durban_sp.pdf

Consejo de la Unión Europea, «Conclusiones del Consejo sobre las mujeres, la paz, y la seguridad», en *Comunicado de prensa*, 941/22, de 14 de noviembre de 2022.

Crenshaw, K. «Demarginalizing the Intersection of Race and Sex: A Black Feminist Critique of Antidiscrimination Doctrine, Feminist Theory and Antiracist Politics», en *University of Chicago Legal Forum,* vol. 1989, issue 1, article 8, 1989.

Directiva (UE) 2024/1500 del Parlamento Europeo y del Consejo, de 14 de mayo de 2024, sobre las normas relativas a los organismos de igualdad en el ámbito de la igualdad de trato y la igualdad de oportunidades entre mujeres y hombres en materia de empleo y ocupación, y por la que se modifican las Directivas 2006/54/CE y 2010/41/UE, DOUE L 1500, de 29 de mayo de 2024.

European Institute for Gender Equality, «Intersecting inequalities», en *Gender Equality Index.* Disponible en: https://eige.europa.eu/gender-equality-index/2023/domain/intersecting-inequalities

Frías, M., *La interseccionalidad de la discriminación por razones de raza, etnia y género*, Madrid, abril 2022. ISBN: 978-84-09-41122-1.

Hancock, A. M., «When multiplication doesn't equal quick addition: Examining intersectionality as a research paradigm», en *Perspectives on Politics*, vol. 5, núm. 1, 2007, p. 63-79.

Informe del Alto Comisionado de las Naciones Unidas para los Derechos Humanos, Efectos de las formas múltiples e interseccionales de discriminación y violencia en el contexto del racismo, la discriminación racial, la xenofobia y las formas conexas de intolerancia sobre el pleno disfrute por las mujeres y las niñas de todos los derechos humanos, A/HRC/35/10, de 21 de abril de 2017.

Jiménez Rodrigo, M. L., «Políticas de igualdad de género e interseccionalidad: estrategias y claves de articulación», en *Convergencia Revista de Ciencias Sociales,* vol. 29, julio de 2022, p. 1-24. ISSN 2448-5799.

Lombardo, E. y **Verloo, M.,** «La "interseccionalidad" del género con otras desigualdades en la política de la Unión Europea», en *Revista Española de Ciencia Política,* núm. 23, julio de 2010, p. 11-30.

Mateen, Z. «Por qué usar hiyad no significa que las musulmanas estemos oprimidas» *BBC NEWS*, publicado el 20 de marzo de 2022. Disponible en: https://www.bbc.com/mundo/noticias-internacional-60496790

Nietzsche, F. *Crepúsculo de los ídolos*, Alianza Editorial, 2013.

O'Mullony., «Rosa Parks, la inspiración de Martin Luther King» en *LaIberia*, publicado el 21 de junio de 2021. Disponible en: https://www.laiberia.es/rosa-parks-la-inspiracion-de-martin-luther-king

ONU Mujeres, «Erradicar la mutilación genital femenina en la Uganda rural» en *Reportaje*, del 02 de febrero de 2022. Disponible en: https://www.unwomen.org/es/noticias/reportaje/2022/02/erradicar-la-mutilacion-genital-femenina-en-la-uganda-rural

Recomendación del Comité de Ayuda al Desarrollo sobre Igualdad de Género y el Empoderamiento de Todas las Mujeres y Niñas en la Cooperación para el Desarrollo y la Ayuda no Humanitaria, OECD/LEGAL/5022, de 14 de mayo de 2024. Disponible en: https://legalinstruments.oecd.org/en/instruments/OECD-LEGAL-5022#supportDocuments

Recomendación General n.º 28 del Comité para la Eliminación de la Discriminación contra la Mujer, CEDAW/C/GC/28, de 16 de diciembre de 2010.

Resolución del Parlamento Europeo, de 6 de julio de 2022, sobre la discriminación interseccional en la Unión Europea: situación socioeconómica de las mujeres de origen africano, de Oriente Próximo, latinoamericano y asiático [2021/2243(INI)].

Rey Martínez, F., «La discriminación múltiple, una realidad antigua, un concepto nuevo», en *Revista española de derecho constitucional*, año 28, n.º 84, 2008, p. 251-283. ISSN 0211-5743.

Rigat-Pflaum, M., «Gender mainstreaming: un enfoque para la igualdad de género», en *Nueva sociedad*, núm. 218, noviembre-diciembre 2008, p. 40-56. ISSN 0251-3552.

Saldaña Ortega, V. «El papel de la Unión Europea ante la discriminación interseccional: ¿Hacia la construcción de una verdadera y eficiente política pública?» en *Mujeres, esfera pública e interseccionalidad*, p. 321-332. ISBN: 9788411946780.

Unión Europea, «Comunicación de la Comisión al Parlamento Europeo, al Consejo, al Comité Económico y Social Europeo y al Comité de las Regiones, Una Unión de la Igualdad: Estrategia para la Igualdad de Género 2020-2025», *EUR-Lex*, de 05 de marzo de 2020.

Unión Europea, *Instituto Europeo de la Igualdad de Género*. Disponible en: https://european-union.europa.eu/institutions-law-budget/institutions-and-bodies/search-all-eu-institutions-and-bodies/european-institute-gender-equality-eige_es

CAPÍTULO 9

UNA APROXIMACIÓN A LA DISCRIMINACIÓN INTERSECCIONAL EN LA UNIÓN EUROPEA

Virginia Saldaña Ortega
Directora del Grado en Derecho de la Universidad Isabel I.
Vicesecretaria general del Instituto Eurolatinoamericano de Estudios para la Integración

I. Introducción

El asentamiento de sociedades pacíficas, capaces de establecerse en el seno de un desarrollo de carácter sostenible, pasa por la construcción de un marco de actuación útil, eficaz e igualitario para todos. Como sabemos, media población mundial está conformada por mujeres y niñas que, por ende, constituyen la mitad del potencial humano existente en nuestro planeta. Esto nos lleva hacia el necesario entendimiento de cómo las políticas públicas deben ir encaminadas a la procura de una verdadera concreción en términos de igualdad material entre hombres y mujeres. Ello pese a lo difícil de explicar cómo un colectivo compuesto por la mitad de los habitantes del planeta debe ser puesto en valor a los efectos de poder llegar a igualarse con la otra mitad[1]. Si bien aquí entran en juego aspectos históricos que han venido enquistando y reduciendo la figura de la mujer a su mínima expresión, a partir de una máxima represión.

La sociedad de la sobreinformación nos ha permitido, una vez más, abordar estas primeras líneas de estudio a partir de los datos y cifras existentes al respecto de esta cuestión. Atendiendo al punto quinto de los Objetivos de Desarrollo Sostenible titulado: «Lograr la igualdad entre los géneros y empoderar a todas las mujeres y las niñas», podremos evidenciar cómo casi la mitad de las mujeres casadas no ostentan poder de decisión sobre aspectos de tanta importancia como su salud o los derechos sexuales y reproductivos. Asimismo, un 35 % de las mujeres en la franja de edad entre los 15 y los 49 años, han sufrido violencia física o sexual por parte de su pareja. Indudablemente, las cifras siguen siendo desalentadoras pues aún continúa permaneciendo un alto porcentaje de niñas de entre los 15 y los 19 años que han sufrido algún tipo de mutilación genital[2].

Estos escalofriantes datos ponen de manifiesto la imperiosa necesidad de procurar un desarrollo conforme y pragmático para paliar las situaciones que aún hoy en día asolan nuestra realidad y el escenario global en el que nos encontramos[3]. Y lo cierto es que parecieran cifras más propias de décadas anteriores en las que el papel de la mujer quedaba relegado a un segundo plano en todas las esferas de la actividad de la ciudadanía, en prácticamente cualquier territorio del mundo. Momentos en los que el derecho al voto, el desarrollo profesional o la capacidad de decisión quedaban lejos del alcance de una mujer por el mero hecho de serlo.

Tales situaciones impulsan a la comunidad científica a la valoración y estudio de los diferentes elementos que asisten a la realidad de la discriminación. Y ello, a su vez, procura la importancia de establecer unos criterios de conceptualización óptimos para la determinación de las circunstancias en que una persona o un grupo de personas corren el riesgo de ver invalidados sus derechos fundamentales. Resulta obvio que el análisis y el estudio pormenorizado del concepto ofrece un campo de actuación a futuro, mucho más clarificado en el que todos los sujetos intervinientes en una realidad común, globalizada y abierta puedan atribuir unos mismos criterios de evaluación de las circunstancias del caso de contravención.

---

1 Blázquez Agudo, E. M., «La igualdad de género como objetivo de desarrollo sostenible», en *Femeris: Revista Multidisciplinar de Estudios de Género*, núm. 1, 2017, págs. 4-7.

2 *¿Qué es la mutilación genital?* Disponible en: https://www.unicef.org/es/historias/lo-que-debes-saber-sobre-la-mutilacion-genital-femenina

3 Saldaña Ortega, V., «La igualdad de género en el ámbito de la Unión Europea: impulso institucional y avances en la materia», en: *Retos de igualdad y lucha contra la violencia de género desde una perspectiva multidisciplinar*, edit. Tirant lo Blanch, 2023.

Y es en este orden de ideas en el que aspectos como la interseccionalidad juegan un papel fundamental en la elaboración de doctrina científica y jurisprudencial. Resulta pertinente el abordaje de estas cuestiones desde una múltiple visión, con el fin de poder procurar el enriquecimiento de aspectos inicialmente desconocidos y que suponen un auténtico reto para la aplicación práctica del Derecho tal y como lo conocemos.

Términos como el de interseccionalidad ostentan un papel fundamental en las políticas de igualdad de nuestro futuro más próximo siendo necesaria su asimilación en el marco de una definición definitiva, que provea todas las aristas de su aplicación, en el marco de un Estado de Derecho como el español, y en el escenario común supranacional que articula la vida de los europeos.

II. La política de igualdad en la Unión Europea: análisis de los desafíos y las oportunidades

Hemos tenido innumerables ocasiones para ofrecer un desarrollo exhaustivo del proceso de evolución acontecido en el proyecto de integración de la Unión Europea. Con gran afán de convencimiento venimos una vez más a clarificar que esta organización bebe de las fuentes propias de la supranacionalidad y hasta incluso se encuentra marcada con determinados tintes federales que determinan su realidad desde un prisma totalmente distinto a lo conocido hasta el momento: desde su carácter *sui generis*[4]. Por consiguiente, no resulta en este momento conveniente detenernos en este asunto, por cuanto no supone parte esencial de nuestros objetivos claramente establecidos en el título que fundamenta este escrito, pero sí parece decisivo detenernos en la evolución ocurrida en su marco de actividad, por cuanto este ha supuesto un espaldarazo más que indiscutible a las políticas de igualdad asimiladas por la organización en estos momentos.

En este orden de circunstancias, parece que el primer gran hito a favor de la construcción de un marco de protección en la materia podríamos encontrarlo en el Tratado de Roma del año 1957. Evidentemente desde una óptica eminentemente económica pues el citado tratado vino a promulgar el principio de igualdad entre hombres y mujeres en relación con la equivalencia salarial. Empero, puede ser considerado el originario gran impulso de la política hacia la senda del progreso. Siendo otros muchos acontecimientos de relevancia posteriores los que han venido sucediéndose hasta nuestros días, en pro de la erradicación de las desigualdades por razón de sexo y de la ampliación del contenido propio del principio de igualdad.

4 SALDAÑA ORTEGA, V., «La naturaleza de la Unión Europea: la contienda entre las tres grandes concepciones y el progreso hacia un verdadero proyecto federal», en *Revista de la Secretaría del Tribunal Permanente de Revisión*, núm. 21, 2024, págs. 1-25.

Desde la cobertura de las condiciones laborales a partir de la Directiva 2000/78/CE del Consejo de 27 de noviembre de 2000, relativa al establecimiento de un marco general para la igualdad de trato en el empleo y la ocupación[5]; hasta el acceso a los bienes y servicios por medio de la Directiva del Consejo de 2004/113/CE de 13 de diciembre de 2004, por la que se aplica el principio de igualdad de trato entre hombres y mujeres al acceso a bienes y servicios y su suministro[6]; pasando por el desarrollo en materia de seguridad social, a partir de la Directiva del Consejo de 19 de diciembre de 1978, relativa a la aplicación progresiva del principio de igualdad de trato entre hombres y mujeres en materia de seguridad social[7], el desarrollo normativo de la Unión Europea ha sido clave para el asentamiento de lo que hoy en día entendemos como una verdadera política pública en todo su dimensionamiento.

Sin embargo, no es hasta la publicación del último tratado que protagoniza el Derecho originario que la materia de igualdad entra a ser considerada un elemento de primer orden y un verdadero objetivo cuyo cumplimiento resulta de principal obligación para los entes y sujetos que participan de la actividad institucional, política y administrativa de la organización[8]. Por este motivo, y pese a poder considerar la importancia de los potenciales precursores anteriores al Tratado de Lisboa en materia de igualdad de género, no podemos sino afirmar que esta última articulación que buscaba una igualdad material y real en el ejercicio de la actividad cotidiana de nuestra sociedad enarbola el principio de igualdad como uno de los valores fundamentales de la Unión Europea.

La base jurídica de todo cuanto venimos a exponer se encuentra contenida en los artículos 2 y 3.3 del Tratado de la Unión Europea; en los artículos 8, 10, 19, 153 y 157 del Tratado de Funcionamiento de la Unión Europea[9], así como en los artículos 21 y 23 de la Carta de los Derechos Fundamentales de la Unión Europea[10]. Por supuesto, además de las numerosas normativas de carácter derivado que han ido sucediéndose a lo largo de los últimos años y que vertebran las realidades específicas de aplicación del principio de igualdad a multitud de escenarios y de realidades en las que su aplicación se antoja fundamental.

Todo ello hace que el principio de igualdad entre hombres y mujeres, así como su normativa deban ser considerados no solo un principio de obligado

---

5 DOUE L 303/16, 2/12/2000.

6 DOUE L 373/37, 21.12.2004.

7 DOUE L 6/24, 10.01.1979.

8 Saldaña Ortega, V., «Análisis de los retos y desafíos futuros de la Unión Europea. El impulso federal como instrumento ejecutor del cambio», en *Revista de Filosofía Jurídica y Social*, núm. 38, 2021, págs. 239-240.

9 DOUE C 83/18, 30.03.2010.

10 DOUE C 83/389, 30.03.2010.

cumplimiento, sino un valor fundamental de la Unión y, por supuesto, un objetivo prioritario perseguido por la organización, de cuyo logro dependerá la buenaventura de nuestra sociedad.

III. Las estrategias de la Unión Europea en materia de seguridad

La Unión Europea ha entendido eficaz la adopción de tácticas concretas para la búsqueda de soluciones en el ámbito de la discriminación por razón de sexo y ha propulsado, a lo largo de los últimos años, una serie de estrategias en materia de igualdad de género tendentes al desarrollo y a la promoción de acciones en favor de estos propósitos. La independencia económica, la búsqueda de una igualdad salarial, la persecución de una igualdad en la toma de decisiones o la aplicación efectiva de la transversalidad de género a las políticas de la Unión Europea son solo algunos de los grandes ejes de construcción de estas estrategias que fundamentan todo un entramado programado de acciones en contra de la discriminación sexual y en favor de las políticas de igualdad de género.

A este respecto resulta del todo oportuno mencionar la Estrategia para la Igualdad de Género que nos asiste en la actualidad —la prevista para 2020-2025— que ofrece una meta claramente establecida en su redacción por la que las mujeres, hombres, niños y niñas en toda su diversidad deben disponer de libertad para seguir el rumbo que elijan en sus vidas. Siendo para ello necesario que gocen de las mismas oportunidades para prosperar. Y es que resulta crucial el poder conformar y dirigir en términos de igualdad el rumbo de todos los integrantes de nuestra sociedad europea.

La importancia de esta última estrategia radica en el abandono de las políticas de alcance limitado y basadas en aspectos generales y cuestiones abstractas, abrazando la promoción del perfeccionamiento en la materia y el desarrollo de aspectos de carácter mucho más concreto y de mayor impacto para el correcto funcionamiento de la actividad diaria de una sociedad marcada por el pluralismo.

Concretamente, la actual Estrategia para la Igualdad de Género de la Unión Europea tiene por objeto lograr una Europa igualitaria desde el punto de vista de género, poniendo fin a la violencia de género, la discriminación sexual y las desigualdades estructurales entre hombres y mujeres. ¿De qué manera? Por medio del abordaje basado en una doble perspectiva: por un lado, a partir de la aplicación medidas específicas para lograr la igualdad de género y, en segundo orden, a partir del fortalecimiento de la integración de la perspectiva de género en todas las políticas y grandes iniciativas desarrolladas en el ámbito común[11].

---

11 Comunicación de la Comisión al Parlamento Europeo, al Consejo, al Comité Económico y Social Europeo y al Comité de las Regiones. Una Unión de la igualdad: Estrategia para la Igualdad de Género 2020-2025 [COM/2020/152 final].

La estrategia establece una serie de acciones de acompañamiento que precisan de la actividad de las Instituciones europeas y los Estados miembros, pudiéndose dividir en cuatro grandes puntos o ejes de actuación:

- El primero, destinado a combatir la violencia y los estereotipos de género con acciones que incluyen la adhesión al Convenio del Consejo de Europa sobre la prevención y lucha contra la violencia contra las mujeres y la violencia doméstica;
- un segundo punto basado en el establecimiento de una economía próspera con igualdad de género, abordando cuestiones relativas a la brecha salarial entre hombres y mujeres;
- un tercer plan de actuación basado en la procura de la igualdad de oportunidades en los puestos de mando en la toma de decisiones y la política a partir, por ejemplo, de la adopción de una directiva encaminada a la mejora del equilibrio de género en los consejos de administración;
- y un último punto basado en la potenciación de la política de género de la Unión Europea en el exterior[12].

¿Cómo se producirá la consolidación y el logro de todas estas medidas de promoción? Por medio del apoyo económico facilitado por las Instituciones europeas. Específicamente, a partir de las propuestas de la Comisión para el marco financiero plurianual 2021-2027 que de manera significativa vienen a apoyar varias cuestiones de la igualdad de género, detalladas anteriormente y que bien podríamos resumir en: la participación de las mujeres en el mercado de trabajo y su conciliación de la vida privada y la vida profesional; la inversión en instalaciones de asistencia; y el fomento de la actividad empresarial de las mujeres. Inyección económica que se proporcionará a través de distintos instrumentos de financiación y garantía presupuestaria de entre los que cabría destacar el Fondo Social Europeo Plus[13]; el Fondo Europeo de Desarrollo Regional[14] y el Programa Europa Creativa[15].

---

12 Fichas temáticas: Estrategia para la igualdad de género. Avances y principales ámbitos de actuación. Comisión Europea. Disponible en: https://commission.europa.eu/strategy-and-policy/policies/justice-and-fundamental-rights/gender-equality/gender-equality-strategy_es

13 Reglamento (UE) 2021/1057 del Parlamento Europeo y del Consejo de 24 de junio de 2021 por el que se establece el Fondo Social Europeo Plus (FSE+) y por el que se deroga el Reglamento (UE) n.° 1296/2013 [L 231/21, 30.06.2021].

14 Reglamento (UE) 2021/1058 del Parlamento Europeo y del Consejo de 24 de junio de 2021 relativo al Fondo Europeo de Desarrollo Regional y al Fondo de Cohesión [L 231/60, 30.06.2021].

15 Reglamento (UE) 2021/818 del Parlamento Europeo y del Consejo de 20 de mayo de 2021 por el que se establece el Programa Europa Creativa (2021 a 2027) y por el que se deroga el Reglamento (UE) n.° 1295/2013 [L 189/34 28.05.2021].

Todo lo anteriormente expuesto viene a fundamentar un progreso en materia de igualdad en el que la Unión Europea no solo persigue catapultarse como principal sujeto en la comunidad internacional de referencia en materia de igualdad de género, sino que sus intenciones van encaminadas al desarrollo pormenorizado de aspectos concretos y determinantes en los que la conceptualización de las nuevas formas de discriminación jugará un papel fundamental.

Lamentablemente los últimos avances en política europea no son demasiado esperanzadores en la materia ya que la Comisión europea y su nueva composición juzga no contar con una propuesta de cartera para el ámbito de igualdad. Parece que el espaldarazo de la Unión Europea a las políticas de igualdad ha quedado relegado a un segundo plano, llegándose a priorizar por parte de la citada institución otras temáticas de primer nivel y de relevante urgencia para el avance político y económico de nuestros territorios.

IV. El concepto de interseccionalidad en las políticas de igualdad

Hemos tenido numerosas ocasiones de profundizar al respecto de lo que para quienes suscriben este artículo, resulta un elemento de vital importancia en el desarrollo y evolución de cualquier política pública: nos estamos refiriendo a la conceptualización. Esta ocasión no es distinta: el concepto y la terminología han jugado y ostentan un papel fundamental en el proceso de construcción y consolidación de las políticas públicas en materia de igualdad de género, en el seno del territorio europeo y también fuera de él. Una vez más, la doctrina y la jurisprudencia ostentan un papel esencial en el ejercicio de matización y de pormenorización del contenido que dibujan un aspecto de gran relevancia práctica y que sin duda constituye el eje central de nuestro proyecto: la interseccionalidad en materia de igualdad[16].

Pese a lo novedoso que pueda llegar a resultar a los ajenos al estudio de estas materias, lo cierto es que el término interseccionalidad de género lleva presente en la realidad de su ámbito de aplicación desde su inclusión, gracias a los aportes ofrecidos por autores como Kimberlé Crenshaw a finales de la década de los ochenta[17]. Si bien, tal y como veremos, su aplicación se ha realizado de manera desigual y en ocasiones de forma francamente mejorable.

16 Saldaña Ortega, V., «El papel de la Unión Europea ante la discriminación interseccional: ¿Hacia la construcción de una verdadera y eficiente política pública?» en *Mujeres, esfera pública e interseccionalidad*, pp. 321-332. ISBN: 9788411946780.

17 Crenshaw, K., «Demarginalizing the intersection of Race and Sex: A black feminist Critique of Antifiscrimination Doctrine, Feminist Theory and Antiracist Politics», *University of Chicago Legal Forum*, Volume 1989. Disponible en: https://chicagounbound.uchicago.edu/cgi/viewcontent.cgi?article=1052&context=uclf

Y ¿qué entendemos por interseccionalidad en el campo de investigación propuesto? Se trata de aquellos supuestos en los que resultan varios los motivos que actúan e interactúan entre sí al mismo tiempo a la hora de producirse una discriminación en la que todos ellos resultan inseparables y dan lugar a un tipo de discriminación en sí misma: la discriminación interseccional. Dicho de otro modo, la discriminación interseccional tiene lugar cuando las mujeres se enfrentan al mismo tiempo a factores de discriminación por razón de raza, etnia y sexo[18], principalmente.

La complicación para la aplicación de este tipo de discriminación en el marco de la actividad jurisdiccional radica en la complejidad de la determinación de una posible vulneración del principio de igualdad por esta razón y la asimilación de este concepto en cada caso de contravención que se pueda llegar a dar, siendo indispensable analizar de forma determinante las peculiaridades de cada situación.

Existe un ejemplo ampliamente utilizado y conocido por todos los que analizan estas cuestiones que es el caso de una mujer prostituta de origen africano con residencia en España. En tal supuesto, la ciudadana alegó malos tratos físicos y verbales por parte de un miembro de la Policía Nacional por razón de su raza, sexo y profesión. En contra de lo acontecido por las personas europeas que ejercían la prostitución, la mujer de origen africano había estado sometida a repetidos controles policiales y había sido víctima de insultos racistas y sexistas en un gran número de ocasiones.

Ante tales circunstancias ¿qué posición tomó el Tribunal Europeo de Derechos Humanos que finalmente conoció del asunto? Si bien inicialmente el mencionado tribunal poseía una clara intención de no brindar una denominación o terminología concreta al respecto de tales supuestos, vino a ofrecer una resolución basada en el respeto al principio de no discriminación entendiendo que se había producido una clara violación del artículo 3 y 14 del Convenio Europeo de Derechos Humanos. Ello, al no haberse tomado en consideración la especial vulnerabilidad de la demandante, a partir de un triple condicionante: ser mujer, de origen africano y prostituta[19].

De conformidad con lo afirmado por el Comité CEDAB: «los Estados parte deben reconocer y prohibir en sus instrumentos jurídicos estas formas entrecruzadas de discriminación y su impacto negativo combinado en las mujeres afectadas»[20]. Indiscutiblemente, y de conformidad con las afirmaciones

---

18 Agencia de los Derechos Fundamentales de la Unión Europea y Consejo de Europa *Manual de legislación europea contra la discriminación*, 2018. Disponible: https://www.echr.coe.int/documents/d/echr/Handbook_non_discri_law_SPA

19 TEDH, B.S. c. España, n.° 47159/08, de 14 de julio de 2012.

20 Naciones Unidas, CEDAW: Proyecto de Recomendación general núm. 28, relativa al artículo 2 de la Convención sobre la eliminación de todas las formas de discriminación contra la mujer, del 16 de diciembre de 2010. Disponible en: https://www.right-to-educa-

ofrecidas por el profesor Rey Martínez la inclusión vaga de todos estos conceptos difícilmente delimitables hace que nos hallemos ante una «categoría niebla»[21] en la que múltiples figuras jurídicas pueden dar lugar a muy distintas resoluciones de diferente naturaleza en el ámbito de la aplicación del Derecho a las realidades que se vayan desarrollando. Y es que el término de interseccionalidad llega a mezclarse y a entenderse combinable con algunos otros de entre los que especial mención merece la discriminación de carácter múltiple[22].

Al hilo de esta cuestión convendría preguntarnos ¿qué diferencia encontramos entre la discriminación múltiple y la interseccional? Una parte consolidada de la doctrina ha venido distinguiendo hasta un total de tres fenómenos diferentes[23], a saber: la discriminación múltiple para los supuestos en que una persona es discriminada a lo largo de su vida por diferentes causas; la discriminación compuesta para los supuestos en los que una persona es discriminada en un mismo momento por varias causas sin que estas lleguen a interrelacionarse entre sí; y, por último, la discriminación interseccional que acontece en los supuestos en que una persona es discriminada en un mismo momento por varias causas que interaccionan[24].

Bien es cierto que lo que partía de una premisa de diferenciación exhaustiva de los distintos tipos de discriminación ha terminado por convertirse en un *totum revolutum* de conceptos con escaso carácter y cuya aplicación, en ocasiones, ha resultado francamente compleja. En esta línea de pensamiento se encuentran autores como Fernando Rey que, con ese afán de rescatar lo que se entendió como una idea primigenia de interseccionalidad, criticando las teorías de otras doctrinas como la de Makkonen al entender que la por él denominada discriminación múltiple realmente no vino a ofrecer ninguna novedad conceptual, entendió que solo se trata del historial de discriminaciones de una personal a lo largo de su vida.

A mayor abundamiento, el autor asimila que la diferencia entre discriminación compuesta e interseccional, si bien en términos teóricos pueden entenderse como conceptos diferenciados, en la aplicación práctica se antoja prácticamente imposible. Motivo por el cual, se precisan soluciones que

---

tion.org/sites/right-to-education.org/files/resource-attachments/CEDAW_Recomendaci%C3%B3n_General_28_ES.pdf

21 Rey Martínez, F., «La discriminación múltiple, una realidad antigua, un concepto nuevo», *Revista Universidad de Ciencias Empresariales y Sociales*, 13, págs. 177-207.

22 Abril Stoffels, R., «El reconocimiento judicial de la discriminación múltiple en el ámbito europeo», *Revista de Derecho Comunitario Europeo*, núm. 44, 2013, págs. 309-326.

23 Lousada Arochena, J. F., «Discriminación múltiple: El estado de la cuestión y algunas reflexiones», *Aequalitas*, núm. 41, 2017, págs. 29-40.

24 Timo Makkonen, *Multiple, compound and intersectional discrimination: Brigning the experiences of the most marginali zed to the fore*, Institute for Human Rigts, Abo Akademi University, 2002.

pueden impulsar la superación de estas problemáticas dogmáticas: siendo imprescindible la idea de considerar la discriminación múltiple y la interseccional como dos conceptos sinónimos[25].

Verdaderamente y teniendo en cuenta el estado de la cuestión, valorar la posibilidad de incluir dos términos dentro de una misma realidad parece la alternativa más viable dentro de todas las existentes. Y es que una vez más, la terminología y la conceptualización resultan un aspecto de discusión y debate en el ámbito doctrinal y entendemos que ello se debe, precisamente, a la dificultad que entraña su aplicabilidad al caso concreto. La interseccionalidad es, por ser el término primigenio, el elemento al que deberíamos atender desde un prisma de entendimiento común y lógico siendo quizás el concepto de discriminación múltiple el más aceptado, aunque solo sea por la sencillez de su terminología.

Otra de las posiciones[26] más destacables en la doctrina parte de la idea de considerar la discriminación múltiple como un género que a su vez engloba dos grandes especies, dependiendo de si la discriminación se puede apreciar manejando cualquiera de las causas que concurren —entendiendo por tanto la discriminación acumulativa— o si pudiéramos llegar a apreciarla conjugando causas, esto es: por medio de la discriminación compuesta, superpuesta o interseccional. A este respecto, aclara Lousada, la discriminación múltiple, acumulativa o interseccional sería, además, diferente conceptualmente al historial de discriminaciones que puede llegar a sufrir una persona en el trascurso de su vida pudiendo entender que ello constituye una discriminación sucesiva, pero no múltiple[27].

El carácter desdibujado que plantea el entendimiento de todos estos conceptos y la convivencia pacífica de todos ellos en una misma realidad viene motivado, entre otras cosas, por la falta de visión unánime de su interpretación en el ámbito propio de la actividad de la política pública y en la aplicación del Derecho.

V. La aplicación del principio de interseccionalidad en las políticas públicas y en el sistema jurídico europeo

Como veníamos advirtiendo, la práctica de la actividad política y la inclusión del concepto de interseccionalidad en el sistema jurídico ha resultado

25 Rey Martínez, F., «La discriminación múltiple. Una realidad antigua, un concepto nuevo», *Revista española de Derecho constitucional*, núm. 84, 2008, págs. 251-283.

26 Sheppard, C., «Multiple Discrimination in the Word of Work», *Working Paper*, núm. 66, 2011.

27 Lousada Arochena, J.F., «Discriminación múltiple: El estado de la cuestión y algunas reflexiones», *Aequalitas*, núm. 41, 2017, págs. 29-40.

escaso en términos generales y francamente deficientes si atendemos a la evolución acontecida a lo largo de las últimas décadas.

Desde la perspectiva comunitaria, las aplicaciones prácticas de la interseccionalidad con carácter general han quedado relegadas a un marco de inoperatividad difícilmente defendible. Durante años la única mención cercana a los conceptos que estamos tratando en este escrito —interseccionalidad y discriminación múltiple— la encontrábamos en la Directiva 2000/43/CE del Consejo de 29 de junio de 2000, relativa a la aplicación del principio de igualdad de trato de personas independientemente de su origen racial o étnico[28] y en la Directiva 2000/78/CE del Consejo, de 27 de noviembre de 2000, relativa al establecimiento de un marco general para la igualdad de trato en el empleo y la ocupación[29]. En ambas se afirma la existencia de discriminaciones múltiples a las mujeres si bien la interseccionalidad no entra a ser detallada como un concepto con entidad propia.

Si acudimos al contenido ofrecido por el artículo 21 de la Carta de los Derechos Fundamentales de la Unión Europea vemos un listado no exhaustivo de los motivos de discriminación que deben ser atendidos. Y aquí precisamente es donde existe una discordancia entre lo que acontece en el texto propio del Derecho originario y del derivado pues es en este último en el que sí se ofrece una lista exhaustiva de los motivos que podrían ser considerados discriminatorios.

Por tanto, ¿qué solución da el Tribunal de Justicia de la Unión Europea a tal situación? Parece que de acuerdo con las apreciaciones ofrecidas por la sentencia del 9 de marzo de 2017 (Asunto C-406/15), conocida como caso Petya Milkova, la citada institución resulta incompetente para la ampliación de dichos listados, dificultando de esta manera las motivaciones que reflejen situaciones en las que se materialicen más de una situación de desigualdad. Y aquí nos estamos refiriendo al caso de una mujer de origen africano, por ejemplo.

A mayor abundamiento, el mencionado tribunal argumentó —en la sentencia de 24 de noviembre de 2016 (Asunto C-443/15)— la imposibilidad de combinar motivos del listado ya existente sin que estas nuevas combinaciones pudiesen llegar a generar nuevos subgrupos o nuevas categorías independientes porque:

> Si una categoría no constituye una discriminación por ninguno de los motivos prohibidos por la Directiva 2000/78/CE cuando dichos motivos se toman por separado, no puede dar lugar a una discriminación basada en el efecto combinado de dichos motivos.

28 [DOUE L 180, 19.07.2000].

29 [DOUE L 303, 02.12.2000].

Los últimos años de actividad en materia de igualdad en el seno de la Unión Europea han traído consigo la asimilación de este tipo de conceptualizaciones tan vanguardistas. Conceptos que de forma ineludible forman parte de nuestro día a día y que indudablemente deben tener cabida en el sistema jurídico europeo y en las disposiciones que se desarrollen. Empero, tales avances en la materia no son todo lo profundos y garantistas que quisiéramos.

Atendiendo a la Directiva (UE) 2023/970 del Parlamento Europeo y del Consejo de 10 de mayo de 2023 por la que se refuerza la aplicación del principio de igualdad de retribución entre hombres y mujeres por un mismo trabajo o uno de igual valor a través de medidas de transparencia retributiva y de mecanismos para su cumplimiento[30], vemos como el término interseccionalidad viene a formar parte ya de manera algo más concreta del contenido llegando a afirmar que:

> Las mujeres con discapacidad, las mujeres de origen racial y étnico diverso, incluidas las mujeres gitanas y las mujeres jóvenes o mayores se encuentran entre los grupos que pueden verse afectados por la discriminación interseccional.

La Unión Europea ha procurado incluso el establecimiento de una verdadera distinción pragmática entre dos conceptos históricamente asimilados como iguales o contrarios —dependiendo de la doctrina profesada— para el entendimiento de los tipos de discriminación que pueden llegar a desarrollarse en el seno de la Unión Europea. A tal respecto y atendiendo a la distinción ofrecida por la Propuesta de Resolución del Parlamento Europeo sobre la Discriminación Interseccional en la Unión Europea[31]:

> Considerando que la discriminación interseccional es distinta de la discriminación múltiple, que se produce cuando cada tipo de discriminación puede demostrarse y tratarse de forma independiente; que en el caso de la discriminación interseccional, los motivos de discriminación están interrelacionados, lo que crea un tipo único de discriminación; que la interseccionalidad permite adoptar una perspectiva que tiene en cuenta motivos interseccionales sin dar prioridad a uno por encima de otro; que un enfoque interseccional tiene en cuenta la multidimensionalidad de las experiencias e identidades de las personas e implica un enfoque ascendente; que la utilización de un enfoque de interseccionalidad en los análisis y las políticas exige pensar de manera diferente en cuanto a la identidad, la igualdad y los desequilibrios de poder.

30 [DOUE L 132/21, 17.05.2023].

31 *Una situación socioeconómica de las mujeres de origen africano, de Oriente Próximo, latinoamericano y asiático [2021/2243(INI)]*. Disponible en: https://www.europarl.europa.eu/doceo/document/A-9-2022-0190_ES.html

VI. Conclusiones

Cuando pasamos a examen aspectos tales como el nivel de paridad de una sociedad o el desarrollo de principios de igualdad en el marco de una ciudadanía, tenemos la posibilidad de estudiar y analizar el estado de salud en que se encuentran las democracias que encarnan sus distintas realidades territoriales. El desarrollo social de una nación o de un conjunto de naciones como la Unión Europea, requiere de un estudio pormenorizado de todos estos aspectos, claramente incluyentes en el proceso evolutivo de su proyecto de integración basado en un eje social y democrático absolutamente determinantes para su correcta marcha.

En este proceso el perfeccionamiento fundamentado en los anhelos de una verdadera paridad en la sociedad y en los derechos a ella conferidos, la búsqueda de una mejor conceptualización y la especificación de la terminología utilizada resultan de especial importancia. A mayor abundamiento lo cierto es que el objetivo aún no ha sido conseguido y debemos insistir en la instauración y la determinación de figuras jurídicas y terminologías concretas por las que la realidad europea y el sistema jurídico y las políticas públicas confluyan en un mismo sendero en que estas sean aplicables sobre aquellas.

Y es que la situación con respecto a la clarificación de términos como la discriminación múltiple o la interseccionalidad sigue siendo compleja. Máxime si atendemos a las diferencias existentes entre los actos no normativos, los estudios oficiales, las doctrinas, las políticas de igualdad y el encaje jurídico. De hecho, mientras las normativas internas y las resoluciones judiciales que parten del ordenamiento jurídico comunitario se han resistido siempre a acoger la interseccionalidad de forma concreta, el campo internacional ha venido favoreciendo la inclusión de estos conceptos de manera más clara.

La Unión Europea se encuentra en un momento de absoluta inflexión en la que su futuro como organización dependerá de los logros que consiga para establecerse con una posición ventajosa en el panorama internacional. Es momonto do rotomar ol *status* do superioridad en materia de derechos que históricamente ha venido catapultando a la Unión Europea como un sujeto para tomar de referencia. Y ello pasa por la procura de una Europa abierta, integral, armonizada y basada en el establecimiento y la consecución de valores sociales y democráticos como la igualdad y la no discriminación.

VII. Apéndice bibliográfico

Abril Stoffels, R., «El reconocimiento judicial de la discriminación múltiple en el ámbito europeo», *Revista de Derecho Comunitario Europeo*, núm. 44, 2013, págs. 309-326.

Blázquez Agudo, E. M., «La igualdad de género como objetivo de desarrollo sostenible», en *Femeris: Revista Multidisciplinar de Estudios de Género*, núm. 1, 2017, págs. 4-7.

Crenshaw, K., «Demarginalizing the intersection of Race and Sex: A black feminist Critique of Antifiscrimination Doctrine, Feminist Theory and Antiracist Politics», *University of Chicago Legal Forum*, Volume 1989. Disponible en: https://chicagounbound.uchicago.edu/cgi/viewcontent.cgi?article=1052&context=uclf

Lousada Arochena, J. F., «Discriminación múltiple: El estado de la cuestión y algunas reflexiones», *Aequalitas*, núm. 41, 2017, págs. 29-40.

Agencia de los Derechos Fundamentales de la Unión Europea y Consejo de Europa, *Manual de legislación europea contra la discriminación*, 2018. Disponible en: https://www.echr.coe.int/documents/d/echr/Handbook_non_discri_law_SPA

Rey Martínez, F., «La discriminación múltiple. Una realidad antigua, un concepto nuevo», *Revista española de Derecho constitucional*, núm. 84, 2008, págs. 251-283.

Saldaña Ortega, V.:

- «Análisis de los retos y desafíos futuros de la Unión Europea. El impulso federal como instrumento ejecutor del cambio», en *Revista de Filosofía Jurídica y Social*, núm. 38, 2021, págs. 239-240.

- «La naturaleza de la Unión Europea: la contienda entre las tres grandes concepciones y el progreso hacia un verdadero proyecto federal», en *Revista de la Secretaría del Tribunal Permanente de Revisión*, núm. 21, 2024, págs. 1-25.

- «La igualdad de género en el ámbito de la Unión Europea: impulso institucional y avances en la materia», en *Retos de igualdad y lucha contra la violencia de género desde una perspectiva multidisciplinar*, Edit. Tirant lo Blanch, 2023.

BLOQUE IV

CRÍTICA DEL VALOR Y FEMINISMO: EL PATRIARCADO PRODUCTOR DE MERCANCÍAS

CAPÍTULO 10

FEMINISMO Y TEORÍA CRÍTICA EN DISPUTA. UNA REVISIÓN DEL MODELO TEÓRICO DE LA «ESCISIÓN-VALOR» DE ROSWITHA SCHOLZ EN SU CONTEXTO

Mario Castillo Ávila
Universidad de Barcelona

Sumario: I. INTRODUCCIÓN. II. MARCO TEÓRICO-FILOSÓFICO. III. DISCUSIONES. IV. ALGUNOS APUNTES A PROPÓSITO DE LA DISCUSIÓN PRESENTADA. V. CONCLUSIONES. VI. APÉNDICE BIBLIOGRÁFICO.

I. INTRODUCCIÓN

Roswitha SCHOLZ es quizás una de las pensadoras feministas más lúcidas y también una de las menos conocidas actualmente, a pesar de continuar escribiendo y reflexionando prolíficamente sobre feminismo hasta el día de hoy[1]. El motivo de este desconocimiento es quizás que sus ideas son

1 Los trabajos de Roswitha SCHOLZ pueden rastrearse desde la década de los 90 del siglo pasado hasta 2024. A continuación algunos de las muestras más relevantes: Roswitha SCHOLZ, Wert und Geschlechterverhältnis, 1999, Streifzüge *(2),* doi: http://www.exitonline.org/link.php?tabelle=autoren&posnr=37; *id.*, *Das Geschlecht des Kapitalismus. Feministische Theorie und die postmoderne Metamorphose des Patriarchats,* 2000, Bad Honnef, Horlemann, Merdingen; id. *Differenzen der Krise – Krisse der Differenzen. Die neue Gesellschaftskritik im globalen Zeitalter und der Zusammenhang von "Rasse", Klasse, Geschlecht und postmoderner Individualisierung*, 2005, Horlemann, Merdingen; *id., El patriarcado productor de mercancías. Tesis sobre capitalismo y relaciones de género,* 2013, Constelaciones, Revista de Teoría Crítica, Madrid; *id., Der Wert ist der Mann. Thesen zu Wertvergesellsschaftung und Geschlechterverhältnis. Vorbemerkung*, 2017,

a menudo cuestionadas tanto por los integrantes de la tradición de la Teoría Crítica a la que pertenece —y cuyos planteamientos SCHOLZ matiza[2]— como por algunos de los aportes feministas contemporáneos, cuyas derivas se mueven en otros sentidos, en ocasiones contrarios y a veces tendiendo lazos de simpatía en cuyos recodos subyacen aun discusiones muy interesantes. Las publicaciones más recientes en el ámbito del debate feminista dan fe de la heterogeneidad y amplitud del contexto estudiado[3]. Pues bien, consideramos que la participación de SCHOLZ, tanto en el ámbito del feminismo como en el de la Teoría Crítica es muy valioso: por un lado toma en consideración aspectos fundamentales del feminismo que a menudo los autores pertenecientes a la Teoría Crítica pasan por alto y por otro calibra, corrige y matiza aportaciones feministas como la de Frigga Haug[4] con las que SCHOLZ coincide pero a las que también cuestiona. Lo realmente interesante de la aportación teórica de SCHOLZ reside por lo tanto en que amplía la doble crítica de la que parte y esto ayuda a enriquecerla en ambos sentidos.

Como veremos, uno de los reparos de SCHOLZ recae en el hecho de los procesos modulares que algunos de los componentes de la Wertkritik implantan en base a una lectura universalizante del valor abstracto como valor neutro[5], e incide

---

doi: http://www.exitonline.org/link.php?tabelle=schwerpunkte&posnr=20; *id. et al.*, *Le sexe du capitalisme: "Masculinité" et "feminité" comme piliers du patriarcat producteur de merchandise,* 2019, Crise & Critique, Albi.

2 A propósito de esta afirmación son destacables algunos trabajos con los que SCHOLZ dialoga: Robert KURZ, Schwarzbuch Kapitalismus. Ein Abgesang auf die Marktwirtschaft, 1999, Eichborn, Berlín; Ulrich BECK y Elisabeth BECK-GERNSHEIM, *Individualization: Institutionalized Individualism and its Social and Political Consequences*, 2002, *Sage*, Londres; Moishe POSTONE, *Tiempo, trabajo y dominación social. Una reinterpretación de la teoria critica de Marx*, 2006, Marcial Pons, Madrid.

3 Kevin MACDONALD, Black activist mothering: A historical intersection of race, gender, and class, 1997, *Gender & Society*, *11*(6), 773–795, doi: https://doi.org/10.1177/089124397011006004; Estelle FREEDMAN, *No turning back: The history of feminism and the future of women*, 2003, Ballantine Books, Nueva York; Celia AMORÓS PUENTE y Luisa POSADA KUBISSA, *Feminismo y multiculturalismo*, 2007, Instituto de la Mujer; Miriam GLUCKSMANN, V. Airbrushing the history of feminism: 'Race' and ethnicity, 2008, *Feminism & Psychology*, *18*(3), 405–409, doi: https://doi.org/10.1177/0959353508092096; Stephanie SHIELDS, Functionalism, Darwinism, and advances in the psychology of women and gender: From the 19th century to the 21st, 2016 *Feminism & Psychology*, *26*(4), pp. 397-404. doi: https://doi.org/10.1177/0959353516663567.

4 Roswitha SCHOLZ, *El patriarcado productor de mercancías. Tesis sobre capitalismo y relaciones de género,* 2013, Constelaciones, Revista de Teoría Crítica, Madrid, p. 50.

5 Los conceptos valor de 'cambio','valor de uso', 'valor abstracto' y 'plusvalor están ampliamente desarrollados en El Capital de Karl Marx. Véase Karl MARX, *El Capital. Crítica de la economía política,* 1975, edición revisada de 2020, Ciudad de Mexico, Siglo XXI, especialmente en el capítulo I, *La Mercancía,* perteneciente a la sección primera, *Mercancía y dinero* del volumen 1 del tomo I, pp. 43-102. Véase también en el mismo tomo en concreto el comienzo del Capítulo III, *El dinero, o la circulación de mercancías*, 1. *Medida de los valores*, p. 115. Por otro lado, tanto el esquema de la circulación mercantil tradicional

en este hecho sin ignorar el reverso negativo de este déficit, a menudo representado por las feministas de última ola. Según SCHOLZ estas incurren en el error opuesto: pasan por alto la importancia del valor abstracto y a menudo proponen críticas que pretenden ser contra-sistémicas abrazando movimientos que reproducen y promueven el desarrollo del propio sistema patriarcal en el que se insertan.

Las confusiones son múltiples por lo tanto cuando se trata de elaborar una argumentación locuaz en cualquiera de los dos sentidos. Por la existencia de este amplio abanico virtual de posibilidades de estudio, una reelaboración crítica del debate exige un recorrido doxográfico no cuantitativo que ponga en marcha un diálogo sin cortapisas entre las distintas expresiones de la Teoría Crítica moderna y contemporánea, en cuyo seno la obra de SCHOLZ sin lugar a duda ocupa un lugar de encuentro y diálogo, pero también de escisión y confrontación.

II. MARCO TEÓRICO-FILOSÓFICO

Como ya es de intuir, el entorno intelectual en el que la obra de SCHOLZ se enmarca es diverso y complejo. Acorde a la voluntad de esclarecer algunos puntos ciegos en el debate intelectual entre Feminismo y Teoría Crítica —y ofreciendo una fotografía conceptual fiel— es necesario continuar con un estudio del conjunto doxográfico que completa y acoge la presencia de la contribución de SCHOLZ.

Por una banda, en el marco de la teoría feminista encontramos toda una estructura de pensamiento fundamentada en raíces muy sólidas[6]. La Teoría Feminista contemporánea encuentra referencias relevantes en diversas secciones. Para simplificar: la teoría feminista de la igualdad[7], la teoría feminista de la diferencia[8],

correspondiente a modelos precapitalistas como las bases teóricas para el posterior despliegue de la inversión ontológica de su dinámica básica quedan descritos en la sección 2 del capítulo III, pp. 127 – 178.

6 Al respecto consultense los trabajos citados a continuación: Mary WOLLSTONECRAFT, *A Vindication of the Rights of Woman, With Strictures on Political and Moral Subjects*, 1992, Penguin, Nueva York; Luce IRIGARAY, *Speculum. De l'autre femme*, 1974, Éditions de Minuit, París, ed. en castellano: *id., Espéculo de la otra mujer*, 2007, Akal, Madrid; Simone DE BEAUVOIR, *Le deuxième sexe*, vols. I/II, 1976, Gallimard, París [1949]; María ZAMBRANO ALARCÓN, *La razón en la sombra.* Antología crítica, 2004, Madrid, Siruela.

7 *Cfr.* Simone DE BEAUVOIR., *Le deuxième sexe*, vols. I/II, 1976, Gallimard, París [1949].

8 Algunas referencias reseñables en este ámbito son las siguientes: Helene CIXOUS, *The Laugh of the Medusa*, trad. Keith Cohen y Paula Cohen, 1976, The University of Chicago Press, Chicago, (1), 4 pp. 875-893; Catherine CLÉMENT y Julia KRISTEVA, *Lo femenino y lo sagrado,* trad. Maribel García Sanchez, 2000, Cátedra, Madrid; Luce IRIGARAY, *Speculum. De l'autre femme*, 1974, Éditions de Minuit, París, ed. en castellano: *id., Espéculo de la otra mujer*,

la fenomenología feminista[9] y la crítica feminista al psicoanálisis[10] entre otras. Con la intención de centrar el debate en pilares sintéticos tomaremos como interlocutora fundamental a Judith Butler, a quien SCHOLZ confronta de forma directa.

Si bien este acto simplificador concentra de forma sencilla la discusión, las complejas estructuras anteriormente citadas conforman el contexto que enmarca las condiciones específicas de la aparición teórica de SCHOLZ. También son importantes el inconsciente y el psicoanálisis en su propuesta, lo cual hace de obligada visita aspectos relacionados con el relevo psico-social y simbólico-cultural[11] que en el último tercio del pasado siglo dominó la deriva filosófica posmoderna. Por otro lado, y como lugar de transición entre la Teoría Feminista y la Teoría Crítica, SCHOLZ dialoga explícitamente con algunas pensadoras del marxo-feminismo que en las décadas finiseculares del siglo pasado contribuyeron a enriquecer el ámbito teórico que integraban.

Como segundo marco contextual, la Teoría crítica —tradición en la que la obra de SCHOLZ se encuadra de forma directa— es heredera en la actualidad de los aportes de la Escuela de Frankfurt. Aquí habríamos de diferenciar entre la primera generación de la escuela de Frankfurt y sus sucesoras[12]. Tanto SCHOLZ como el resto de los integrantes del grupo *Wertkritik* se nutren especialmente de la denominada primera generación, difiriendo con las ver-

---

2007, Akal, Madrid; *id., Ce Sexe qui n'en est pas un*, 1977, Editions de Minuit, París; Judith BUTLER, *Gender Trouble: Feminism and Subversion of Identity*, 1990, Routledge, Abingdon.

9 En el ámbito de la fenomenología feminista véase: Sara HEINÄMAA, "A Phenomenology of sexual Difference. Types, Styles and Persons", en Witt, Ch., (ed.) *Feminist Metaphysics: Exploration in the Ontology of Sex, Gender and the Self*, 2011, Dordrecht, Springer, pp. 131-158; Beata STAWARSKA, (2013). "Introduction: Concepts and Methods in Interdisciplinary Feminist Phenomenology", Janus Head, vol *13(1)*, pp. 6-16.

10 *Cfr.* Juliet MITCHELL, *Psychoanalysis and Feminism: A radical Reassessment of Freudian Psychoanalysis*, 2000, Basic Books, Nueva York.

11 *Cfr.* Roswitha SCHOLZ, *Das Geschlecht des Kapitalismus. Feministische Theorie und die postmoderne Metamorphose des Patriarchats,* 2000, Bad Honnef, Horlemann, Merdingen.

12 Como representantes de la primera generación de la Escuela de Frankfurt cabe destacar Theodor W. ADORNO, *Dialéctica negativa. La jerga de la autenticidad*, trad. Alfredo Brotons muñoz, 2018, Akal Madrid [1966] y Walter BENJAMIN, *Tesis sobre el concepto de historia y otros ensayos sobre historia y política*, 2022, Alianza, Madrid [1942]. Por otro lado, algunas referencias importantes de las posteriores generaciones de la Escuela de Frankfurt engloban trabajos como: Martin JAY, *Downcast Eyes: The Denigration of Vision in Twentieth-Century French Thought,* 1993, Centennial Book, University of California Press, California; Martin SEEL (1996). *Ethisch-ästhetische Studien,* 1996, Suhrkamp, Frankfurt; Sara BENAHABIT *et. al., Feminist contentions: A Philosophical exchange (Thinking Gender)*, 1995, Routledge, Londres; Nancy FRASER y Alex HONNETH, *¿Redistribución o reconocimiento? Un debate político filosófico,* trad. Pablo Manzano, 2006, Morata, Madrid; David HELD, *Cosmopolitismo: Ideales y realidades*, trad. Dimitri Fernández Bovroski, 2012, Madrid Alianza, Madrid; Hartmut ROSA, *Alienación y aceleración. Hacia una teoría crítica de la temporalidad en la modernidad tardía,* trad. CEIIH, UNAM, 2016, Katz Barpal, Madrid; Cinzia, ARRUZZA *et. al., Manifiesto de un feminismo para el 99 %,* trad. Antoni Martínez Riu, 2019, Herder, Barcelona.

tientes tardías, que en su mayoría se distinguen sensiblemente del valioso componente ideológico del que partían.

Pues bien, rescatando este componente ideológico, la *crítica del valor (Wertkritik)*[13] es un grupo de investigación activo en la actualidad centrado precisamente en la lectura y la crítica contemporánea de la teoría del valor de Karl Marx. La *Wertkritik* observa que el sistema productivo mercantil basado en el *valor abstracto* se encuentra en su crisis final debido a un agotamiento del recurso mismo de su estructura de funcionamiento interno[14]. Ciertas diferencias de planteamiento teórico dieron paso a la expulsión de algunos de los miembros más jóvenes, que por su cuenta formaron la revista *EXIT!* donde actualmente siguen publicando. El trabajo más relevante de Scholz en el que plantea la teoría de la 'escisión-valor' *(Wert-Abspaltungsthese)* —y que es complementario a las investigaciones anteriores y posteriores si se quiere comprender la totalidad de su desarrollo— se titula *Das Geschlecht des Kapitalismus. Feministische Theorien und die postmoderne Metamorphose des Patriarchats*[15]. Este trabajo cristaliza la semilla ideológica que se encontraba ya presente en publicaciones anteriores, y muchos de sus artículos y publicaciones posteriores contienen en esencia algunas de sus ideas principales. El siguiente apartado recoge algunas de estas ideas alrededor de las cuales gira la discusión de este trabajo.

III. DISCUSIÓN

La discusión que explicitamos es troncalmente divisible en dos secciones que corresponden a los dos ámbitos teóricos mencionados en el anterior apartado: Teoría Feminista y Teoría Crítica. Ambas han de ser examinadas de forma exhaustiva si se quiere acceder a un modelo explicativo coherente y a un análisis crítico del mapa conceptual obtenido.

En primer lugar considero la existencia de un vínculo que confronta a Scholz con algunas de las teóricas feministas posmodernas, de las cuales

13 Los primeros pasos de la formación de la *crítica del valor* pueden datarse en *Marxistische Kritik* [Crítica marxista] (1986-1989), que, tras su disolución, dio pie a la revista *Krisis* (1989) y al grupo *Krisis*, fundado por Robert Kurz (1942-2012) (Alemania), Moishe Postone (1942-2018) (Estados Unidos) y Luis Andrés Bredlow (1958-2017) (España) (Universidad de Barcelona). El legado de esta primera generación fue continuado por Anselm Jappe, Roswitha Scholz, Herbert Böttcher, C.P. Ortlieb y Gerd Bedszent entre muchos otros, que publican periódicamente en la revista *EXIT-Crítica y crisis de la sociedad de la mercancía* (*"EXIT-Kritik und Krise der Warengesellschaft"*) [https://www.exit-online.org/text.php?tabelle=aktuelles].

14 *Cfr.* Anselm Jappe, *Las aventuras de la mercancía*, trad. Diego Luis Sanromán, 2016, Pepitas de calabaza, Logroño.

15 Roswitha Scholz, *Das Geschlecht des Kapitalismus. Feministische Theorie und die postmoderne Metamorphose des Patriarchats,* 2000, Bad Honnef, Horlemann, Merdingen.

Butler puede considerarse su figura paradigmática. Butler es reconocida como uno de los iconos del feminismo contemporáneo y sus aportaciones son a menudo rebatidas por SCHOLZ. Por ende, para sentar los antecedentes del debate, y si nos avenimos a una exploración de las estructuras de poder desde la perspectiva feminista, es obligatorio tomar como referencias principales a dos de las autoras más representativas de la Teoría feminista: Simone de Beauvoir y Judith Butler.

Tradicionalmente, se considera *El segundo sexo* de Simone de Beauvoir como la obra fundacional del feminismo moderno. Simone de Beauvoir fue la primera autora en proponer las bases para el feminismo de la igualdad y es, al mismo tiempo, reconocida como la principal influencia en la obra que Judith Butler desarrolló desde finales del siglo pasado, ayudando a avivar el debate del feminismo de la diferencia con el que la propia Butler se muestra también crítica. Es de remarcable importancia también la relectura de Derrida realizada por Butler, lo que permitió proponer nuevos preceptos del feminismo postmoderno en *Cuerpos que importan* y *Vidas precarias* a partir de la reinterpretación de *Firma, acontecimiento, contexto*[16]. La aportación de Butler es, en consecuencia, fundamental para entender este debate. El feminismo de la diferencia rechaza la adaptación de la mujer a un entorno masculino para alcanzar posiciones de poder. En cambio, anuncia una perspectiva que habría de ocuparse del tema para feminizar las instituciones y hacer valer la diferencia sexual a través de un proceso de carácter doble que busca:

1. Cuestionar el enfoque biológico clásico para poder construir instituciones feminizadas, con la maternidad como modo de pensar lo femenino que tendría que incluirse en la relación lingüística entre un sujeto erguido (masculino) frente a un sujeto que se inclina, que cuida, materno (femenino).
2. Revisar estos preceptos a través de un enfoque culturalista que reclame la noción de género como constructo sociocultural. Lo que tienen en común las mujeres en esta forma de pensar lo femenino no es un asunto biológico sino que, compartiendo una misma historia de dominación, debería rastrearse en un proceso de performatividad lingüística.

Considerando estos dos puntos, uno de los principales problemas del feminismo *de la diferencia* es que resulta ciertamente complejo establecer un principio común de identidad a todas las mujeres en un terreno movedizo como el que se propone. En este sentido, Butler efectúa una interesante aportación aunque bastante cuestionable desde una perspectiva más amplia *(vid. infra)*. No obstante, su interpretación resulta lúcida en algunos aspectos.

---

16 Jaques DERRIDA, Comunicación en el Congreso Internacional de Sociedades de Filosofía de lengua francesa (Montreal, 1971), trad. C. González Marín en Jaques DERRIDA, *Márgenes de la filosofía*, 1998, Cátedra, Madrid, pp. 347-372.

Por ejemplo, propone que la solución a un problema estructural que relega a las mujeres a una posición de exclusión y marginalidad no pasaría por establecer determinados campos léxico-normativos de lo femenino con la intención de feminizar el mundo, sino en ser conscientes de la binaria distinción tradicional entre lo masculino y lo femenino y tratar de superarla[17]. Según Butler, la heterosexualidad normativa se habría instaurado históricamente como sistema binario basado en la noción convencional del deseo freudiano. De este modo, el binarismo excluye todas las formas que no entran dentro de una categorización semántica tal, quedando excluidas todas aquellas posibilidades de existencia al margen de estas.

A la luz de este doble prisma habríamos de considerar que la proposición teórica de Butler incluye en su gran mayoría la idea de que lo cultural y lo lingüístico preceden al sexo biológico. Es asunto para otro trabajo analizar las complejidades de este escabroso tema, sin embargo, bastaría de momento con apuntar que esta simplista distinción cultura-natura no hace sino reproducir la condición que la propia Butler misma critica, implementando una separación estanca entre cultural y biológico como si fueran dos esferas compartimentadas[18]. SCHOLZ señala que esta distinción naturaleza-cultura no solo es un constructo social, sino que es un constructo social patriarcal, debido a la relación convencional establecida entre lo natural como valor femenino y lo cultural como valor masculino[19]. De entrada, esta afirmación integra una crítica implícita a Butler, ya que esta última no solo mantiene intactos en su argumentación los polos natural y cultural como si se tratase de una distinción universal inamovible y de límites claros, sino que además antepone lo cultural —tradicionalmente ligado a valores masculinos— a lo natural o biológico, tradicionalmente ligado a lo femenino.

Por otro lado, la crítica explícita de SCHOLZ a Butler se deja ver claramente en su charla transcrita al castellano *El patriarcado productor de mercancías*:

> (...) no sólo resulta inútil la asunción del deber de deconstruir el dualismo de genero moderno por parte de los movimientos Queer, cuya teórica de referen-

17 Estas nociones aparecen en menor o mayor medida en los más importantes trabajos que Butler ha publicado desde finales del siglo pasado (Judith BUTLER, *Gender Troble: Feminism and Subversion of Identity*, 1990, Routledge, Abingdon; id., *Bodies that Matter. On the Discursive Limits of "Sex"*, 1993, Routledge, Abingdon; id. *Precarious life. The power of mourning and violence*, 2004, Verso, New Left Books, Nueva York, *id. Frames of war. When is life grievable?*, 2009, Verso Book, Nueva York; id. *Who is afraid of gender?*, 2024, Farrar, Straus and Giroux, Nueva York).

18 Esta idea excluye y desestima la experiencia biológica del sexo femenino como esencial para la construcción cultural del género y de la forma en la que las mujeres viven sus cuerpos. A este respecto es necesario destacar la acciónteórica de un bien demarcado contexto de la fenomenología feminista, cuyas aportaciones pueden ayudar a suplir este déficit.

19 Roswitha SCHOLZ, *El patriarcado productor de mercancías*, 2019, Quimera, Santiago de Chile, p. 21.

> cia clásica es Judith Butler, sino también muy cuestionable. Estos movimientos consideran que la subversión interna del dualismo de género burgués a través de prácticas paródicas repetitivas, como se pueden encontrar en las subculturas gay y lésbica, ofrece una posibilidad de desacreditar radicalmente la identidad sexual moderna. Sin embargo, el problema es que aquí la caricaturización desacredita algo que en sentido capitalista ya se ha vuelto obsoleto. Hace ya tiempo que se han producido «deconstrucciones reales», observables por ejemplo en la «doble socialización» de las mujeres, pero también en el vestir y en el comportamiento de hombres y mujeres, etc., sin que por ello haya desaparecido la jerarquía de género. En lugar de cuestionar las concepciones de género clásicamente modernas y las postmodernas modificadas o flexibilizadas, Butler se limita a confirmar la mala realidad postmoderna (de los géneros). (Id., p. 46).

Como vemos, la crítica directa de SCHOLZ a Butler incide en la excesiva confianza de esta última en que los movimientos paródicos que imprime como mecanismo de lucha suponen una oposición radical al sistema patriarcal y mercantil tardo capitalista. No obstante para SCHOLZ estos no hacen sino perpetuar y constatar una realidad ya efectiva y no paródica. Según SCHOLZ, Butler esgrime estos movimientos performativo-paródicos en torno al género a modo de retos —solo aparentes— a las estructuras hegemónicas, que en realidad comulgan profundamente con ellas[20]. Como es evidente, las características de este diálogo suceden de forma paralela y son muy comparables al debate postestructuralista y a las polémicas de finales de los años sesenta en torno al giro psicoanalítico y sociolingüístico entre 'noción fuerte' y 'noción débil' aplicadas al sujeto posmoderno y planteadas en base a los revolucionarios cambios propuestos por la hermenéutica gadameriana[21].

No habríamos de obviar pues, que con la caída de los grandes significantes estructuralistas y el cuestionamiento de las categorías clásicas del capitalismo de acumulación, una nueva fase de liberación parecía avenirse en el horizonte[22]. La rizomática disposición de las estructuras psicolingüísticas desplazaba todos los límites previos y mostraba la volatilidad y lo ilusorio de estas categorías. Tampoco conviene pasar por alto que ante ello, las perspectivas feministas se sumaron a un esperanzador horizonte de aparente liberación que parecía poder acabar con las desigualdades salariales e intro-

20 *Id.,* p. 52.

21 A este respecto véanse los siguientes trabajos: Hans-Georg GADAMER, *Warheit und Methode*, 2011, Akademie Verlag, Berlín [1960]; Gianni VATTIMO, *Más allá de la interpretación*, trad. Pedro Aragón Rincón, 1995, Paidós, Barcelona; Richard RORTY, *El giro lingüístico. Dificultades metafilosóficas de la filosofía lingüística*, trad. Gabriel Bello, 1990, Paidós, Barcelona; Jaques DERRIDA, "Uninterrupted Dialogue: between two infinities, the poem", 2004, *Research in Phenomenology, (34)*, 8.

22 Entre algunos de las referencias más representativas destacan Paul-Michel FOUCAULT, *The Order of Things,* 1970, Pantheon, Nueva York y Gilles DELEUZE y Felix GUATTARI, *El Antiedipo. Capitalismo y esquizofrenia,* trad. Francisco Monge, 2020, Paidós, Barcelona [1972].

ducir un nuevo avance hacia un sistema de producción sostenible, inclusivo y no basado en la competencia, sino en valores de cooperación, diversidad y libertad, sensiblemente diferentes a las categorías básicas del capitalismo clásico y del modelo fordista de la fábrica.

No obstante la realidad actual, en la que las mujeres siguen siendo vejadas y vilipendiadas además de continuar recibiendo salarios menores y tener un acceso mucho más dificultoso a puestos de trabajo, evidencia que los valores patriarcales tradicionales siguen subyacentes incluso en las categorías posmodernas aparentemente más abiertas e inclusivas y así lo expresa SCHOLZ en este pasaje específico de su obra magna:

> Frauen sind im Verhältnis zu Männern immer noch bevorzugt in der Privatsphäre für Kinder und Hausarbeit zuständig, werden in der Erwerbssphäre schlechter bezahlt, sind in führenden öffentlichen Positonen selten anzutreffen usw., was wohl in den "klassisch" modernen geschlechtsspezifischen Zuschreibungen, Zuor- dungen und dementsprechend realen Zuständigkeiten der Frauen für private Reproduktionsbelange wurzelt und sich selbst noch in postfordistischen Zeiten bemerkbar macht. (Roswitha SCHOLZ, *Das Geschlecht des Kapitalismus. Feministische Theorien und die postmoderne Metamorphose des Patriarchats*, 2000, Holermann, p. 19).
>
> [En relación con los hombres, las mujeres siguen siendo preferentemente responsables de los hijos y de las tareas domésticas en el ámbito privado, cobran menos en el ámbito laboral, rara vez ocupan cargos públicos de responsabilidad, etc., lo que probablemente tiene su origen en las atribuciones, asignaciones y responsabilidades específicas de género «clásicamente» modernas y correspondientemente reales de las mujeres en los asuntos reproductivos privados, y sigue siendo perceptible incluso en la época posfordista].

Efectivamente, a pesar de que a partir de la década de los sesenta del siglo pasado, y en base a las nuevas nociones de género, se comenzaba a 'feminizar' el trabajo, no se eliminó el polo 'masculino' de su ecuación de funcionamiento interna, usándolo como contrapunto para la liberación de las pulsiones frente al espectro represivo de las categorías de género clásicas. Es precisamente en este contexto diversificador donde se ubica el nexo de la discusión contemporánea que atañe a tantos investigadores y corrientes de pensamiento desde hace más de sesenta años. Frente a este dilema SCHOLZ aporta su teoría de la 'disociación-valor':

> Lo disociado femenino resulta ser el Otro de la forma-mercancía con una entidad propia y completa; pero, por otro lado, permanece sometido e infravalorado precisamente porque se trata del momento disociado en el seno de la producción social general. Podríamos decir que, si bien la forma abstracta corresponde a la mercancía, la deformidad abstracta corresponde, por el contrario, a lo disociado; y cabría, acerca de lo disociado, hacer referencia de manera paradójica a una forma de lo informe que —subrayémoslo una vez más— no podría ser aprehendida

mediante las categorías intrínsecas a la forma-mercancía. (Roswitha SCHOLZ, *El patriarcado productor de mercancías*, 2019, Quimera, Santiago de Chile, p. 67).

Ahora sí, aquí es donde estriba la innovación de la teoría de SCHOLZ, en que presupone la existencia de una «relación de transmisión asimétrica» (*asymmetrische Geschlechterverhältnis*) entre la noción de *valor abstracto* marxiana (aparentemente neutra pero nodalmente adscrita a lo masculino) y lo escindido de él (que lo conforma pero está radicalmente separado de este e intrínsecamente ligado a lo femenino).

SCHOLZ apunta que esta relación asimétrica se encontraba también en las formas de individuación posfordistas más flexibles y fluidas (*Postmodernen Flexi-Individuen formen*), así como impregnando el tejido social y económico de las nuevas categorías de subjetivación posmodernas. Pues bien, la reevaluación que SCHOLZ propone respecto al marco histórico-filosófico posmoderno evidencia, al igual que otras aportaciones de la *Wertkritik*, el rápido deslizamiento de paradigma que conjeturaron estos años. No obstante, también pormenoriza que a pesar de la aparente diversificación visibilizada por las categorías clásicas, la función patriarcal presente en la dicotomía escisión-valor continuaba afectando de manera directa a todas las relaciones económico-sociales posmodernas. El debate entre SCHOLZ y las principales referencias del marxofeminismo de los años 70, 80 y 90[23] es esencial en este sentido para comprender los influjos conceptuales que acaecían entonces y entender la matriz de la teoría de SCHOLZ. Estas autoras provenían de diversos sectores, como la sociología, las ciencias políticas, la economía y la psicología, no obstante aportaban una relectura emparentada con las nociones marxianas, en íntimo diálogo y colaboración con la Teoría Crítica.

En segundo lugar, efectuando el paso hacia nuestro segundo escenario teórico, profundizaré en el debate que enfrenta a SCHOLZ con algunos de los integrantes del grupo de investigación en el cual ella misma se encuadraba desde finales del siglo pasado[24]. En opinión de SCHOLZ, los autores herede-

---

23 *Cfr.* Regina BECKER-SCHMIDT y Gudrun-Axeli KNAPP, *Feministichen Theorie*, 2023, Junius, Hamburg; Elisabeth BECK-GERNSHEIM, y Ilona OSTNER, Frauen verändern, Berufe nicht?: ein theoretischer Ansatz zur Problematik von "Frau und Beruf", 1978, Nomos-Verl, Baden, *(29)*,p. 257-287; *id. Mitmenschlichkeit als Beruf. Eine Analyse del Alltags in der Krankenplege*, 1979, Campus Verlag, Frankfurt-Nueva York; Frigga HAUG, *Die Vier-in-einem-Perspektive. Politik von Frauen für eine neue Linke*, 2022, Argument, Hamburgo.

24 SCHOLZ matiza la extendida opinión de sus colegas, que inciden en que todo ámbito social es subsumible al valor abstracto, de manera que nada escapa de él. SCHOLZ está parcialmente de acuerdo con esta afirmación, sin embargo considera que el trabajo reproductivo, tradicionalmente ligado a valores de género femeninos, esta radicalmente escindido de la esfera productiva y por lo tanto del valor. No obstante su existencia no es circunstancial y secundaria sino que de ella depende el funcionamiento de las dinámicas mercantiles: "Mit Wert-Abspaltung ist dabei im Kern gemeint, daß bestimmte Reproduktionstätigkeiten, aber auch damit verbundene Gefühle, Eigenschaften, Haltungen (Emotionalität, Sinnlichkeit, Fürsorglichkeit u.ä.) vom Wertverhältnis, dem System der

ros de la teoría crítica y el marxismo clásico —a pesar de proponer lo que para ella es un prisma de análisis muy pertinente, como el de la crítica al trabajo abstracto— invisten a este de fuste capital, adjudicándole el prestigio de piedra angular absorbente de todas las estructuras sociales, algunas de ellas no subsumibles de ninguna manera bajo su yugo[25]. Según SCHOLZ, el posicionamiento teórico de algunos miembros de la crítica del valor excluye en ocasiones numerosas variantes que no se adscriben a él, como puede ser el caso de culturas que nunca se han insertado en el modelo patriarcal o incluso con mayor peso —en el contexto europeo por ejemplo— el caso del reverso del trabajo productivo, el reproductivo, asociado tradicionalmente a lo femenino[26]. Dichas actitudes suelen errar en considerar las luchas feministas y raciales como complementarias[27] cuando estas ocupan indiscutiblemente un conspicuo sector de relevancia.

La crítica de SCHOLZ a algunos de sus compañeros tiene aquí mucho sentido, pues considerando la imposibilidad de establecer un nódulo originario concreto del capitalismo en un terreno movedizo y ambiguo como el explicitado hasta ahora, proponer una razón única a una condición cultural multifacética peca de reduccionismo en el mejor de los casos[28]. Corrigiendo este problema —y marcando una sensible diferencia respecto a los principios ideológicos de los que parte— SCHOLZ proporciona a lo escindido del valor un papel fundamental como factor configurador de la sociedad mer-

abstrakten Arbeit, abgespalten und zum "weiblichen Lebenszusammenhang" gemacht werden. Diese „weiblichen" Reproduktionstätigkeiten haben so einen anderen Charakter als die abstrakte Arbeit und können deshalb nicht einfach unter den Arbeitsbegriff subsumiert werden. Sie sind gewissermaßen der Schatten, den der Wert wirft, und der durch das Marxsche Begriffsinstrumentarium nicht erfaßt werden kann. Sie sind notwendig mit dem Wert gesetzt, gehören notwendig zu ihm, andererseits befinden sie sich jedoch außerhalb desselben und sind dessen Voraussetzung" (Roswitha SCHOLZ, *Wert und Geschlechterverhältnis*, 1999, Streifzüge).

25 *Vid.* Roswitha SCHOLZ, *El patriarcado productor de mercancías. Tesis sobre capitalismo y relaciones de género,* 2013, Constelaciones, Revista de Teoría Crítica, Madrid, p. 53.

26 Este concepto es ampliamente desarrollado por Silvia Federici en la primera parte de su libro *Calibán y la bruja* (Silvia FEDERICI, *Calibán y la bruja, Mujeres, Cuerpo y acumulación Originaria,* 2010, Traficantes de Sueños, Madrid).

27 Algunos ejemplos son el del artículo de Peter Klein, "demokratendämmerung" en: *Krisis* 11:189 y ss., o el de Norbert Trenkle "Freiheit, Gleichheit, Schwesterlichkeit" en *Krisis* 11. SCHOLZ matiza que «a pesar de toda la critica a la violencia sexista, etc., estas desaparecen tras conceptos neutrales de carácter general y finalmente existen tan sólo como un mero fenómeno complementario» (Roswitha SCHOLZ, El valor es el hombre. Tesis sobre socialización del valor y relación de género, p. 869).

28 SCHOLZ deja clara su postura: «La crítica del valor se muestra así masculina-universalista», mi crítica se relaciona con el hecho de que el concepto de patriarcado (y con ello el carácter de la dominación de las relaciones de genero de la forma valor) en parte ha sido eludido, o incluso negado de manera consciente, invocando el carácter fetichista de la sociedad mercantil (id. 869).

cantil moderna y contemporánea. Scholz recalca que «el contexto de vida femenino, las actividades reproductivas femeninas tienen en el capitalismo un carácter diferente al del trabajo abstracto; por tanto no se las puede subsumir sin más bajo el concepto de trabajo». Lo escindido del valor es pues «un aspecto de la sociedad capitalista que no puede ser captado a través del instrumentario conceptual marxiano (...), se encuentra fuera de él y, por ello, es también su condición previa»[29]. Si bien la inversión ontológica que promulgaba Marx es en opinión de Scholz ineludible, los procesos y mecanismos que progresivamente nos han deslizado hacia el capitalismo moderno y posmoderno son intrincados y múltiples, por lo que establecer un único factor como causa precedente y palmaria desoye muchos otros de igual importancia para la compresión del problema en toda su complejidad:

> De ahí que haya que alertar frente a una interpretación simplificadora de la teoría de la escisión del valor (...). En todo esto no hay que perder de vista que el trabajo abstracto y el trabajo doméstico, así como los correspondientes patrones culturales de masculinidad y feminidad se condicionan mutuamente. Carece de sentido preguntar aquí qué fue primero, si el huevo o la gallina (*Id.*, p. 51)[30].

A pesar de la relación isomórfica de la que hace gala esta bipartición, la ilación entre valor y aquello que permanece externo a él (lo femenino, lo reproductivo, lo no económico[31]) es radicalmente heterogénea, siendo cabalmente su escindido lo que posibilita la formación de una noción fuerte de valor productivo aparentemente neutro pero profundamente masculino en el fondo. En este sentido específico, Scholz toma el relevo de algunas de

29 Roswitha Scholz, *El patriarcado productor de mercancías. Tesis sobre capitalismo y relaciones de género,* 2013, Constelaciones, Revista de Teoría Crítica, Madrid, p. 48. Esta afirmación, aunque necesaria para invertir en un giro copernicano la posición tradicional de los polos expresados, se encuentra sin embargo sujeta a una contradicción respecto a afirmaciones posteriores, en las cuales Scholz propone que valor y patriarcado no pueden precederse, ya que se configuran mutuamente en un mismo nivel reactivo. Habría de estudiarse pues el motivo de estas sensibles diferencias de expresión, considerando que son las que comprometen tanto la aparentemente neutra y abstracta noción de *valor mercantil* como *lo escindido del valor* a modo de agentes que no se preceden sino que se retroalimentan, aquellas que corresponden con mayor fidelidad al desarrollo argumentativo de los trabajos de Scholz en la actualidad.

30 He aquí un ejemplo de la sutil pero importantísima diferencia expresiva puntualizada en la nota anterior.

31 Es por otro lado interesante que el término económico, procedente en un inicio de la raíz griega οἶκος (casa) designe, en la sociedad mercantil capitalista relaciones especulativas que aparentemente exceden lo casero, o el mantenimiento de la estructura de la casa y la familia y persiguen de hecho aquello que lo excede, buscando la ganancia de un plusvalor que siempre pone la mira en aquello que extralimita la satisfacción de las necesidades básicas de subsistencia, como energía motora de su estructura de funcionamiento basal.

las filósofas que en la tradición de las teorías objetales[32] procuraban una causa psicoanalítica preedípica mediante un proceso de «desidentificación» con la madre. SCHOLZ aplicó este paso invirtiendo las tornas y esbozando la feminidad como piedra de toque desde la cual se desarrollaría lo masculino y por ende lo productivo. Con arreglo a este paso, lo reproductivo —asociado tradicionalmente a valores de feminidad, cuidado y sensibilidad— no consistiría en una esfera secundaria y subsumida por el trabajo productivo sino que actuaría como su condición misma de posibilidad.

IV. ALGUNOS APUNTES A PROPÓSITO DE LA DISCUSIÓN PRESENTADA

Las diversas teorías y perspectivas filosóficas que hemos presentado hasta ahora nos han servido para contextualizar el planteamiento teórico de Roswitha SCHOLZ. Por un lado, porque si bien las distintas ramas de la teoría feminista han concedido un espacio dialéctico para los debates tratados, Judith Butler ha actuado como principal contrapunto de la crítica de SCHOLZ. Aunque la influencia de Butler es insoslayable y los trabajos que produjo desde la década de los 80 del pasado siglo hasta la actualidad configuran el tejido constitutivo de las derivas feministas contemporáneas, sus problemáticas son aún evidentes.

Por otro lado porque, aunque los trabajos de la *Wertkritik* suponen una renovación de los preceptos clásicos de la crítica marxiana, estos se hayan frecuentemente estancados en un círculo vicioso, promulgando el valor abstracto como médula o entraña y asignándole una preponderancia omnipotente y universalizante. Esto rehúye parcialmente la gravedad del problema del patriarcado y la relevancia de otras luchas sociales. SCHOLZ reviste en este sentido de una importancia capital al patriarcado con su teoría de la 'escisión-valor'. Sin embargo es muy crítica de igual modo con las contradicciones internas de su propio modelo teórico[33]. La mayor parte de estas problemáticas provienen precisamente de aspectos que ella misma critica en la pronunciación de algunos de sus antiguos compañeros, como la explicitada en uno de sus primeros trabajos sobre la 'escisión-valor', donde SCHOLZ critica la baza que juegan a menudo sus compañeros de grupo *KRISIS*. Estos

---

32 Melanie KLEIN, *Die Psychoanalyse des Kinder,* 1932, Internationaler Phychoanalytischer Verlag, Viena; Karen HORNEY, *New Ways in Psychoanalysis*, 1943, W. W. Norton & company, Nueva York; Donald WINNICOTT, Hate in the Counter-Transference, 1949, Int. J. Psycho-Anal., *30*, 69-74. Ed. esp. Donald WINNICOTT, *El odio en la contratransferencia. Escritos sobre deprivación y crianza y notas sobre el objeto transicional*, 2023, Pólvora, Chile; William FAIRBAIRN, *Psychoanalytic Studies of the Personality*, 1952, Routledge, Londres; Harry GUNTRIP, *Schizoid Phenomena, Object-Relations, and the Self*, 1992, Karnac Books, Londres.

33 Roswitha SCHOLZ, *El patriarcado productor de mercancías. Tesis sobre capitalismo y relaciones de género,* 2013, Constelaciones, Revista de Teoría Crítica, Madrid, p. 54.

últimos recurren a la noción de «individuo abstracto» como una suerte de polo identitario supresor de toda particularidad social:

> Die Beck'sche Argumentation trifft sich hier wieder mit dem ebenfalls geschlechtsneutralen Begriff des "abstrakten Individuums" in der bisherigen Wertkritik der KRISIS-Gruppe. Es wird nicht gesehen, daß dieses "abstrakte Individuum" gerade in seiner wertförmigen Konstituiertheit seine geschlechtliche Besetzung gar nicht loswerden kann, weil der Wert (die Warenförmigkeit der Gesellschaft) selber geschlechtlich konstituiert ist. (Roswitha SCHOLZ, *Der Wert ist der Mann. Thesen zu Wertvergesellschaftung und Geschlechterverhältnis*, 1992, EXIT!)[34].
>
> [La argumentación de Beck vuelve a coincidir aquí con el concepto igualmente neutro en cuanto al género de «individuo abstracto» de la crítica del valor del grupo *KRISIS*. No es considerado desde esta perspectiva, que este «individuo abstracto», justo en su constitución como foma-valor, no puede deshacerse de su ocupación sexuada porque el valor (la forma mercantil de la sociedad) está en sí mismo sexuado].

Aplicando la perspectiva de SCHOLZ, la concepción de Beck de individuo neutro y subyugado a una estructura de género neutral no hace sino liberar al 'hombre' de toda responsabilidad con respecto a las relaciones de poder que sustenta el patriarcado.

Estas estructuras de poder son, según SCHOLZ, intrínsecas al capitalismo y por lo tanto palpables y concretas. No obstante, y de forma simultánea, la presencia de lo escindido del valor es heterogénea y no subsumible a la estructura abstracta del trabajo. Este hecho no excluye la esfera reproductiva de las dinámicas de poder ligadas al capitalismo, sino que de hecho las potencia. Valor y escisión del valor serían por lo tanto dos ámbitos intercomunicados y en un mismo nivel de relevancia. La delicada posición del postulado de SCHOLZ, manteniendo un pulso simultaneo con los aspectos más desactualizados de la teoría crítica y con las más contradictorias propuestas del feminismo posmoderno, la sitúan en el terreno poco habitual de lo radicalmente crítico.

V. CONCLUSIONES

El valor de la crítica de SCHOLZ radica en que es una crítica doble. De una banda argumenta las carencias del método explicativo de acción directa de los feminismos de última ola. Por otro lado desestima las posiciones de algunos de

34 Este texto, aunque de importancia capital para la comprensión de la teoría de la 'escisión-valor', es incompleto y contiene aspectos rudimentarios que SCHOLZ iría perfeccionando y matizando en trabajos posteriores. Del mismo modo es imposible su compresión sin su contextualización en el ámbito de trabajos previos realizados al respecto. Esto no es una observación propia, la propia SCHOLZ introduce una breve reflexión inicial que data del año 2017 puntualizando estos aspectos antes de dar paso al contenido del texto en el soporte digital *EXIT!*, donde como veíamos anteriormente se encuentran publicados la mayoría de los textos del grupo de investigación al que SCHOLZ pertenece.

sus compañeros que teorizan bajo una suerte de valor abstracto ontologizado y universalista. Bajo la mirada de SCHOLZ, sus compañeros estarían incurriendo en el mismo error cometido por el marxismo clásico de la lucha obrera, al exponer el trabajo como una suerte de valor universal aplicable a toda particularidad social. Que esto no es realmente así queda desmentido, según SCHOLZ, con una rápida ojeada a la división por esferas del trabajo, por una parte productiva (masculina) y por otra reproductiva (femenina). Esta última a ojos de SCHOLZ no puede ser de ninguna manera explicada por o subsumida bajo la primera. Está radicalmente escindida. Del mismo modo ambas se encuentran simultáneamente interconectadas y forman parte de una problemática común.

La ambigüedad conceptual en la que suele moverse el debate feminista y crítico en la actualidad genera en ocasiones pérdidas y desubicaciones, tanto entre los que se encuentran en desacuerdo con la Teoría crítica del valor y opinan que esta entraña una ontologización del valor abstracto, como entre los que difieren de las principales teorías feministas contemporáneas, alegando que el patriarcado estriba en un problema complementario.

El diálogo sostenido por SCHOLZ en el contexto específico de los marcos teóricos en los que se desarrolla su propuesta nos ha ayudado a configurar una fotografía conceptual que, a modo de constelación, dibuja las avenencias y desavenencias de una heterogénea tradición de pensamiento de gran relevancia en la actualidad. A partir del análisis de este escenario, nuestra reflexión nos ha conducido a través de una labor de investigación en torno a nódulos obscuros y poco transitados. Esta labor es muy necesaria si se busca combatir la carencia de autocrítica a la que conduce el desconocimiento de las razones subyacentes que evidencian las paradojas y debilidades teóricas tanto en el ámbito del feminismo posmoderno como en el de la teoría marxiana contemporáneas. A la luz de estos resultados es posible continuar un diálogo de primera necesidad que ayudará en última instancia a la formación de sociedades más justas.

VI. APÉNDICE BIBLIOGRÁFICO

Anselm **JAPPE**, *Las aventuras de la mercancía*, trad. Diego Luis Sanromán, 2016, Pepitas de calabaza, Logroño.

Beata **STAWARSKA**, «Introduction: Concepts and Methods in Interdisciplinary Feminist Phenomenology», 2013, Janus Head, vol *13(1)*, pp. 6-16.

Catherine **CLÉMENT**, C. y Julia **KRISTEVA**, *Lo femenino y lo sagrado*, trad. Maribel García Sánchez, 2000, Cátedra, Madrid.

Celia **AMORÓS PUENTE** y Luisa **POSADA KUBISSA**, *Feminismo y multiculturalismo*, 2007, Instituto de la Mujer.

Cinzia, **ARRUZZA** *et. al.*, *Manifiesto de un feminismo para el 99 %,* trad. Antoni Martínez Riu, 2019, Herder, Barcelona.

David **Held**, *Cosmopolitismo: Ideales y realidades*, trad. Dimitri Fernández Bovroski, 2012, Madrid Alianza, Madrid.

Donald **Winnicott**, *Hate in the Counter-Transference*, 1949, Int. J. Psycho-Anal., 30, 69-74. Ed. esp. Donald **Winnicott**, *El odio en la contratransferencia. Escritos sobre deprivación y crianza y notas sobre el objeto transicional*, 2023, Pólvora, Chile.

Elisabeth **Beck-Gernsheim**, y Ilona **Ostner**, *Frauen verändern, Berufe nicht?: ein theoretischer Ansatz zur Problematik von "Frau und Beruf"*, 1978, Nomos-Verl, Baden, (29), p. 257-287.

Estelle **Freedman**, *No turning back: The history of feminism and the future of women*, 2003, Ballantine Books, Nueva York.

Frigga **Haug**, *Die Vier-in-einem-Perspektive. Politik von Frauen für eine neue Linke*, 2022, Argument, Hamburgo.

Gianni **Vattimo**, *Más allá de la interpretación*, trad. Pedro Aragón Rincón, 1995, Paidós, Barcelona.

Gilles **Deleuze** y Felix **Guattari**, *El Antiedipo. Capitalismo y esquizofrenia,* trad. Francisco Monge, 2020, Paidós, Barcelona [1972]. Hans-Georg Gadamer, *Warheit und Methode*, 2011, Akademie Verlag, Berlín [1960].

Hans-Georg **Gadamer**, *Warheit und Methode*, 2011, Akademie Verlag, Berlín [1960].

Harry **Guntrip**, *Schizoid Phenomena, Object-Relations, and the Self*, 1992, Karnac Books, Londres.

Hartmut **Rosa**, *Alienación y aceleración. Hacia una teoría crítica de la temporalidad en la modernidad tardía,* trad. CEIIH, UNAM, 2016, Katz Barpal, Madrid.

Helene **Cixous**, *The Laugh of the Medusa*, trad. Keith Cohen y Paula Cohen, 1976, The University of Chicago Press, Chicago, (1), 4 pp. 875-893.

Ilona **Ostner** y Elisabeth **Beck-Gernsheim**, *Mitmenschlichkeit als Beruf. Eine Analyse del Alltags in der Krankenplege*, 1979, Campus Verlag, Frankfurt-Nueva York.

Jaques **Derrida**, Comunicación en el Congreso Internacional de Sociedades de Filosofía de lengua francesa (Montreal, 1971), trad. C. González Marín en Jaques Derrida, *Márgenes de la filosofía*, 1998, Cátedra, Madrid, pp. 347-372.

Jaques **Derrida**, "Uninterrupted Dialogue: between two infinities, the poem", 2004, *Research in Phenomenology, (34)*, 8.

Judith **Butler**, *Gender Trouble: Feminism and Subversion of Identity*, 1990, Routledge, Abingdon.

Judith **Butler**, *Bodies that Matter. On the Discursive Limits of "Sex",* 1993, Routledge, Abingdon.

Judith **Butler**, *Precarious life. The power of mourning and violence*, 2004, Verso, New Left Books, Nueva York.

Judith **Butler**, *Frames of war. When is life grievable?*, 2009, Verso Book, Nueva York

Judith **Butler**, *Who is afraid of gender?*, 2024, Farrar, Straus and Giroux, Nueva York.

Juliet **Mitchell**, *Psychoanalysis and Feminism: A radical Reassessment of Freudian Psychoanalysis*, 2000, Basic Books, Nueva York.

Karen **Horney**, *New Ways in Psychoanalysis*, 1943, W. W. Norton & company, Nueva York.

Karl **Marx**, *El Capital. Crítica de la economía política*, 2020, S. XXI., Ciudad de México.

Kevin **Macdonald**, Black activist mothering: A historical intersection of race, gender, and class, 1997, *Gender & Society*, *11*(6), 773–795, doi: https://doi.org/10.1177/089124397011006004

Luce **Irigaray**, *Speculum. De l'autre femme*, 1974, Éditions de Minuit, París, ed. en castellano.

Luce **Irigaray**, *Ce Sexe qui n'en est pas un*, 1977, Editions de Minuit, París.

Luce **Irigaray**, *Espéculo de la otra mujer*, 2007, Akal, Madrid.

María **Zambrano Alarcón**, *La razón en la sombra.* Antología crítica, 2004, Madrid, Siruela.

Martin **Jay**, *Downcast Eyes: The Denigration of Vision in Twentieth-Century French Thought,* 1993, Centennial Book, University of California Press, California.

Martin **Seel**, *Ethisch-ästhetische Studien,* 1996, Suhrkamp, Frankfurt.

Mary **Wollstonecraft**, *A Vindication of the Rights of Woman, With Strictures on Political and Moral Subjects*, 1992, Penguin, Nueva York.

Melanie **Klein**, *Die Psychoanalyse des Kinder*, 1932, Internationaler Phychoanalytischer Verlag, Viena.

Miriam **Glucksmann**, V. Airbrushing the history of feminism: 'Race' and ethnicity, 2008, *Feminism & Psychology*, *18*(3), 405–409, doi: https://doi.org/10.1177/0959353508092096

Moishe **Postone**, *Tiempo, trabajo y dominación social. Una reinterpretación de la teoría crítica de Marx*, 2006, Marcial Pons, Madrid.

Nancy **Fraser** y Alex **Honneth**, ¿Redistribución o reconocimiento? Un debate político filosófico, trad. Pablo Manzano, 2006, Morata, Madrid.

Paul-Michel **Foucault**, *The Order of Things*, 1970, Pantheon, Nueva York.

Regina **Becker-Schmidt** y Gudrun-Axeli **Knapp**, *Feministichen Theorie*, 2023, Junius, Hamburg.

Richard **Rorty**, *El giro lingüístico. Dificultades metafilosóficas de la filosofía lingüística*, trad. Gabriel Bello, 1990, Paidós, Barcelona.

Robert **Kurz**, *Schwarzbuch Kapitalismus. Ein Abgesang auf die Marktwirtschaft*, 1999, Eichborn, Berlín.

Roswitha **Scholz**, *Wert und Geschlechterverhältnis*, 1999, Streifzüge *(2)*, doi: http://www.exitonline.org/link.php?tabelle=autoren&posnr=37

Roswitha **Scholz**, *Das Geschlecht des Kapitalismus. Feministische Theorie und die postmoderne Metamorphose des Patriarchats,* 2000, Bad Honnef, Horlemann, Merdingen.

Roswitha **Scholz**, *Differenzen der Krise – Krisse der Differenzen. Die neue Gesellschaftskritik im globalen Zeitalter und der Zusammenhang von "Rasse", Klasse, Geschlecht und postmoderner Individualisierung*, 2005, Horlemann, Merdingen.

Roswitha **Scholz**, *El patriarcado productor de mercancías. Tesis sobre capitalismo y relaciones de género,* 2013, Constelaciones, Revista de Teoría Crítica, Madrid;

Roswitha **Scholz**, *Der Wert ist der Mann. Thesen zu Wertvergesellsschaftung und Geschlechterverhältnis. Vorbemerkung*, 2017, doi: http://www.exitonline.org/link.php?tabelle=schwerpunkte&posnr=20

Roswitha **Scholz** *et al.*, *Le sexe du capitalisme: "Masculinité" et "feminité" comme piliers du patriarcat producteur de merchandise,* 2019, Crise & Critique, Albi.

Sara **Benahabit** *et. al., Feminist contentions: A Philosophical exchange (Thinking Gender)*, 1995, Routledge, Londres.

Sara **Heinämaa**, "A Phenomenology of sexual Difference. Types, Styles and Persons", en Witt, Ch., (ed.) *Feminist Metaphysics: Exploration in the Ontology of Sex, Gender and the Self*, 2011, Dordrecht, Springer, pp. 131-158.

Silvia **Federici**, *Calibán y la bruja, Mujeres, Cuerpo y acumulación Originaria,* 2010, Traficantes de Sueños, Madrid.

Simone **De Beauvoir**, *Le deuxième sexe*, vols. I/II, 1976, Gallimard, París [1949].

Stephanie **Shields**, Functionalism, Darwinism, and advances in the psychology of women and gender: From the 19th century to the 21st, 2016 *Feminism & Psychology*, *26*(4), pp. 397-404. doi: https://doi.org/10.1177/0959353516663567.

Theodor W. **Adorno***, Dialéctica negativa. La jerga de la autenticidad*, trad. Alfredo Brotons muñoz, 2018, Akal Madrid [1966].

Ulrich **Beck** y Elisabeth **Beck-Gernsheim**, *Individualization: Institutionalized Individualism and its Social and Political Consequences*, 2002*, Sage*, Londres.

Walter **Benjamin**, *Tesis sobre el concepto de historia y otros ensayos sobre historia y política*, 2022, Alianza, Madrid [1942].

William **Fairbairn**, *Psychoanalytic Studies of the Personality*, 1952, Routledge, Londres.

CAPÍTULO 11

¡ES LA ABSTRACCIÓN REAL, BRO! UNA APROXIMACIÓN A LA MANOSFERA DESDE LA CRÍTICA DEL VALOR

Gonzalo Luque González
Universidad de Almería

I. Introducción. Concepto de manosfera y crítica del valor

En los últimos años se ha desarrollado un llamativo fenómeno eminentemente virtual que recientemente ha comenzado a ser atendido mediática y académicamente. Se trata de la llamada *manosfera* (en ocasiones traducido al castellano como «machosfera» o «androsfera»): una diversa serie de comunidades de hombres conformadas a través de discursos dedicados a discutir, expresar y/o performar una supuesta masculinidad caracterizada por una agudizada polarización de género que deriva con frecuencia en implícita o explícita misoginia. Como todos los fenómenos *online* hoy, debido a la enorme dependencia de internet en la socialización y comunicación, los orígenes y manifestaciones de la manosfera están lejos de estar limitadas a una esfera virtual aislada[1].

1 Faltan todavía estudios sobre la posible relación entre las conductas machistas y estos nuevos discursos. Pero, como han señalado Elisa GARCÍA-MINGO y otros, [«(Re)configu-

La mayoría de los acercamientos académicos a este fenómeno adoptan un marco teórico que combina planteamientos sociológicos, psicológicos y semióticos. Aunque muchos señalan la importancia en los orígenes de estas comunidades en problemas económicos como el desempleo, la precariedad laboral, la disminución de poder adquisitivo, etc., algunos describen el fenómeno eminentemente como una reacción patriarcal o antifeminista. Sin negar el obvio componente reactivo —el auge en las últimas décadas de los movimientos y discursos feministas y las transformaciones sociales promovidos por estos es identificado por las comunidades de la manosfera como causa de los problemas y perjuicios que dicen sufrir como hombres y por tanto es considerado el principal objetivo a combatir[2]—, aquí queremos profundizar en la relación entre el surgimiento de este preocupante fenómeno y la naturaleza y evolución del modo de producción capitalista[3]. Una relación que consideramos que tiene un importante potencial explicativo que puede compensar ciertas limitaciones de aproximaciones que ponen el foco en la carcunda y que pueden resultar incluso indirectamente solidarios con las causas últimas del fenómeno, causas que aquí trataremos de dilucidar.

---

rando el imaginario sobre la violencia sexual desde el antifeminismo: el trabajo ideológico de la manosfera española», en *Política y Sociedad*, núm. 59, 2022] ciertas estadísticas permiten deducir que su impacto social efectivo no es baladí: entre los jóvenes se observa una menor concienciación sobre la discriminación y la violencia de género o incluso su negación. Cabe mencionar, sin dejar de atender a todos los factores que puedan provocar impulsos asesinos arbitrarios y su no represión, que planteamientos propios de estos discursos misóginos están entre las motivaciones conscientes de varios asesinatos masivos como el de Anders Breivik en 2011 o el del autodenominado *incel* Elliot Rodger en 2014. Ambos casos han sido bien estudiados en su relación con la manosfera por Jacob Johanseen, *Fantasy, Online Misogyny and the Manosphere. Male Bodies of Dis/Inhibition*, Routledge, Londres, 2022, págs. 144-155.

2 Hay que hacer notar en todo caso que estos análisis no toman acríticamente los juicios de la propia manosfera. Estos reconocen perfectamente que la reacción es producto de una conspiranoia misógina que daría respuesta a una crisis económica, social y narrativa (Gutiérrez Franco, Y. y Bernández Rodal, A. *Misoginia online: La cultura de la manosfera en el contexto español*, Tirant Humanidades, Valencia, 2023, pág. 20). El problema principal de estos análisis estaría, desde nuestra perspectiva, en la confianza implícita que daría a la educación o a los aspectos discursivos: la respuesta conspiranoica no se daría si hubiese discursos adecuados y suficientemente atractivos que demuestren lo falso o ilusorio de la conspiranoia. Sin negarle la importancia a la creación de discursos emancipatorios atractivos y convincentes, no debe olvidarse que el machismo o la dominación de género no es exactamente una serie de conductas aprendidas; ese «aprendizaje» es eminentemente inconsciente, se adquiere en la cotidianidad de los actos sociales, *i.e.*, la producción y reproducción de relaciones sociales propias de la escisión-valor, y, por tanto, no puede ser simplemente revertido con la educación. Además, como veremos, no tiene por qué darse una conspiranoia misógina para producir una masculinidad dominadora.

3 Lo cual no implica dar un carácter secundario a la crítica feminista. Como veremos en la exposición de la crítica del valor-escisión, es todo lo contrario: el modo de producción capitalista se asienta sobre una división de género específica sin cuya consideración la comprensión de la totalidad social capitalista no solo es insuficiente sino equivocada.

Lo haremos desde el aparato teórico de la denominada crítica de la escisión-valor, desarrollada principalmente por el grupo alrededor de la revista germana *EXIT!*. La teórica eminente de la *Wertabspaltungskritik* es ROSWITHA SCHOLZ quien da un papel primordial al género en la crítica del valor expuesta por ROBERT KURZ o MOISHE POSTONE entre otros.[4] Muy esquemáticamente podríamos describir sus planteamientos como una crítica categorial de los fundamentos de la sociedad capitalista partiendo de lo que KURZ[5] denomina el «Marx esotérico», opuesto a un «Marx exotérico» que imbuido por la lógica ilustrada de la modernización (el poder emancipatorio del trabajo, el desarrollo de las fuerzas productivas, el progreso social, etc.) habría sentado las bases de lo que sería el «marxismo tradicional» y el obrerismo socialista. Este oscuro MARX habría revelado la naturaleza fetichista de las categorías básicas del modo de producción capitalista: la mercancía, el valor y el trabajo. Un trabajo, que ya no sería un concepto transhistórico, sino la manifestación particular de la relación social productiva propia y exclusiva del capitalismo. Esto transforma radicalmente la interpretación global del capitalismo cuyo motor no sería ya la lucha de clases sino la dominación abstracta a través de categorías fetichistas que inducen una lógica autónoma a los individuos, independientemente del rol que ocupen en la división del trabajo o las estructuras de clase. El valor, en tanto que abstracción ideal de los esfuerzos concretos de los productores privados, es una abstracción social, pero que en cuanto el *trabajo*[6], como «sustancia del capital», se eleva a relación social básica en la sociedad de mercado, dicha abstracción adquiere un carácter real con un funcionamiento concreto como movilizador de los productores. El trabajo abstracto y el valor sería un *a priori* de la reproducción capitalista, no una categoría extraída del análisis sintético, sino una forma hipostasiada que precede en la lógica social a la circulación de mercancías en el mercado. Esto provoca una transformación en el proceso productivo sin precedentes

---

4 Para una sintética exposición en castellano de sus teorías, no muy conocidas todavía fuera del ámbito germano y, en menor medida, francés, puede consultarse sobre la *Wertkritik* Jordi MAISO y Eduardo MAURA, «Crítica De La economía política, más Allá Del Marxismo Tradicional: Moishe Postone Y Robert Kurz», en *Isegoría*, núm. 50, 2014, págs. 269-284; y sobre la escisión-valor Clara NAVARRO RUIZ, «Presentación "Der Wert ist der Mann" de Roswitha Sholz», en *Sociología Histórica,* núm. 9, 2018: págs. 855-865.

5 Robert KURZ, «Marx 2000. La importancia de una teoría dada por muerta para el siglo XXI», en *Constelaciones. Revista de Teoría Crítica*, núm. 8-9, 2017, págs. 28-45.

6 «De acuerdo con la comprensión crítica del valor, lo que está en el punto de mira de la crítica no es la llamada plusvalía como fenómeno aislado, es decir, la explotación del trabajo determinada desde fuera por el capital, considerado este como relaciones jurídicas de propiedad, sino la forma de valor misma, es decir el carácter social del sistema productor de mercancías y, con ello, la forma de actividad del trabajo abstracto. Según esto, el 'trabajo' solo surge en el capitalismo, vinculado a la universalización de la producción de mercancías, y no debe ser ontologizado» (R. SCHOLZ, «El patriarcado productor de mercancías. Tesis sobre capitalismo y relaciones de género», *Constelaciones. Revista de Teoría Crítica*, núm. 5, 2013, pág. 46).

históricos. Los productores buscan interesadamente el beneficio personal pero solo pueden hacerlo sobre la producción de valor y su realización en el mercado, configurando así el valor una dinámica autónoma de la voluntad de los individuos, el «sujeto automático» del que habló MARX y que sobre el que la *Wertktrik* pone bastante énfasis[7].

SCHOLZ habría reconstruido esta teoría al ilustrar que una serie de fenómenos esenciales para el desarrollo social no podían explicarse bajo las categorías capitalistas porque la naturaleza de estos fenómenos no permite su completa subsunción capitalista. Estos fenómenos serían los que han venido a denominarse los propios de la esfera reproductiva, asociados simbólica y materialmente con lo femenino (cuidados, sensibilidad, etc.) y sistemáticamente minimizados por la esfera propiamente capitalista, que ocuparía la máxima jerarquía dentro del sistema social capitalista, aquella dedicada a la producción de mercancías y la acumulación de valor y cuyas lógicas psicosociales estarían asociadas a lo masculino (racionalidad, fuerza, capacidad productiva, lógica del ahorro de tiempo[8], etc.). SCHOLZ llama este «modo civilizatorio», el «patriarcado productor de mercancías»[9]. Aunque la «objetividad del valor» sea indiferente al género no lo es la estructura subjetiva de la producción de valor[10]. La importancia de esa esfera *escindida* del valor[11] no sería un epifenómeno del proceso de valorización, sino que sería condición necesaria (pero no exactamente previa), manteniendo valor y escisión una intrincada dialéctica de dependencia/independencia con relaciones de reci-

7 KURZ, R., *La sustancia del capital*, Enclave, Madrid, 2021, págs. 47 y ss.

8 SCHOLZ toma la diferencia de una lógica del gasto de tiempo propia de la esfera femenina y otra de lógica del gasto de tiempo propio de la esfera femenina de Frigga HAUG. De fondo, en la crítica del valor están en cualquier caso los planteamientos bien desarrollados por POSTONE de que la dominación bajo el capitalismo tiene una lógica eminentemente temporal (*Time, Labour and Social Domination. A reinterpretation of Marx's critical theory*, Cambridge University Press, Cambridge, 2003).

9 SCHOLZ, *ibid.*

10 De ahí que SCHOLZ pueda sentenciar que «el valor es el hombre» («El valor es el hombre. Tesis sobre socialización del valor y relación de género», en *Sociología Histórica*, núm. 9, 2018, págs. 866-905). Esto no implica un determinismo biológico de ningún tipo, sino que el modo productivo propio de la valorización capitalista configura una subjetividad propia que es la que define las características instituidas simbólicamente como masculinas.

11 La noción de esfera no debe confundirse con la división sociológica de esfera privada y esfera pública. La escisión hay que entenderla como un momento esencial y dinámico de la matriz social que conforma el capitalismo. Es la propia totalidad social la que está quebrada. La estructura disociativa es una totalidad rota que, a diferencia de la noción hegeliana, no coincide consigo misma. Esto resulta del hecho de que la abstracción real del trabajo está, para la crítica de la escisión-valor, intrínsecamente «quebrada». «La abstracción real siempre va de la mano —no accidental ni empíricamente, sino según su determinación lógica esencial— con la disociación determinada de género de una serie de momentos materiales, sociopsíquicos y culturales-simbólicos de la reproducción social que no son absorbidos en la forma valor/trabajo abstracto» (KURZ, *ibid.*, pág. 263).

procidad y exclusión que evolucionan con el propio desarrollo histórico de la sociedad capitalista[12].

> [La] escisión representa el oscuro (oscuro para la conciencia androcéntrica-universalista) reverso del valor. Es por esto que la escisión como PRINCIPIO ESTRUCTURAL GENERAL es una precondición para que en la modernidad lo perteneciente al mundo de la vida, lo contingente, lo no-analítico ni lo conceptualmente aprehensible fuera desatendido y se mantuviera opacado por las áreas dominadas por lo masculino de la ciencia, la economía y la política[13].

La división de género[14] dentro del capitalismo no sería pues un vestigio de modos de producción premodernos, sino que sería parte intrínseca y en parte exclusiva del capitalismo (aunque obviamente no se niegan las formas de dominación masculina premodernas), pero que no estaría exactamente engendrada por este, sino que formaría parte de su propia constitución socioideológica. Como explica Scholz:

> el valor y la escisión se encuentran en una relación dialéctica. No hay una jerarquía deductiva, ambos momentos se desprenden del otro, el uno está contenido en el otro, con lo que la escisión se sustrae de las categorías económicas. De esta manera, la escisión del valor puede ser comprendida como una lógica de orden superior, que se extiende a las categorías internas de la forma mercancía[15].

En la siguiente exposición utilizó la metateoría de la escisión-valor de Scholz y aplicó ciertas herramientas del psicoanálisis[16] para explorar los entresijos de la subjetividad patriarcal capitalista que la propia Scholz reconoció que debían ser manejados para explicar el funcionamiento individual del *sujeto automático* y lo que se escapa a este: lo escindido.

---

12 Para las particularidades de esta teoría dentro de otras teorizaciones materialistas en torno al género puede consultarse Catalina Gallego, C., «Lo abyecto y lo escindido. Elementos para pensar las relaciones de género desde la crítica de la economía política», en *Azafea Revista de filosofía*, núm. 25, 2023, págs. 239-274 o Navarro Ruiz (2019, *Mientras caemos. Fundamentos para una crítica interseccional del capitalismo a partir de sus límites como sistema civilizatorio,* Tesis doctoral inédita, Universidad Complutense, Madrid, 2019, págs. 313-356.

13 Scholz, R., *Capital y patriarcado. La escisión del valor*, Pepitas, Logroño, 2020, pág. 87.

14 Como plantea Scholz se trata de «un género sin cuerpo». Un género cuya esencia no deriva de la biología ni de la «cultura», sino de la forma valor en su desarrollo necesariamente escindido. «But gender that is still gender» («Patriarchy and Commodity Society: Gender without the Body», en *Marxism and the Critique of Value*, obra colectiva, MCM', Chicago, 2014. 123-142.

15 Scholz, *ibid.*, pág. 86.

16 Scholz («El patriarcado productor de mercancías», *op. cit.*, pág. 56) ha apuntado al psicoanálisis como herramienta fundamental para explicar el funcionamiento subjetivo de la dinámica abstracta e impersonal del capital, aunque la teórica alemana no ha hecho inquisiciones profundas sobre el tema.

II. El caso *Llados*

Para el análisis voy a centrarme en un caso particular, el del autodenominado entrenador personal Amadeo Llados, por varias razones: en primer lugar, por ser uno de los casos españoles con más impacto mediático, tanto en seguidores como por la discusión mediática en torno a él; y, en segundo lugar, porque aunque no puede encasillarse completamente dentro de la llamada manosfera en tanto que algunas claves discursivas de la manosfera no están claramente presentes (no se habla de géneros, ni de feminismo, ni hay desprecio explícito hacia las mujeres), sí resulta evidente que todo su discurso y su contenido audiovisual está producido para y por una forma de masculinidad coincidente con las (re)creadas en la manosfera[17]. Este último resulta especialmente conveniente para ilustrar que la hipótesis de la reacción debe ser manejada con cautela. El hecho de que no haya victimización ni se culpabilice al feminismo en particular o a las mujeres en general del malestar masculino —ni tan siquiera se explicita un malestar más allá del individuo atomizado— no hace de la subjetividad promovida menos partícipe de la estructura ideológica de la dominación masculina. Además, como veremos, el salto lógico hacia discursos y prácticas abiertamente misóginas de la manosfera resulta mínimo. Por otra parte, ilustra cómo las causas que motivan el atractivo de estas figuras y discursos son hasta cierto punto independientes de la implantación de las políticas de igualdad o la difusión del feminismo, teniendo mucho peso en ellas la dinámica social propia de la escisión-valor y la propia estructura simbólica y psicosocial sobre que esta conforma.

El caso de Llados hay que tomarlo dentro del contexto de flexibilidad e hibridación que caracteriza tanto a nivel general a la manosfera, como a nivel particular a los distintos grupos e individuos que participan de ella. Es fundamental comprender, como explica Ging, que la masculinidad se adopta en estos grupos desde un «pragmatismo dialéctico», por el cual en ciertos momentos se adopta cierta masculinidad hegemónica, mientras que en

17 Esta además suele ser la forma habitual en la que se da la manosfera en el contexto español como han señalado Gutiérrez Franco y Bernández Rodal en su reciente monografía donde explican que lo habitual no son «espacios dedicados a hablar de masculinidad de forma explícita» sino que es más común el compartir y debatir sobre actividades masculinizadas (*op. cit.*, pág. 13). En este sentido el contenido que produce Llados es paradigmático: *fitness*, coches y dinero. En España son precisamente estas dos últimas áreas donde la acumulación y agudización de tendencias misóginas se dan con más frecuencia, tanto implícita o explícitamente. No es casual que entre los portales más importantes de la manosfera hispana se encuentren un foro dedicado, al menos originalmente, a la economía (burbuja.info) y otro a la automoción (forocoches.com), ambos estudiados por Charo Lacalle, «"The otherless other". Las pasiones misóginas de la manosfera española», en *Signa*, núm. 32, 2023, págs. 41-53. Llamativa y preocupantemente ambos están entre los foros online más importantes del mundo hispano.

otros momentos hay un distanciamiento funcional de esta[18]. En ese sentido, comprendemos el concepto de masculinidad hegemónica surgido de las transformaciones neoliberales más bien como un juego fluido entre diversas y cambiantes prácticas[19].

III. Masculinidad y subjetividad capitalista

Como hemos indicado antes, hay una relación estrecha entre la noción de trabajo que surge, sin precedentes históricos, en el capitalismo y el sujeto constituido en torno a él, a su vez estructurado dentro de una matriz simbólica y psíquica asociada a la masculinidad. El hombre moderno está constituido y estructurado desde las cualidades operativos del trabajo: racional, dispuesto a superar dificultades, práctico, eficiente, orientado hacia objetivos mensurables, etc. En este sentido la moderna identidad masculina resulta sociológicamente bastante flexible. No solo quien ejerce el trabajo, el obrero fabril o el agricultor, por ejemplo, se entienden a sí mismos como hombres productivos, también el empresario trajeado o el funcionario se identifican así, son «hombres de acción», productores activos, generadores de valor. De hecho, los dos primero ya no son los objetivos vocacionales mayoritarios, aunque sigan teniendo un rol importante en el imaginario están más bien reservados para aquello que no consiguen ascender en la jerarquía social. Sin embargo, todos sirven para representar la masculinidad *auténtica* en el plano simbólico.

Aunque en los países del capitalismo desarrollado el sector servicios sea mayoritario y que incluso en el sector secundario o primario la maquinaria haya disminuido considerablemente la necesidad de esfuerzo físico la imagen del operario musculoso y sudoroso, herramienta en mano, sigue apelando a nivel psicológico, por más que a nivel práctico la identificación resulte ridícula. ¿Por qué ocurre esto? Como veremos mejor más adelante, el cuerpo esculpido y musculado representa la posibilidad del poder: sobre el mundo, sobre los otros y sobre uno mismo[20].

De ahí que no haya nada casual en la dedicación preeminente al *fitness* de toda la ola contemporánea de autoproclamados «*coaches* motivacionales», ni que los cuerpos vigorosos sean omnipresentes en el apabullante imagina-

18 Ging, D., «Alphas, Betas, and Incels: Theorizing the Masculinities of the Manosphere», *Men and Masculinieties*, núm. 22, vol. 4, 2017, págs. 1-20.

19 Connell, R. W. y Messerschmidt, J. W., «Hegemonic Masculinity: Rethinking the Concept», en *Gender and Society*, núm. 19, vol. 6, 2005, pág. 854. El caso de Llados es paradigmático. Por ejemplo, la sexualización absoluta de las mujeres, entre otras cosas, es omnipresente en su contenido, sin embargo, también se dirige explícitamente a unos potenciales seguidores masculinos y femeninos (aunque claramente el receptor implícito es masculino).

20 Trenkle, N., «The Rise and Fall of the Working Man: Toward a Critique of Modern Masculinity», en *Marxism and the Critique of Value*, obra colectiva, MCM', Chicago, 2014, pág. 144.

rio visual de la manosfera.[21] El cuerpo *fitness* es el cuerpo «capacitado» para cualquier situación, el ideal del pragmatismo absoluto homólogo a la noción abstracta de trabajo que reúne cualquier actividad productiva (en el sentido capitalista), no importa lo diversa que sea. El *homo fitness*, si se nos permite el neologismo, es así paradigma de la dualidad propia del trabajo y de sus propias contradicciones. El cuerpo musculado está obsesionado en estar *capacitado* para cualquier cosa, enfocándose en la propia capacitación abstracta, antes que en la realización efectiva de tareas productivas, llegando al extremo de la *incapacidad real*, la hipertrofia muscular. Como es sabido, la obsesión por la definición muscular del culturista conduce normalmente a serias dificultades de realizar tareas pesadas debido a la desproporción de la masa muscular.

Aunque el culturismo no sea exactamente la práctica que caracteriza exactamente a muchos de estos *coaches* sí resulta evidente que el objetivo es eminentemente la corpulencia y la definición muscular, lograda casi exclusivamente a través del ejercicio: es decir, el esfuerzo físico por el esfuerzo físico mismo, enfocado en sí mismo, sin realizar ninguna tarea productiva más allá de la propia ejercitación muscular. Encontramos aquí, pues, una homología inquietante con el movimiento autoteleológico del valor y su desensualización: en el ciclo productivo capitalista el trabajo es un medio para acumular valor, el trabajo es así gasto de «cerebro, nervio, músculo, órgano sensorio»[22] siendo la mercancía producida y su correspondiente valor de uso consecuencia secundaria, del objetivo primario: la reproducción de capital, D-M-D', según el esquema marxiano. Si bien la producción capitalista no puede prescindir de la producción de una mercancía concreta, en tanto necesita llevar algo al mercado y lograr la venta para la efectiva realización del valor, la cualidad de la mercancía, el contenido del trabajo es absolutamente indiferente, es la manifestación fenoménica de un trabajo abstracto: esfuerzo humano sin contenido[23]. La actividad del *fitness* simplemente elimina lo que en la producción capitalista es lógicamente accesorio: si el productor capitalista gasta fuerza de trabajo (o, más comúnmente, hace gastar a otros) para producir plusvalía pretendiendo en última instancia producir más dinero, el *gym bro* hace un gasto físico[24] pretendiendo producir más músculo, o, cómo veremos, ni siquiera exactamente eso.

Este círculo tautológico individual es en el fondo la sublimación de la tautología social de la modernidad y de la correspondiente masculinidad en parti-

21 Tal cuerpo normalmente opera como proyección identitaria, excepto en el caso de los *incels*, para quienes en cualquier caso tal cuerpo ideal sigue funcionando como obsesión denostada (véase Johanssen, *ibid.*, págs. 96-121).

22 Marx, K., *El capital*, tomo I, Siglo XXI, Madrid, 1975, pág. 54.

23 Claro está que para generar valor y lograr beneficio ese gasto debe adecuarse a las condiciones históricas del desarrollo de las fuerzas productivas.

24 Nótese la redundancia de la perífrasis lingüística usada para describir tal actividad: «hacer ejercicio».

cular. El poder masculino efectivo en la modernidad es eminentemente poder capitalista. Aunque ese poder —o mejor, la sublimación del deseo de poder— esté fundado idealmente en la autodisciplina, la razón, la voluntad y la capacidad de superación —el arquetipo del *self-made man*— tal poder efectivo es en lo que respecta al éxito social totalmente frágil pues depende exclusivamente de un mercado competencial que por su propia naturaleza ningún individuo puede controlar plena y sostenidamente. Se conforma así lo que podríamos llamar el círculo vicioso de la masculinidad: es precisamente esta incertidumbre la que exige «constant and aggressive self-assurance»[25]. En este sentido, la fisiología musculada no caracteriza exactamente al hombre moderno, sin embargo, esta es símbolo de una fortaleza que refiere a una supuesta actitud interna (disciplina, esfuerzo, autocontrol) y externa (control sobre el mundo): el auténtico hombre es duro consigo mismo y con el mundo[26].

El *influencer*, por denominarlo de alguna manera[27], Amadeo Llados, explota discursivamente en sus contenidos motivacionales precisamente esa estructura psicosocial masculina, llegando a una confusión insidiosa entre significante y significado en la matriz simbólica de lo masculino. Los abdominales y bíceps exultantes son ante todo símbolos de la dominación, la disciplina y el autocontrol. Los *burpees* a las cinco de la mañana (el famoso ejercicio gimnástico que exige Llados constantemente) no son tanto un ejercicio de musculación efectiva como son la performatividad del supuesto espíritu

25 Trenkle, *ibid.*, pág. 144.

26 A este respecto, el insulto, el desprecio, la agresividad, incluso entre pares, no es solo una cuestión de creación de comunidad, sino que es parte de la masculinidad misma. Es incluso percibido como un signo paternalista de «amor»: te presiono para endurecerte, para que te hagas más fuerte.

27 Podría argumentarse contra la elección de este caso que no resulta significativo por tratarse de una presunta estafa. Ante esto puede responderse que, en primer lugar, se trata de un fraude exitoso. Es decir, el potencial atractivo de sus discursos es indudable. Las críticas que se limitan a señalar que su discurso se base eminentemente en mentiras y distorsiones descuida la matriz ideológica que lo hace funcionar, es decir, que hace que esas mentiras y distorsiones resulten verosímiles para un número no desdeñable de individuos. En segundo lugar, en cualquier caso, aun habiendo claros signos de estafa legal en parte del funcionamiento empresarial de Llados —que está siendo investigado judicialmente—, parte de su negocio se trata de un fraude instaurado sistemáticamente en la sociedad contemporánea, al menos desde las últimas décadas (y no me refiero a la estafa piramidal). Su origen más directo, ya institucionalizado (aunque su origen ideológico podría retrotraerse a la ética protestante, especialmente su desarrollo estadounidense), está en la psicología positiva y ha devenido una de las últimas evoluciones dentro de los modos desesperados de mejora de la productividad y contención social: autoayuda, desarrollo personal, *coaching*, *mindfulness*, etc. Convertido como es bien sabido en un negocio (*cf.* William Davies, *The Happiness Industry*, Verso, Londres, 2015 y Edgar Cabanas y Eva Illouz, *Happycracy*, Polity Press, 2018) del que Llados es uno más y que repite prácticamente todos sus lugares comunes: enseñanzas derivadas de la experiencia personal, narrativa biográfica de superación, recomendaciones pseudoempíricas, centralidad de la decisión individual, propuestas de solución tan sencillas como vagas, focalización a través de pequeños retos, etc.

masculino. El poder sobre el cuerpo es el poder de la voluntad: el cuerpo, como el mundo material, debe ser domesticado y controlado. La manosfera identifica esta actitud con el principio latino de *mens sana in corpore sano* sin embargo poco tienen que ver[28]. Como explica el teórico de la crítica del valor NORBERT TRENKLE, aunque el *motto* clásico ya anuncia el dualismo entre cuerpo y mente, la pretensión es su equilibrio:

> In the modern conception, in contrast, the domination and subjugation of the body under the mind is foregrounded. The "free will" that falsely believes itself to be independent of all sensuousness, which it must permanently fight precisely because it disowns it, and that lives in terrible fear of losing this fight, amounts to the socio-psychological core of bourgeois man[29].

Pero, como veíamos en el prototipo de *homo fitness* podemos observar otra transformación en esta consideración simbólica de la musculatura. En la llamada posmodernidad el vaciamiento del contenido llega hasta el paroxismo. En la imagen de los ideales masculinos del siglo XX estos estaban todavía dedicados a tareas prácticas determinadas (operarios, competición deportiva, soldados, etc.), hoy el prototipo del *fitness* no se molesta en mostrarse realizando nada más que el culto al propio cuerpo[30].

Al igual que el capital financiero, o el capital derivado de industrias subsidiarias de otros sectores (como es el caso de las plataformas, basado eminentemente en la publicidad, es decir, la confianza en la venta de mercancías externas al propio negocio), cada vez más ajeno a los sectores realmente productivos, el músculo de estos adeptos al *fitness* está totalmente disociado de cualquier proceso productivo (más allá, claro, del derivado de su espectacularización).

Paralelamente a esto observamos una transformación homóloga en la consideración de la autodisciplina pues ya no se trata tampoco exactamente de la ética protestante sino de su evolución acorde al desarrollo del capital, hoy profundamente financiarizado. En la ética protestante el objetivo de la disciplina era la riqueza, todavía relacionada a un valor de uso, y, en última instancia, la salvación divina. La gracia hoy es hoy, empero, intrascendente, es el dinero mismo. O cuando por una especie de reparo espiritual no se quiere admitir la sordidez monetaria, la trascendencia es la disciplina misma. La disciplina se convierte en un absoluto, un imperativo categórico. El énfasis por la disciplina en la manosfera desligada de la autoridad (personal o

28 Una apropiación absolutamente ahistórica y selectiva de referentes de la Antigüedad es usual en estos discursos: el Imperio Romano en general, la disciplina espartana, el estoicismo de Marco Aurelio, etc.

29 TRENKLE, *ibid.*, pág. 144.

30 Una práctica además ajena incluso a los principios higienistas burgueses, pues, entre otras cosas es recurrente la utilización de complementos alimenticios y drogas en cantidades perjudiciales para la salud.

simbólica —Dios, la patria, etc.—) o de un objetivo concreto guarda así una estrecha relación con el vaciamiento propio del concepto de trabajo.

Como hemos esbozado antes, el concepto de trabajo para producir valor mantiene una dualidad inherente: trabajo abstracto y trabajo concreto. Aunque el trabajo concreto, una actividad productiva particular y efectiva es siempre necesaria, lo que cuenta es el esfuerzo humano abstracto (cuantificado, por supuesto, mediante el tiempo lineal y vacío del reloj), de modo que se produce una doble desensualización: del sujeto respecto a la actividad concreta y del propio sujeto productor. En este sentido, como explica Trenkle, «modern masculine identity corresponds exactly to the profile of the demands of labor in capitalist society based on universal commodity production»[31]. El objetivo de esta es la producción de mercancías como medio para la valorización del valor, independientemente de lo manufacturado o del servicio realizado. Lo realizado no cuenta en su materialidad sensual, tan solo cuenta como representación del valor, contribuyendo, según el esquema marxiano, a hacer más dinero del propio dinero. Así, pues, no resulta nada extraño que lo que es aparentemente solo un entrenamiento de *fitness* devenga rápidamente en una obsesión por «generar dinero», una generación ciega, totalmente independiente de cualquier actividad productiva, incluso de cualquier trabajo de valorización concreto. El mundo material deviene indiferente, es solo un medio necesario para la valorización. Pero el delirio fantasioso del poder masculino de la manosfera borra hasta las mismas condiciones de producción material que lo conforman, incluso en la perspectiva mistificada de la economía política (por supuesto, la esfera de la escisión, las actividades reproductivas y de cuidados ni si las concibe). El fetichismo del capital deviene puro delirio del capital. El desprecio absoluto al mundo va de suyo. Pero, como vemos, esto no fuerza la lógica interna de la producción de valor, es solo la conducción de esta hasta las últimas consecuencias y borrando idealmente, no simplemente infravalorando o despreciando, la esfera escindida. La «generación de dinero» (*generar* es el verbo usado continuamente por Llados) disociada del cualquier producción concreta y útil no es una deformación ideológica sino la continuación lógica de la forma productiva capitalista, que como planteó Marx e insiste Kurz, es D-M-D', el autocrecimiento del valor. La abstracción de las cualidades concretas es un *a priori* de la producción, su presupuesto trascendental. Si el dinero como fin en sí mismo es la manifestación fenomenológica de la dinámica social de (auto)valorización, la obsesión de Llados y demás acólitos por el dinero y su supuestamente fácil «generación» no es extraña y ni siquiera es comprendida por ellos mismos como una mera superficialidad materialista. Como expone Clara Navarro en la lógica novedosa del capital, «[e]l fundamento del poder ya no está en el "más allá" de la religión o la divinidad, sino en el "más acá"

31 Trenkle, *ibid.*, pág. 145.

de la productividad y los resultados económicos»[32]. Así puede comprenderse que el «más acá» del dinero sustituye ideológicamente a la trascendencia, que llegará, como la gracia divina, gracias al sacrificio continuo.

En este sentido, el discurso de Llados es una expresión ejemplar de la compulsión del sujeto al autocrecimiento. Una estructura psicológica, como hemos visto profundamente inscrita en la identidad masculina moderna, que podría definirse como el sujeto a secas (el supuesto individuo libre y autónomo de la modernidad), que es la condición necesaria (junto con su escisión) para la producción y reproducción capitalista. Hay quien ha visto el discurso de Llados y algunos de estos gurús como la propaganda de una actitud de esclavo. Aunque sea cierto que tales discursos sean útiles para la clase capitalista, tal planteamiento confunde enteramente la característica histórica de la relación social moderna, que nada tiene que ver con el esclavismo. Aquí no hacen falta látigos[33], la compulsión ciega por el trabajo y el «crecimiento personal» no es un acto de subyugación bajo una fuerza externa, sino que parte del propio interior del individuo que se conforma y define subjetivamente a partir de la objetivación y la autobjetivación que no puede detenerse. Pues si se detiene, la propia estructura psíquica del sujeto se derrumba. En un momento Llados advierte a sus seguidores: «o creces o caes»[34]. La economía política y la subjetividad se identifican recíprocamente. A la presión externa del mercado, le corresponde una presión interna y tal como explica TRENKLE:

> To the external pressure corresponds an internal pressure. It is precisely for this reason that the objectifying pattern of action and behavior is in no way restricted only to the spheres of labor and economy, but shapes the entire network of social relationships. But because this is intolerable in the long term (because having to act that way requires constant strain and exertion and permanently threatens to fail), the modern subject of labor and the commodity has such a fundamental hatred of all those who flounder under these pressures or even refuse them altogether[35].

---

32 NAVARRO RUIZ, C., *El capitalismo de hoy, la incertidumbre de mañana*, Pepitas, Logroño, 2022, pág. 29.

33 Nótese además que, aunque para Llados y los autoproclamados *winners* ellos no son esclavos —todo lo contrario, hombres libres y autónomos— sí que hay unos «otros», los *losers*, que sí tendrían mentalidad de esclavo o servil. Pero sólo mentalidad, no condición impuesta, y esto es muy importante para su esquema explicativo de la realidad social: los *losers* son explotados porque quieren o por su indiferencia o pasividad y precisamente por esa falta de voluntad (son «blandos»), merecen fracasar. Expandiremos esta cuestión más adelante.

34 Me abstengo de referenciar el contenido de Llados para no darle más repercusión de la que ya tiene. En todo caso tampoco resulta muy necesario, es fácil encontrar lo citado anteriormente o alguna expresión similar en muchos de sus videos, pues como tantos otros gurús motivacionales el contenido resulta sumamente repetitivo: probablemente no funcionaría si no fuese por la repetición mántrica y la performación continua.

35 TRENKLE, *ibid.*, pág. 147.

La realización del valor en forma de beneficio puede no llegar (aunque su promesa no puede desaparecer del todo), o, en el imaginario de la manosfera, puede que uno llegue a hacerse rico, pero eso no importa: lo que importa es no cejar en el intento. Como en la autofagia económica descrita por Jappe[36], una vez instauradas y generalizadas las relaciones sociales capitalistas, hay una permanente insatisfacción del objetivo, pero el deseo, la movilización psíquica, acaso solo crece ante la insatisfacción. «Lo tangible se degrada a causa del brillo del porvenir», explica Navarro Ruiz[37] estableciendo el nexo con la ética protestante analizada por Weber. La lógica económica permea y condiciona toda la vida social e individual conformando una problemática economía libidinal: en la lógica cultural del capitalismo tardío «todo lo sólido se desvanece en el aire», como glosó sobre *El manifiesto comunista* el crítico Marshal Berman[38] (2010).

IV. Estoicismo, distinción y capitalismo reaccionario

En este sentido, el estoicismo por el que supuestamente abogan[39] es poco más que apropiación histórica que les permite reconocerse en una supuesta tradición noble y milenaria pues la filosofía estoica, en cualquiera de sus vertientes e independientemente de cómo se la juzgue, no tiene nada que ver con lo que plantean. En primer lugar se presenta la propia contradicción entre discurso y autojustificación de carácter pseudo estoico (hay que soportar el dolor con entereza, abstenerse de los placeres, no dejarse dominar por las pasiones ni los placeres inmediatos, etc.) y la continua presentación de esos placeres inmediatos (y bastante banales, por lo demás): la negativa continua y explícita del objeto de deseo solo demuestra la obsesión por este, que es continuamente reprimido, siendo la represión el propio motor psíquico, pues la represión quiere decir que se está triunfando en el sacrificio[40]. En segundo lugar, las discordancias en los fundamentos saltan a la vista: a diferencia de la exaltada ética del trabajo de esta masculinidad, el estoicismo clásico no anima a sufrir, ni ve ningún valor en hacerlo; solo plantea aceptar

36 Jappe, A., *La sociedad autófaga. Capitalismo, desmseura y autodestrucción*, Pepitas de Calabaza, Logroño, 2019

37 Navarro Ruiz, C., *ibid.*, pág. 36.

38 Berman, M., *All That is Solid Melts into Air. The Experience of Modernity*, Verso, Londres, 2010.

39 Llados y otros tantos de la manosfera recomiendan la lectura, única y exclusiva, de las *Meditaciones* de Marco Aurelio. Es presentado implícitamente como una mezcla entre libro sagrado y libro de autoayuda: todo lo que necesitas saber estaría en él contenido.

40 En otro sentido, pero también aplicable, Johanseen (*ibid.*) ha analizado la dialéctica entre inhibición/desinhibición como característica común a la manosfera.

con sosiego las dificultades de un mundo sobre el que se acepta que no se tiene control, algo, de nuevo, que choca frontalmente con la mentalidad dominadora del sujeto moderno. Solo el anti-intelectualismo y la naturalización ahistórica de la matriz ideológica capitalista permite no ver, entre tantas otras, estas diferencias. Algo que no es particularmente novedoso de estas masculinidades. El sujeto moderno proyecta su mundo sobre una historia que ya no es historia, sino poco más que la progresión lineal e infinita sobre al autocrecimiento del valor, progreso proyectado ontogenéticamente en el propio sujeto. Como afirmaba MARX, para el burgués puede que haya habido historia «pero ya no la hay»[41]. Por otra parte, la selección particular del estoicismo y su correspondiente imaginario imperial romano guarda una estrecha relación con la idealización propia del fascismo de un pasado sobre el que uno se proyecta como heredero y continuador. Tal pasado se presenta como un orden armonioso que estaría en decadencia o desaparecido y cuya grandeza habría que recuperar.

En la otredad despreciada (en la jerga propia de Llados: los *pobres*, *fucking panza-fucking mileurista*, etc.) está implícita la antecitada lógica de la decadencia. Una decadencia con un carácter de género muy marcado: se trataría de una decadencia de la masculinidad. Este esquema inconsciente de la degradación guarda paralelismos con la lógica antisemita exclusiva de la modernidad capitalista que presentó POSTONE por primera vez en los años ochenta en su polémico artículo[42]. Aunque actualmente la perspectiva adoptada es la neoliberal thatcheriana en la que «no hay sociedad» sino sólo individuos atomizados responsables exclusivos de su propia situación, el imaginario desde el que se construye la otredad despreciada pone en juego los elementos que caracterizaban al trabajador manual masculinizado: la *panza* del albañil, la precariedad *mileurista* del joven asalariado, la preocupación por la mera existencia social media de las clases bajas, etc. La imagen positiva del obrero musculado de gran capacidad productiva se contrasta con una parodia decadente que superpone elementos de clase obrera con el que las mayorías masculinas a las que el discurso se dirige pueden identificarse (trabajadores precarios, jóvenes inexpertos, desempleados, etc.) con los elementos caricaturescos de los enemigos de clase (burgueses panzudos, pequeñoburgueses conformistas, etc.). La potencia creadora asociada al trabajo concreto estaría en decadencia en cuanto es incapaz de generar plusvalor suficiente (en la deformada perspectiva personalista: *generar dinero* y hacerse rico), y la impotencia en el plano abstracto es inmediatamente transformada en decadencia física y moral.

41 MARX, K., *Miseria de la filosofía. Respuesta a la Filosofía de la miseria de Proudhon*, Siglo XXI, México, 1987, pág. 77.

42 POSTONE, M., «Anti-Semitism and National Socialism: Notes on the German Reaction to "Holocaust"», en *New German Critique*, núm. 19, vol. 1, 1980, págs. 97-115.

El famoso *panza* no es solo algo ridiculizable por ser lo opuesto a su objetivo, sino que su existencia representa una amenaza al propio principio movilizador sin el cual el sujeto, conformado absolutamente dentro de la lógica del valor, no puede sino caer en el nihilismo y la desidia más extrema, y en última instancia en su propia disolución. Como vemos, el planteamiento se adapta con algunas transformaciones al análisis del antisemitismo moderno que según POSTONE se estructura inconscientemente sobre la dualidad inherente al valor y al trabajo (de uso-concreto/de cambio-abstracto)[43]. De este modo en la nueva ideología masculina-libertaria, el lado (positivo) abstracto del valor (el crecimiento, la riqueza económica, la escalada en la jerarquía social) se proyecta como el lado positivo del valor de modo narcisista en el propio *yo* a través de las características que serían propias del trabajo concreto, eminentemente la *fuerza de trabajo*; fuerza física, fuerza de voluntad, capacidad de control y transformación, etc. estructurados a partir de una imaginario patriarcal: potencia sexual, autonomía e independencia, ausencia de sentimientos, orgullo, etc. Lo que vemos es una especie de inversión respecto a los polos positivo y negativo en ciertos aspectos, pero la estructura mistificada del valor se mantiene. Ahora la *otredad* repudiada es el lado concreto del valor que no consigue realizarse en la esfera abstracta, como podemos ver en el siguiente ejemplo recurrente en Llados: el albañil que se desloma todos los días y que sigue siendo un «mileurista» y un «panza» porque no logra hacerse rico, y no lo logra porque no tiene el lado positivo de la abstracción; es estático, no tiene pretensiones, quiere descansar y jubilarse, no tiene deseo ciego de trabajo, ni disciplina. Su supuesta falta de voluntad se manifiesta en su cuerpo atrofiado por el *mero trabajo concreto*: la barriga cervecera. En oposición a la inmaculada musculación de quien no se mancha en el trabajo concreto o si lo hace, lo hace con éxito gracias a su impertérrita fuerza de voluntad.

El análisis de POSTONE concluía que el antisemitismo era parte de un «anticapitalismo irracional» que caracterizaba al fascismo, pero que, como ha expuesto en más detalle la *Wertkritik* germana, es recurrente en otras formas de anticapitalismo de izquierdas. Esto sí señala una diferencia ideológica considerable con las posiciones políticas que parecen derivarse espontáneamente de las exacerbaciones posmodernas de la masculinidad. La afinidad con la extrema derecha es sociológicamente evidente, pero esta guarda una reseñable diferencia con el fascismo, que es la inversión axiológica en lo que el capitalismo se refiere. Si el fascismo remarca que hay algo malo en el capitalismo, que identifica con una *otredad* que debe ser eliminada (el judío,

43 Anselm JAPPE ha explicado bien como el lugar del semita —que siempre fue una proyección fantástica y no un ente real— puede ser perfectamente ocupado por otro entre: «la visión dicotómica asociada al pensamiento del sujeto halaga al narcisismo del sujeto mercantil al permitirle externalizar los aspectos negativos de la socialización mercantil que experimenta en sí mismo y proyectarlo sobre 'otros' sujetos, ya sea el capital ficticio o los inmigrantes» (*Crédito a muerte. La descomposición del capitalismo y sus críticos*, Pepitas, Logroño, 2011, pág. 40).

los comunistas, etc.) para lograr un sistema armonioso, el neoliberal *fitness* plantea que lo que hay es un *sistema* que nos cría individualmente como *losers* (aunque, en un rousseaunianismo interesante, nadie lo sea de base) y que lo hay que hacer es «hackear» ese sistema para lograr ascender y ser un ganador[44]. No hay mal ni bien, hay *winners* (o «jefazos» o «bestias») y *losers* (o «panzas» o «blandos»). El capitalismo está distorsionado de tal manera que ya no hace falta combatirlo, ni siquiera, como en el fascismo, en el plano estrictamente discursivo. Esto es interesante por lo sintomático de la crisis sistémica del capital: si en el auge del capital tras el *crack* del 29 era posible un crecimiento casi milagroso de la economía movilizando conjuntamente a la clase trabajadora y al capital de modo que el «milagro» económico nazi era posible y provocaba una sensación verosímil de voluntad colectiva, hoy lo único posible es una lucha absolutamente individualista donde los *perdedores* son la fuerza de trabajo sobrante que el capital no puede absorber.

El capitalismo libertario de hoy ha borrado, como quiso hacer el fascismo, el problema de la plusvalía: en el capitalismo libertario no hay plusvalía derivada de la explotación de la fuerza de trabajo: el dinero crece por sí solo, o en todo caso, lo hace de la movilización social de unas bases gregarias (los *panzas*, etc.) que se explotan a sí mismos (no hay que olvidar que el colectivismo fascista se ha desvanecido). El lugar de la sociedad armónica y ordenada lo ocupa hoy la utopía capitalista libertaria: *the american dream*. A lo que habría que sumar la borradura imaginaria de la esfera disociada. El falo[45] gobierna el mundo y borra de su imaginario la simple posibilidad de un elemento castrante. Lo que explica JOHANSSEN sobre la primacía fálica en la manosfera es perfectamente detectable en los discursos de Llados: «The men of the manosphere precisely seek to reproduce or affirm a logic that grounds the phallus as the anchor of heterosexual power and desire for both men and women»[46].

Lo que en el fascismo es el asesinato simbólico (y muchas veces real) de la mujer que amenaza el rígido esquema dualista, es en el *homo fitness* la borradura simbólica de las tareas de reproducción. Cabe deducir que ello se deba a que la naturalización de esas tareas es tan extrema que ni siquiera hace falta legitimarla discursivamente. Por lo demás, JOHANSSEN, basándose

44 JOHANSSEN ha explorado las alianzas y coincidencias ideológicas entre la manosfera y el «tecnoliberalismo» (*ibid.* pág. 21).

45 El falo en la acepción freudiana. A pesar de las críticas por androcentrismo a este concepto, aquí concordamos con Juliet Mitchell (1974) en su planteamiento de que no deberíamos ignorar (que no reafirmar o reproducir) la centralidad del falo como símbolo de deseo y poder en nuestras sociedades.

46 JOHANSSEN, *ibid.* pág. 32. De ahí, por ejemplo, la llamativa fascinación por imágenes de hombres vigorosos casi desnudos que podrían ser tildadas de homoeróticas —y así son consideradas con frecuencia por críticas a estas masculinidades un tanto burdas y a veces de trasfondo homófobo—.

principalmente en el trabajo psicoanalítico sobre la masculinidad nazi de los *freikorps* de THEWELEIT, ha expuesto en extensión la estrecha relación (a veces explícita pero las más de las veces no) entre las masculinidades de la manosfera y el fascismo. Llados es un claro ejemplo de esto. Si bien no hay ninguna declaración de corte explícitamente político, las fantasías y proyecciones psicológicas son en gran medida coincidentes con las que están en el origen del fascismo. Aparte del antes comentado desprecio identitario a una externalidad *otra*, podemos ver, entre otras cosas, como la promesa de una transformación personal[47] es equivalente a la fantasía fascista de generar un nuevo hombre: «[los hombres de la manosfera] articulate similar fantasies of transcendence and moving beyond their own bodies, of acquiring a new body and becoming a new person»[48].

V. A modo de conclusión: ¿reacción machista o continuidad capitalista?

Como hemos expuesto a lo largo del argumento, el caso de Llados guarda una analogía con la propia transformación del capitalismo contemporáneo. La abstracción *real* más abstracta que nunca (la huida hacia delante del automatismo del valor que hace más grande la contradicción entre riqueza y valor y aumenta la distancia material e ideológica entre dinero y producción) provoca una mayor abstracción del poder masculino, más significativo en su performatividad y su representación que en su poder real, pero, como la financiarización, con efectos igualmente reales y devastadores. Y, sin embargo, racionales en su propia lógica: son la continuación y el intento de resolver sus problemas, uno intenta mantener viva la economía, otro intenta mantener vivo el poder masculino. Así las homologías son numerosas: el *riesgo* del emprendedor, del bróker; el *riesgo* (sin contenido) al que se somete el *hombre*; la musculación por la musculación en sí misma en base al consumo ciego y abstracto de energía (sin correspondencia con un uso o alguna actividad productiva), el crecimiento monetario por sí mismo sin necesidad de una producción efectiva, simplemente como medición de un gasto abstracto de energía (la producción de criptomonedas, por ejemplo, es paradigmática de esto); etc.

Estas nuevas masculinidades híbridas que surgen en torno a la manosfera son pues el propio síntoma de la crisis de la masculinidad que pretenden salvar a la vez que apoyan su fortaleza simbólica en las transformaciones de un capitalismo en descomposición[49]. En el estudiado caso de Llados no se trata

47 Llados ofrece en sus cursos precisamente esto: «transformaciones».

48 JOHANSSEN, *ibid.*, pág. 44.

49 Esta noción de crisis del capital nada tiene que ver con la idea del marxismo tradicional de crisis terminal provocada por el conflicto o contradicción entre trabajo y capital. Para una

de una nueva lógica servil, ni de una deformación estrictamente extraviada, sino la lógica del valor llevada al extremo y exponencialmente escindida de los caracteres de la Otredad femenina. Y tal agravamiento de esta lógica, no es fruto de una disfuncionalidad individual sino algo acorde al desarrollo contemporáneo del capital que cada vez tiene más difícil su reproducción. TRENKLE lo resume de este modo:

> While it is true that the crisis process unsettles one of the basic pillars of male identity, it nonetheless at the same time leads to an intensification of competition at all levels of everyday life. However, under these conditions the classical qualities of modern masculinity such as hardness, assertiveness, and ruthlessness are more in demand than ever. It is thus no surprise that the cult of masculinity — including sexist and racist violence — is booming again today[50].

El «embrutecimiento del patriarcado»[51] no debe ser visto, pues, como (o no solo) una reacción al feminismo sino la reacción a un proceso de desintegración social acarreado por el propio patriarcado productor de mercancías. Aunque ciertamente esta no deja de ser a la vez un factor en la expansión social, más o menos efectiva, de reivindicaciones feministas y la creciente incorporación de fuerza de trabajo femenina al mercado laboral. La clave de esta aparente paradoja son las propias contradicciones en proceso de este modo civilizatorio que se sustenta en el valor-escisión: por un lado requiere subsumir más y más aspectos de la vida social al capital para hacer contrapeso a la disminución progresiva de la masa global de producción de valor, y con ello imponiendo de modo generalizado la dinámica psicosocial de la producción de valor, a la vez que, por un lado, es incapaz de subsumir a la lógica de ahorro de tiempo de la producción de valor muchas tareas reproductivas, de modo que no puede prescindir del lado oscuro del valor (los valores que naturalizan como femeninos los cuidados, etc.), y por otro lado, todo esto ocurre mientras las dificultades de acumulación de capital se hacen más patentes haciendo más y más frágil un equilibrio económico capaz de permitir la realización adecuada de los sujetos.

En este sentido, asumiendo las dificultades inherentes de reproducción del capital (que de ninguna manera implican intrínsecamente su superación dialéctica) no deben en ningún caso darse por irrevocables los logros feministas: especialmente teniendo en cuenta que las soluciones que pretenden darse a la crisis de acumulación de valor se conciben a partir de mistificaciones economicistas que van adquiriendo crecientemente un cariz antifeminista.

---

explicación de la crisis inmanente del capitalismo en la crítica del valor, noción que aquí manejamos, remitimos a KURZ, *La sustancia del capital*, *op. cit.*

50 TRENKLE, *ibid.*, pág. 149.

51 SCHOLZ, «Patriarchy and Commodity Society», *op. cit.*, pág. 136 y CATALINA GALLEGO, *ibid.*, pág. 267. Llamativamente, Llados anima a su manada a dejar de «perder» y convertirse en «bestias».

Por último, se hace patente la necesidad de una crítica fundamental de la subjetividad, estructurada en torno a la escisión-valor, para mantener abierto un horizonte emancipatorio.

VI. Apéndice bibliográfico

Anselm **Jappe**:

- *Crédito a muerte. La descomposición del capitalismo y sus críticos*, Pepitas, Logroño, 2011.

- *La sociedad autófaga. Capitalismo, desmesura y autodestrucción*, Pepitas, Logroño, 2019.

Charo **Lacalle**, «"The otherless other". Las pasiones misóginas de la manosfera española», en *Signa*, núm. 32, 2023, págs. 41-53

Clara **Navarro Ruiz**:

- «Presentación "Der Wert ist der Mann" de Roswitha Sholz», en *Sociología Histórica*, núm. 9, 2018, págs. 855-865.

- *El capitalismo de hoy, la incertidumbre de mañana*, Pepitas, Logroño, 2022.

- *Mientras caemos. Fundamentos para una crítica interseccional del capitalismo a partir de sus límites como sistema civilizatorio*, Tesis doctoral inédita, Universidad Complutense, Madrid, 2019.

Cristina **Catalina Gallego**, «Lo abyecto y lo escindido. Elementos para pensar las relaciones de género desde la crítica de la economía política», en *Azafea. Revista de filosofía*, núm. 25, 2023, págs. 239-274

Debbie **Ging**, «Alphas, Betas, and Incels: Theorizing the Masculinities of the Manosphere», *Men and Masculinieties*, núm. 22, vol. 4, 2017, págs. 1-20.

Elisa **García-Mingo** *et al.*, «(Re)configurando el imaginario sobre la violencia sexual desde el antifeminismo: el trabajo ideológico de la manosfera española», en *Política y Sociedad*, núm. 59, 2022

Jacob **Johanseen**, *Fantasy, Online Misogyny and the Manosphere. Male Bodies of Dis/Inhibition*, Routledge, Londres, 2022.

Jordi **Maiso** y Eduardo **Maura**, «Crítica De La economía política, más Allá Del Marxismo Tradicional: Moishe Postone Y Robert Kurz», en *Isegoría*, núm. 50, 2014, págs. 269-284.

Juliet **Mitchell**, *Psychoanalysis and feminism. A Radical Reassessment of Freudian Psychoanalysis*, Nueva York, Basic Books, 2000.

Karl **Marx**:

- *El capital*, tomo I, Siglo XXI, Madrid, 1975.

- *Miseria de la filosofía. Respuesta a la Filosofía de la miseria de Proudhon*, Siglo XXI, México, 1987.

Marshall **Berman**, *All That is Solid Melts into Air. The Experience of Modernity*, Verso, Londres, 2010.

Moishe **Postone**:

- «Anti-Semitism and National Socialism: Notes on the German Reaction to "Holocaust"», en *New German Critique*, núm. 19, vol. 1, 1980, págs. 97-115.

- *Time, Labour and Social Domination. A reinterpretation of Marx's critical theory*, Cambridge University Press, Cambridge, 2003.

Norbert **Trenkle**, «The Rise and Fall of the Working Man: Toward a Critique of Modern Masculinity» en *Marxism and the Critique of Value*, obra colectiva, MCM', Chicago, 2014, págs. 143-149.

Robert W. **Connell** y James W. **Messerschmidt**, «Hegemonic Masculinity: Rethinking the Concept», en *Gender and Society*, núm. 19, vol. 6, 2005, págs. 239-274.

Robert **Kurz**:

- «Marx 2000. La importancia de una teoría dada por muerta para el siglo XXI», en *Constelaciones. Revista de Teoría Crítica*, núm. 8-9, 2017, págs. 28-45.

- *La sustancia del capital*, Enclave, Madrid, 2021.

Roswitha **Scholz**:

- «El patriarcado productor de mercancías. Tesis sobre capitalismo y relaciones de género» *Constelaciones. Revista de Teoría Crítica*, núm. 5, 2013, págs. 44-80.

- «El valor es el hombre. Tesis sobre socialización del valor y relación de género», en *Sociología Histórica*, núm. 9, 2018, págs. 866-905

- «Patriarchy and Commodity Society: Gender without the Body», en *Marxism and the Critique of Value*, obra colectiva, MCM', Chicago, 2014, págs. 123-142.

- «El valor y los "otros". Correcciones desde la crítica de la disociación del valor a la teoría de Moishe Postone», en *Bajo el volcán*, núm. 4, 2021 págs. 71-97.

- *Capital y patriarcado. La escisión del valor*, Pepitas, Logroño, 2020.

Yanna **Gutiérrez Franco**, y Asunción **Bernández Rodal**, *Misoginia online: La cultura de la manosfera en el contexto español*, Tirant Humanidades, Valencia, 2023.

Made in United States
Orlando, FL
04 November 2026

90200633R00122